语言保护研究丛书 | 戴庆厦　主编

汉藏语复合元音的类型及渊源

田阡子　著

科学出版社

北京

内 容 简 介

汉藏语包括汉语群、藏缅语群、侗台语群、苗瑶语群、南亚语群、南岛语群，每个语群又包括若干个次语群。本书采集了汉藏语六个语群 684 种语言和方言的数据，使用数据库技术对复合元音的概念、性质、分类、语言类型、历史起源及历史音变规律进行综合性研究，挖掘复合元音在共时层面的语言共性及语言差异，寻找划分语言类型的语音参项，讨论复合元音的起源及演化的几种途径，建立复合元音在汉藏语中的历史音变模式。

本书采用现代语音学、现代音系学、传统音韵学、类型学、历史语言学等多种研究方法，从多个视角剖析和阐述复合元音的特征、类型和历史，目的是尝试解决复合元音在语言类型学和历史语言学中存在的某些理论问题。

图书在版编目（CIP）数据

汉藏语复合元音的类型及渊源 / 田阡子著. —北京：科学出版社，2016.12
（语言保护研究丛书/戴庆厦主编）
ISBN 978-7-03-051227-7

Ⅰ. ①汉⋯　Ⅱ. ①田⋯　Ⅲ. ①汉藏语系-元音-研究　Ⅳ. ①H4

中国版本图书馆 CIP 数据核字（2016）第 321281 号

责任编辑：王洪秀 / 责任校对：何艳萍
责任印制：张　伟 / 封面设计：铭轩堂

科 学 出 版 社 出版
北京东黄城根北街 16 号
邮政编码：100717
http://www.sciencep.com

北京东华虎彩印刷有限公司 印刷
科学出版社发行　各地新华书店经销
*
2016 年 12 月第 一 版　开本：720×1000　B5
2016 年 12 月第一次印刷　印张：12
字数：220 000
定价：78.00 元
（如有印装质量问题，我社负责调换）

　　本书受到云南省哲学社会科学学术著作出版专项经费资助

　　本书受到云南省哲学社会科学创新团队项目"云南少数民族语言研究"经费资助（项目编号 2014CX01）

序　言

　　研究东亚区域语言的复合元音及其类型特征涉及多个基本概念。其一，复合元音之不同于单元音的性质及界定；其二，复合元音的类型与数量；其三，复合元音的源与流。此外，复合元音在不同区域语言或不同系属语言中的分布类型，包括共性和差异、复合元音与辅音声母或者辅音韵尾之间的关系、复合元音音变的模式及演变途径等也是可深度探讨的问题。

　　阡子博士这部书稿在她的博士论文基础上几经修订而成。从数年前她的论文纲要设计到现在的修订稿，可以说不同程度涉及和解答了上述几方面问题，概括性较高，部分论述具有领域先行性。所以她提出让我为这部书稿撰写序言我也就答应了。阡子博士毕业后，先后跟随中央民族大学戴庆厦教授和"台湾中研院"语言学所孙天心教授从事博士后研究，学术大有精进，又熟悉了田野调查，为她今后的语言研究铺垫了重要基础。

　　这部书稿原题为"东亚语言复合元音的类型及渊源"。显然，全方位研究区域语言复合元音最好的办法是收集和构建大规模语言数据。就目前国内外的研究来看，阡子这部著作收集的复合元音语言数据量相当可观，涵盖了东亚区域的藏缅语、苗瑶语、侗台语、南岛语、南亚语和汉语及其方言，共 6 大语群 684 种语言和方言。因之，在这么大的一个范围，建立了这么广泛语言的数据库，她的讨论真是可以纵横驰骋，各类数据斟酌采用，描写和论证，结论的可信度是很高的。

　　近年来，我研究的部分内容涉及汉语方言。可是，对于复合元音这个命题，具体考察方言材料的时候还真是吓了一跳。从论文到专著，甚至词典，各地方言普遍呈现大量的复合元音，从二合元音到三合元音，数量极为惊人。为此，我查看了 Ian Maddieson（Patterns of Sounds. Cambridge University Press，1984）和加利福尼亚大学洛杉矶分校"音系音段总藏数据库"（UCLA Phonological Segment Inventory Database，UPSID），在 317 种语言中，二合元音 8 项，分布在 22 种语言中，仅占全部语言的 6.9%，完全没有三合元音。加之我经常接触的藏语等藏缅语言仅有少量复合元音的事实，我怀疑其中有什么不对劲的地方。进一步深究，感觉这个问题似乎跟汉语拼音方案的应用有关。我也跟学界好些位知名方言学家讨论和交流了这个问题，大家的看法基本一致，均认为目前汉语方言描写在记音技术上相当程度地受到汉语拼音模式的影响和制约。为此，我想就此在这部书稿之外谈谈这个问题。

《汉语拼音方案》实施已有近 60 年之久，由于其实用性和应用的广泛性，目前已为社会各界普遍接受，并在中国社会生活中发挥着巨大作用。按照方案，汉语普通话的元音和韵母呈现出一个很独特的多符号和多音素面貌，我们不妨回顾一下这个体系。

单元音：a o e i u ü(yu)

后滑复合元音（开口呼）：ai ei ao ou

前滑复合元音（齐齿呼）：ia ie iao iou

前滑复合元音（合口呼）：ua uo uai uei

前滑复合元音（撮口呼）：üe(yue)

其中单元音 6 个，二合元音 9 个，三合元音 4 个。从符号所反映的语音性质看，又分为带元音介音的和不带元音介音的两类，恰与音韵学上的非开口呼（齐齿呼、合口呼、撮口呼）与开口呼对应。按照这本书稿的分类，开口呼都是后滑复合元音（4 个），其他则是前滑复合元音（9 个）。在一个总数为 19 个元音或韵母（不包括带其他辅音韵尾的韵母）的系统中，单元音仅占约 1/4，而复合元音约占 3/4，这样的现象在世界语言中不敢说绝无仅有也是极其罕见的。

为什么会如此呢？实际上，汉语拼音是一套表音方案，但又是不完全标音方案，本质上是书面汉字的语音象征符号系统，带有很强的应用性质。正是因为作为符号系统，受到符号应用目的和规则的制约（如采纳拉丁字符，便于教学等），可以一定程度上偏离表音真实，即所谓表音的"神似"。而且，这样的"象征表音"也符合语言学（语音学）的音位（变体）归纳原则和"标音多能性"传统。为此，我查看了一下有关汉语拼音的一些相关论述。例如，王理嘉先生就汉语拼音跟语音学的关系说：《方案》是在语音学和音系学的基础上制订的。从音位与语境变体的角度去梳理字母和语音的联系，则两者之间关系是非常清楚而又有条理的。但用于注音识字和拼写话语的字母系统跟语音学、音系学中的标音系统，性质并不完全枏同。因此，拼音设计只要不违反音位归纳的基本原則，主要考虑的是字母与语音的配置关系。（《语言文字应用》2008 年第 3 期）

显然，我们不可把汉语拼音看作语言描写和语言研究的范式和工具。目前的方言乃至少数民族语言复合元音的实际记录或描写状况很可能是受到汉语拼音方案的影响而逐步形成的，结果造成大量前滑式复合元音。如果真是如此，这个倾向应该加以纠正。我曾把受汉语拼音影响的描写方法称为"汉语拼音式方言描写体系"，为了纠偏，这里我针对前滑式复合元音作一点补充讨论。

前滑式复合元音的要点是带元音性介音。但是根据我们对多种方言的听辨，包括普通话，总体感觉很难听出真正的所谓元音性介音。孙景涛教授（2006）在"介音在音节中的地位"一文明确指出，除了闽语，其他汉语方言的介音不具有元音性。而针对粤语是否有元音性介音的争议，黄家教（1964，1994）、麦耘（1999）等教授均提出否定意见。不妨举个实例，"假"、"家"等字，吴、粤、赣、客、闽等南部方言一般记作 ka/ko，多数北方方言记作 tɕia，后者这个 -i- 介音似乎就是受到拼音方案影响制作音系而产生的（当然还有历史音韵"等"的观念制约）。有意思的是，汉语"假"借到部分藏缅语之后，多数记音材料并不带 -i- 借音，例如：撒尼彝语 tɕa[11]；嘎卓语 tɕa[55]；白语 tɕa[21]；少数材料带 -i- 介音，例如土家语 tɕia[55]。前者显然遵循了共时语音记音操作，后者是真有元音性 -i- 介音还是调查人受汉语拼音影响所导致尚不得而知。

从经验上看，世界语言复合元音一般是后滑类型为主（Carrie E. Lang & John J. Ohala，1996），汉语那些所谓前滑元音大多相应于其他语言处理系统中的声母特征变体，譬如唇化和腭化。前些年，我曾布置一次作业，要求研究生按照实际音质填写普通话声韵表，结果音系中增加了部分唇化和腭化声母，无需设立任何前滑二合元音，去除了所有三合复合元音。这样的处理结果跟前述黄家教和麦耘教授对无需前滑复合元音的广州话音系的精准描述相当一致。由此可见，汉语南北方言记音不添加无元音性介音的复合元音描写未尝不可。

阡子博士是个勤奋的学者，她在著作中提出了一个很重要的实践命题，即寻找语言的共时类型和历史发生类型之间的内在关系。她通过现代藏缅、苗瑶、侗台、南岛、南亚和汉语及其方言六大语群全面阐述了各语群复合元音主体模式以及各种复合元音的来源，包括单元音裂变主模式和韵尾向滑音转变形成复合元音、接触借用而出现的复合元音等次要模式。可以设想，这其中的工作量之大，处理数据强度之高，非努力勤奋而难以实现。可以说，这部分内容凝结了作者参透和解析复合元音奥秘的精华，同时也包孕了可观的大数据，我相信这部分内容将给读者提供特别丰富的复合元音类型信息，值得细读。

是为序。

江 荻

2016 年 12 月

前　　言

截至 2016 年，国内和国际上系统、深入地研究复合元音的成果寥寥，以大规模语言数据为语料，从传统语言学和现代语言学的理论视角综合研究复合元音的成果比较缺乏，对复合元音的基本定义、语音性质、语音特征的精准描写及以复合元音的基本性质为参项划分语言类型及复合元音的起源和历史演变规律还有待深入挖掘。

笔者尝试系统解决关于复合元音在历史语言学及语音类型学中存在的某些理论问题，借鉴和采用多种前沿理论，包括现代语音学、现代音系学、传统音韵学、类型学和历史语言学，并结合数据库技术，从多个研究视角剖析和阐述复合元音的基本原理、类型和历史。

在研究方法上，本书以汉语群、藏缅语群、侗台语群、苗瑶语群、南亚语群、南岛语群 684 种语言和方言大数据为基础，建立语音和音系数据库，梳理关于复合元音研究的文献资料，从中发现存有争议的重要问题，把语言学基础研究与现代计算机技术和统计方法相结合。

本书是系统研究复合元音的一本综合性著作，其研究价值和研究意义在于通过分析大量的语言数据，以求找到各种语言类型，揭示语言在历史发展过程中每个阶段所经历的演化形式，克服个别语言研究个体问题的局限，从局部过渡到整体，希望对语言学的理论构建有所贡献。

本书的一项重要创新在于：发现了划分汉藏语语言类型的一个重要参项——复合元音的单音节特征。音节一向是历史语音学非常关注的焦点问题，学术界长久以来就在争论单音节和多音节对于语言历史演变的作用。本书找出复合元音的单音节特征是造成不同语群产生复合语言多少的重要根源：单音节特征强，如汉语，复合元音的数量多；反之，多音节特征强，如南岛语，复合元音的数量少。笔者以单音节特征为主，并结合复合元音的长短、松紧、鼻化、有示记等次要特征，构建汉藏语语言类型的参项，为汉藏语言划分出有标记——无标记语言类型等级序列，为汉藏语言增加一项类型特征。另外，本书充分揭示了复合元音起源和历史演变的多种途径，包括辅音声母和辅音韵尾变化、单元音裂变、音节合并、发声态的影响、语言接触、单元音化等，构成若干历史音变模式，以此弥补了前人仅在个别语言中寻找线索而造成类型不足的缺陷。

限于笔者的研究时间和研究能力，本书还有不足之处。关于复合元音的类型和历时演变有很多问题需要深入讨论，比如汉语和民族语接触产生复合元音，笔者在思考如何采用汉语音韵学和历史语言学方法划分出历史层次；南亚语群中由于发声态的影响产生复合元音，笔者计划采集更多的第一手语言数据进行历史比较。这些重要的理论问题都要在未来继续研究解决。

田阡子

2016 年 8 月

目　　录

绪　　论

在 20 世纪，国内汉藏语学界对复合元音进行比较详细而深入的研究著作有《藏缅语语音和词汇》、《藏语韵母研究》。在《藏缅语语音和词汇》中有专门一章"关于复元音问题"，全面描写了复合元音的类型，提出复合元音的来源问题。《藏语韵母研究》重点讨论了藏语方言中复元音韵母的分布特征和历史特征。其他关于汉藏语言复合元音的研究大多包含在综合性描写论著或者单篇论文之中，如民族出版社出版的《中国少数民族语言简志丛书》，孙宏开主编的"中国新发现语言研究丛书"，《民族语文》和《方言》等期刊刊载的语言简介和汉语方言同音字表等论文。单篇论文的代表作有马学良和罗季光（1962）的《我国汉藏语系语言元音的长短》、孙宏开（1982）的《藏缅语若干音变探源》、孙宏开（2001）的《原始汉藏语中的介音问题——关于原始汉藏语音节结构构拟的理论思考之三》、瞿霭堂（1991）的《藏语韵母的演变》，这几篇文章从不同研究视角对复合元音或复元音韵母的状况及历史构成原因进行了理论性的探讨。

随着描写材料的积累和增多，人们对复合元音的认识逐步加深，研究的领域也逐渐扩大，近些年来，有些学者正在尝试运用新的方法寻找复合元音的某些性质和变化规律，如江荻（2002b）的《缅甸语复合元音的来源》，朱晓农（2004）的《汉语元音的高顶出位》，覃晓航（2004）的《南丹话单元音复化的条件》，刘镇发（2006）的《温州方言在过去一世纪的元音推移》。这些成具的共同特点是充分占有某个民族语或者某个方言的语言资料，引进现代语音学关于元音空间链移理论，从一个新的研究视角来重新审视单元音和复合元音的历史演变过程，获得了新的理论认识。在 20 世纪所取得的成就基础之上，学者们把现代语言学理论与语言事实很好地融汇起来，构建起适合描写汉藏语复合元音特点的理论体系，从而推动复合元音的研究向前发展。

截至 2016 年，单语言中有关复合元音的研究虽然已经为数不少，但是还没有一项涉及汉藏语各个语群的综合性研究，而有关民族语言和汉语方言的资料已经有相当程度的积累，越来越多的新语言和新方言被学者们发现进而描写出来。面对如此丰富、如此宝贵的大数据，开展汉藏语复合元音综合研究的条件趋于成熟。基于这种认识，本书收集了已经发表的语言资料，在汉语群、藏缅语群、苗瑶语群、侗台语群、南岛语群、南亚语群六个语群范围之内，建立汉藏语言复合元音数据库，并通过数据分析划分汉藏语复合元音的共时语言类型，挖掘复合元音的历史来源及演化模式，尝试解决复合元音研究中存在的某些理论问题。

陆俭明（2010）认为，从科学研究的角度说，无论哪个学科，对事实的考察和挖掘固然重要，但它毕竟只是研究的基础，还未达到真正意义上的科学研究。真正意义上的科学研究，必须对考察、挖掘所得的事实及其观察到的内在规律作出科学的解释，并进一步从中总结出具有解释力的原则，而且升华为理论，能用这些原则、理论来解释更多的事实，从而使学科得以自立，得以发展。

本书的研究基础建立在复合元音数据库建设之上。笔者认为，在计算机科学技术飞速发展的今天，专门从事汉藏语研究的专家学者不辞辛劳深入田间进行语言调查，他们积累下来的丰富的研究资料应该用计算机技术保存下来，把这些资料转化成电子数据的形式，为每一种语言现象建立数据库。数据库的作用在于把一些零散分布在各种资料中的语言现象聚合起来，构成一定规模的大数据，建立统一的体系，让研究者看到这种语言现象的整体面貌，方便研究者查询、检索所需要的语言信息，并提取所需要的语言数据。这样做弥补了过去手工制作卡片费时费力的不足，同时，数据库还可以执行统计计算，以获取所需要的统计数值，这样就为最后的研究结论提供实证性的证据，为证实或者证伪提供了有力的支持和保证。

本书的数据库包括共时数据库和历时数据库两个母库。共时数据库是一个汉藏语音系数据库，数据处理和数据库建设程序并不复杂，主要包括以下几个步骤：第一，筛选数据。从大量公开发表的语言调查资料中提取出语言、方言、土语数据，语言的传统系属关系数据，语言的音位系统数据，这三项数据构成数据库的主体资源。同时，还要提取出相应的描述性信息，包括每一种语言或者方言的地理分布、文献资料来源、作者等。第二，使用 Excel 电子表格软件，在电子表格中建设数据库。建设的程序包括：从第一列开始，依次向后排列，在每一列中创建字段，这些字段依次是语言系属、语言/方言、地理分布、资料来源、作者、音位系统。在每一行的相应字段里录入描述信息及语言数据，这样就构成了一个由行与列构成的二维数据表格。提取及录入这些信息的目的是了解音系中的每一类音位，例如辅音音位、元音音位、声调音位属于哪一种语言或方言，每一种语言或者方言的语言系属情况、地理分布情况如何，文献资料来源与作者主要用来提供复核信息，在校对的时候可以方便、快捷地找到原始资料。

　　数据处理程序包括如下几项：第一，对语言数据进行分类。笔者依据传统汉藏语系属分类方法①②分成汉藏语系、南亚语系、南岛语系三个语系。每个语系下面分成若干个语群，如汉藏语系包括汉语群、藏缅语群、侗台语群、苗瑶语群；每个语群再分成若干个次语群，如藏缅语包括藏语次语群、缅语次语群、景颇语次语群、彝语次语群、羌语次语群；每个次语群下再分成若干个语言和方言，如藏语次语群包括中部卫藏方言拉萨话、东部康方言巴塘话、北部安多方言夏河话、西部方言达拉克话。第二，从这些语言和方言的音位系统中提取辅音音位、元音音位、声调音位，对每个系统进行次分类。辅音分成复辅音和单辅音两类，单辅音依据发音部位和发音方法进行归类，例如，双唇清塞音对应[p]类；双唇浊塞音对应[b]类；齿龈清擦音对应[s]类；齿龈浊擦音对应[z]类；软腭鼻音对应[ŋ]类，等等。复辅音（包括腭化与唇化辅音）依据基本辅音及其与前置辅音、后置辅音的组合关系进行归类，例如，[pl]、[pr]、[pj]、[pw]都是以[p]为基本辅音带后置辅音的复辅音，他们在数据库里平行排列；[nk]、[sk]、[lk]、[zk]都是以[k]为基本辅音带前置辅音的复辅音，他们在数据库里平行排列。元音分成单元音和复合元音两类，单元音依据发音时舌位的高低、前后、圆展等性质来进行归类，例如，前高非圆唇元音对应[i]类；后低圆唇元音对应[ɒ]类，等等。复合元音分成二合元音与三合元音，二合元音与三合元音都依据主元音的舌位及与滑音的组合关系进行归类。例如，[ia]、[ua]都是以[a]为主元音，主元音在后的复合元音，在数据库里他们平行排列；[ei]、[eu]都是以[e]为主元音，主元音在前的复合元音，他们在数据库里平行排列。在声调系统中，民族语和汉语方言的调类系统有

---

① 孙宏开. 1998. 二十世纪的中国少数民族语言文字研究//刘坚. 二十世纪的中国语言学. 北京：北京大学出版社：658.

② 在实际操作过程中，把汉藏语语言划分成汉语群、藏缅语群、苗瑶语群、侗台语群、南岛语群、南亚语群六个语群，研究范围限定在传统的汉藏语系、南亚语群、南岛语系之内，不包括阿尔泰语系和印欧语系。这样分类的目的是要回避系属争议。

一定差异，民族语的调类有高、中、低三类，调形有平、升、降三类，调类与调形组合成一类。例如，彝语次语群怒苏语有高平调，对应的调值是 44；高降调，对应的调值是 53；高升调，对应的调值是 24；低降调，对应的调值是 31。汉语方言声调分成平、上、去、入四类，每一类分阴阳。例如，潮汕方言的潮阳方言阴平调的调值是 33，阳平调的调值是 55，阴上调的调值是 53，阳上调的调值 313，阴去调的调值是 31，阳去调的调值是 11，阴入调的调值是 11，阳入调的调值是 55。在进行这样的分类之后，再把每个语言或者方言的辅音、元音、声调归并到相应的类别中去。图 0-1 是声调-单辅音数据库取样图。

这个汉藏语语言音位数据库是一个母库，可以从中任意生成若干子库，复合元音音位数据库就是其中的一个子库，样图如图 0-2 所示。

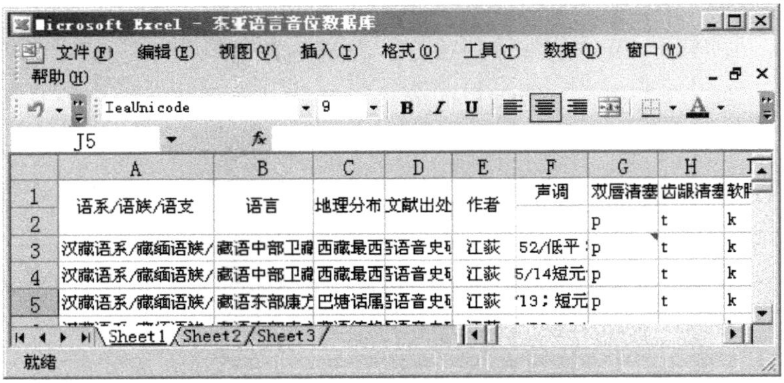

图 0-1   汉藏语语言声调-单辅音数据库

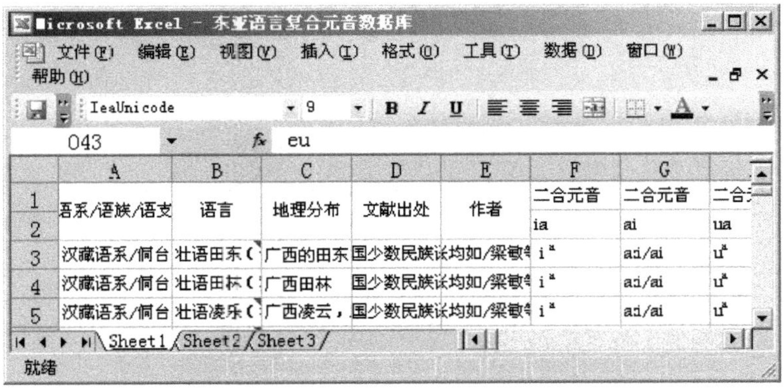

图 0-2   汉藏语语言复合元音数据库

复合元音数据库具有分类功能、统计功能、排序功能、查询和检索功能。关于分类功能，前面已经有所提及，首先把复合元音分成二合元音与三合元音两类，然后再依据主要元音与次要元音的组合顺序及组合关系分类，[i]、[u]在前一组，例如[ia]、[ua]；[i]、[u]在后一组，例如[ai]、[au]，类与类之间可以任意调整。关于统计功能，主要运用 COUNTIF（range，criteria）函数来计算每一个复合元音的出现比例。例如，计算[ai]在复合元音数据库中出现的比例：首先，在[ai]列最末一行的统计字段中输入公式——=COUNTIF（fa: fb，"*"），这个公式是计算[ai]在语言和方言中分布总数，即有多少个语言中有[ai]这个复合元音音位，这个结果再比上语言总数，然后再乘以 100%就会得出[ai]的出现比例。例如，图 0-2 数据库样例中的[ai]，首先统计[ai]的出现总数——=COUNTIF（f3: f10，"*"）＝5，即在 5 种语言和方言里有[ai]这个音位出现，一共有 9 种语言，因此，[ai]的出现比例是 5/9×100%＝55.6%。关于排序功能，可以以任意一个字段为主要关键字进行升序或者降序排列，依据使用目的来决定排序的主要关键字。例如，如果想了解[ai]在语言中的分布情况，就以[ai]为主要关键字，扩展到所有的区域进行排序，结果就是所有有[ai]出现的语言排在前面，同时相关的地理分布信息、语言系属信息、资料来源、作者等描述性信息都会出现，还可以看到[ai]与其他音位的关系，如与[ia]的关系，与[au]的关系，复合元音与单元音的关系，与辅音的关系等。关于查询和检索功能，可以在编辑菜单栏中打开查找与替换对话框，对数据库里出现的信息任意检索。

运用统计功能计算每个复合元音在汉藏语语言中的出现比例，可以对复合元音进行定量分析。以 50%作为分界线，在汉藏语语言复合元音数据库里，出现比例在40%～60%的复合元音一共有七组，这七组复合元音分别是/ua-au/、/ui-iu/、/ia-ai/、/ue-eu/、/ie-ei/、/io-oi/、/uo-ou/。Maddieson（1984：124-125）用统计结果证实世界语言出现比例最高的五个单元音分别是/a/、/i/、/u/、/e/、/o/，笔者的统计结果恰好证实了汉藏语语言出现比例最高的复合元音正是/i/、/u/与其他三个元音的组合（也包括/i/、/u/自身组合），笔者又从中选择了出现比例最高的/ua/、/ia/、/ui/和/au/、/ai/、/iu/两组复合元音作为本书重点分析的案例。

在复合元音共时数据库的基础之上，我们又建立起历时数据库。历时数据库的数据采集方法是从每一种语言或方言里提取语音变异资料。例如，壮语横县北话有这样一些资料：/iː/、/uː/与韵尾之间有一个[ə]过渡音；/eː/与韵尾之间有一个

[a]过渡音；/o:/除在-m、-p之前外，与韵尾之间有一个[a]过渡音；韵母o只出现在少数汉语借词中。类似壮语横县北话这样的变异资料在许多语言或方言里都有，他们往往出现在音系说明里，我们就把这些资料标注在相应的语言或者方言里①，在使用的时候，把这些变异资料汇聚起来，作为分析复合元音的历史构成原因的辅助性资料。

语言资料收集主要有三个来源：各民族语简志资料、期刊资料、出版物资料。民族语简志资料是1956年全国第一次语言大普查之后陆续出版的"中国少数民族语言简志丛书"，如《藏语简志》、《苗语简志》、《壮语简志》等；期刊资料重点是《方言》、《民族语文》两种核心期刊，收集了从1979年到2008年近30年的民族语言和汉语方言音系资料；出版物资料以《中国的语言》为主体，这是一本目前中国语言集大成的鸿篇巨著，这本著作一共收集了129种语言。笔者依据这129种语言的系属划分来分类，分成语群、次语群、语言、方言几类，在此基础上，又把"中国少数民族语言方言研究丛书"和"中国新发现语言研究丛书"及《苗瑶语方言词汇集》、《汉语方音字汇》、《黎语调查研究》的资料增加进去。这样所有的资料统计下来，在笔者的数据库中一共收集了684种语言（包括方言和土语）。详细情况可以参见附表2汉藏语的语言/方言（简表）。

本书采用现代语音学、实验语音学、现代音系学、传统音韵学、类型学、历史语言学等多种现代语言学理论及研究方法。

首先，每一项研究都建立在语音学与音系学相结合的理论基础之上。对任何一项语音现象进行分析，都要综合运用语音学和音系学的研究成果。例如，在剖析复合元音性质的时候，先剖析复合元音的自然属性，包括生理属性、物理属性；然后剖析复合元音的功能属性，包括复合元音的声学属性、听觉属性，这些属性分析是一种微观语音学分析，完全建立在前人语音学实验研究的基础之上，实验成果越精细，复合元音属性分析就越准确。复合元音的性质是构成复合元音概念和对复合元音分类的重要基础，复合元音的概念和分类则是对性质的一种类的概括和归并，这种概括和归并是一种音系学的体现。在语音学定性研究的基础之上，笔者从语音学和音系学相结合的角度给复合元音下定义和分类。

其次，在分析复合元音的类型及历史渊源的时候，笔者采用音位与音值两种不

_____

① 参见图0-2，语言一栏中的三角形标记就是为语音变异资料作标注。

同的方法来处理语音数据。音位是音系学术语，依据语音的区别特征进行系统分类，划分成不同的音类；音值是语音学术语，体现语音的本质属性。在实际操作的过程中，音位与音值的差异体现为记音形式的不同：音位采用的是宽式记音法，音值则采用严式记音法。笔者在处理数据的时候，依据研究目的的差异分别选取音位处理方法与音值处理方法。分析复合元音的类型的目的是要对复合元音进行归类，看复合元音不同的分布特征，这需要从共时数据库里提取语音数据，并采用音位的处理办法对严式记音法记录下来的音值进行音位归并。例如，从共时数据库中提取出现比例比较高的几组复合元音，这些复合元音的核音中包括[e]、[o]、[a]三个音值，当[e]与[ɛ]互补分布的时候，就选择[e]作为音位；当[o]与[ɔ]互补分布的时候，就选择[o]作为音位；当[a]与[ɑ]互补分布的时候，就选择[a]作为音位。这样处理的结果是对复合元音进行音系学分类，凸显复合元音在音系学的主体类型，消除次要类型。分析复合元音的历史渊源的最终目的是要获得复合元音构成的基因，并精细地描绘单元音或者复合元音演化的音变过程。复合元音的构成与它自身的性质存在着密切的关系，需要从分析复合元音的音长稳定段、音强、响度、听感区别度等性质来找到复合元音在历史上作为后起的语音现象构成的真实成因。同时，音变过程是一个复合元音演化的历史链移过程，每一个链环上都要有一个音值，如 i>iɪ，i>iə，i>ie>iɛ>iæ>ia，从历史数据库中提取音变数据的时候，都是采用音值的处理形式，音值之间的差异越细微，最终构建的音变模式就越精确。

拉波夫（William Labov，1994）提出的变异理论主张"用现在来解释过去"，非常强调通过观察共时的资料来解释历史的演变。共时资料是笔者目前所能够采集到的最可靠的第一手资料，共时现象是笔者能够深入观察和分析的可视现象，所以只有充分掌握了共时的资料，才能够最大程度上构拟出历史的面貌来，尤其是像汉藏语这样缺乏历史文献的语言，对共时资料的观察与分析更是具有非常重要的价值。正是基于这样的认识，笔者在收集历史资料的时候，在收集同源词语音对应规律的同时，还收集了共时变异的资料，尝试从共时的变异中看出音值的细微变化来。

功能类型学是本书构建复合元音语音参项，划分汉藏语语言类型的理论基础。简言之，"功能"指语义与语用，类型指跨语言的变异[①]。本书撷取语音类型学的基本原理，重点挖掘复合元音中重要的语音特征参项，依照参项的对立特征

---

① 与丁天心教授交流所得。

为汉藏语群划分出若干语言类型。

最后，笔者对复合元音的研究是以历史语言学为基础理论构建起来的，历史语言学是本项研究的重要理论基石。语言为什么会发生变化，语言怎样发生变化，这是历史语言学要解决的主要问题，这也是本书所要研究的两个重要的课题：复合元音产生的原因是什么，复合元音产生的过程是怎样的？汉藏语言学与历史语言学结合的契合点就在于最终目标是要建立人类语言演变的普遍规律，在这样一个目标之下，历史语言学的核心——历史比较法就成为任何一个语系共同运用的普适性很强的一种方法。研究复合元音的语音演变也同样要从历史比较法中吸取理论精髓，通过亲属语言或者方言之间语音对应关系看单元音与复合元音之间的语音对应规律。历史语言学作为 19 世纪的语言学理论的典范，无论是在当时还是在今天，都具有它无可替代的重要价值，它最大的贡献在于建立了音变规律，历史语言学家可以从纷繁复杂的语音演化现象中抽取出人类语音音变的基本模式，建立具有普适性的语音音变模型。关于历史音变的性质，江荻（2002c：26）认为，历史音变强调的是语音的变化是有规律的，但又是不均衡的，规律性是指语音变化是有理据的，受发音生理特性和听觉特征的制约；不均衡性是指语音变化的速度和方向是不一致的，由语音演化的规律性和不均衡性必然导出亲属语言之间的语音对应关系模式。笔者运用历史比较方法建立语音对应规律的目的也正是要探求出语音变化的规律性，看到音变的方向，这也是本书运用历史语言学的基础理论探求复合元音语音演化的最终目标。

另外，笔者也深刻地意识到历史语言学作为早期语言学理论有它自身的局限性。历史比较方法最初是在对印欧语系研究基础上构建的研究方法，这种方法在印欧语系中获得了成功，但是在运用到汉藏语系中却遇到了阻碍。因为印欧语系在历史上保存下来大量的历史文献，汉藏语的历史文献比较缺乏，公元 7 世纪的古藏文，公元 10 世纪的西夏文及公元 11 世纪的缅文和公元 13 世纪的泰文都距离远古时期很远。印欧语具有丰富的历史文献可以查找，所以历史语言学家所要从事的工作就是从这些历史文献中总结出音变规律，而不用考虑音变的过程；汉藏语缺乏历史文献可供参照，所以汉藏语言学家在发掘音变规律的同时，还要描写出音变的过程，以弥补汉藏语自身的不足。印欧族群延续着一种畜牧型文化，在印欧种群的发展史上，发生了多次大规模的部落种群集体迁徙事件，构成了独立的文化种群，每个文化种群内部的语言特征相同；相比之下，汉藏语族群延续着一种农耕型文化，各民族之间大杂居小聚居，民族间杂处，接触频繁，导致语言内部大范围广泛而深刻的接触。这种文化特征差异使得印欧族群之间的系属关系和同源关系比较明显，汉藏语族群彼此之间同源关系比较混乱，系属关系不明晰。因此，历史语言学和历史比较方法是为印欧语量身特制的一种理论和方法，对于汉藏语来说，它只是一个特例，还有很多不符合汉藏语自身特点的地方，需要汉藏语学者在运用这种理论的同时，还要结合汉藏语的实际情况加以弥补。在这方面，江荻（2002c）在他的专著《汉藏语言演化的历史音变模型——历史语言学的理论和方法探索》一书中建立了一系列汉藏语音历史演变模型，把语音演化过程的形式化作为汉藏语系历史语言学的突破点，这样可以排除汉藏语系语言缺乏历史文献和接触关系频繁密切的障碍，从语音演化过程中总结出具有理论和应用价值的历史音变规律，以此作为判定同源词的有力的证据。本书就是在音变模型理论的基础之上进一步对复合元音构成的音变过程加以完善，以期在一个小范围内对历史语言学在汉藏语中的缺陷有所补益。

本书的研究重点集中体现在四个方面。

首先，本书只研究复合元音中的二合元音，暂时不研究三合元音，把复合元音作为一个独立的元音音段来探讨复合元音的性质，从语音学与音系学结合的角度重新为复合元音下定义及分类。

其次，构建复合元音的语言类型。利用数据库资源，提取分布比例最高的两组复合元音：/ua/、/ia/、/ui/，/au/、/ai/、/iu/，观察两组复合元音在各个语群、次语群、语言和方言中的语言分布差异，探讨他们在汉语群、南岛语群、藏缅语群、侗台语群、苗瑶语群、南亚语群中的语音性质及与声母和辅音韵尾组合的共性特征，依据复合元音的单音节特征和长短、松紧、鼻化等次要特征划分语群及次语群的语言类型，并从地理区域类型的视角来探讨语言类型构成的外部机制。

再次，充分借鉴前人关于复合元音产生的原理，在音节框架内讨论辅音声母、辅音韵尾、音节演变、发声态对复元音韵母构成的影响，观察单元音在语音空间里的链移过程及性质的变化，讨论单元音裂变的过程，建立单元音裂变的音变模型，了解复合元音产生后进一步的发展及单音节化的过程。

最后，讨论复合元音在六个语群里的历史来源及历史演变，归纳不同语言类型的音变模式。观察复合元音出现频率高的语言在地理上的分布情况，并结合民族学了解各个民族在历史上经历了怎样的迁移活动，以此了解民族迁移对语言演变的影响。

　　本书的一项重要创新是找到了划分汉藏语言类型的一个参项：复合元音的单音节性特征。

　　音节或者音段一向是语音学和音系学中非常关注的焦点问题，学术界长久以来就在争论单音节和多音节对于语言历史演变的作用，由此也衍生了"一个半音节"的讨论。马提索夫（2015：11）认为双音节通过一个半音节的过渡阶段可以转变成简单的单音节，简单的单音节又可以转变成双音节，在单音节和双音节之间构成了一个循环系统。在汉藏语的六个语群内部，单音节特征最明显的汉语群复合元音音位最多、多音节特征最明显的南岛语群复合元音音位最少，藏缅语群、苗瑶语群、侗台语群、南亚语群既有双音节又有单音节，还有"一个半音节"特征，其复合元音音位数量介于汉语群和南岛语群之间。根据复合元音的多少可以区别各个语群的标记性，划分语言类型，在不同语言类型中，复合元音产生和演变模式也有差异。

1 复合元音的基本原理

纵观前人关于复合元音的研究，可以发现，在复合元音的研究中存在着一些有争议的问题。总体来看，主要是关于研究方法的争议，具体来讲，民族语言学界与汉语学界，与西方语言学界对于复合元音在研究方法上存在着差异。例如，关于介音的归属和产生的原因，汉语和民族语学者针对上古汉语和原始汉藏语的构拟形式而采取了不同的方法，持有不同的观点；关于复合元音的类型及历史产生原因，东西方学者的研究方法不同，最后的结论也不一样。我们首先讨论这些争议的焦点，然后建立关于复合元音研究的一些基本原则。

第一，介音。介音是汉藏语音节结构中的一个重要成分，也是笔者在处理复合元音韵母时遇到的一个比较棘手的问题。梳理前人关于介音的研究，发现问题的焦点主要集中在以下几个方面。

（1）介音的起源。因为介音是汉语和民族语研究学者采用的一个音位术语，所以所有的讨论都限于汉藏语言的范围之内。关于汉藏语言介音起源，目前民族语学界和汉语学界都有颇多争议。民族语学界孙宏开（2001b：2）认为原始汉藏语是没有介音的，介音是一种后起的语言现象，介音的主要来源是复辅音历史演化过程中后置辅音发展起来的，即 [-r-][-l-] > [-w-][-ɟ-]，[-w-][-j-] > [-u-][-i-]，这种演变现象主要出现在侗台语群、苗瑶语群和汉语群中，藏缅语群的缅语次语群和羌语次语群也有，音变条件是基本辅音为双唇塞音，如 [bl-]、[br-]。马提索夫提出构拟原始藏缅语音节结构的理论框架是：

（P）	（P）	（Ci）	（G）	（V）	（:）	（Cf）	（S）
前缀	前缀	词首辅音	流音	元音	长度	词尾辅音	后缀

马提索夫认为原始藏缅语复辅音形式的后置辅音是一个流音，即[-r-]或者[-l-]，这两个流音就是后来介音产生的最原始形式。孙宏开和马提索夫都对介音的产生持复辅音后置辅音演化的观点，瞿霭堂（1991）则认为介音[-u]是受双唇音

前置辅音[p]、[w]、[m]的影响产生的，双唇音前置辅音在舌根音前使韵母增加一个 u 介音，如泽库话：pka>pkua，"上驮子"；mŋar>mŋuar，"甜"；wgat>wguat，"笑"。黄布凡研究木雅语的 16 个复合元音，结果是这 16 个复合元音都是带介音 u 的二合元音，而这个 u 可能来自古声母中的双唇浊音 b-。①瞿霭堂认为是在复辅音前置辅音的影响下产生了介音，黄布凡认为声母演变成介音，他们的观点与孙宏开和马提索夫的观点有明显的差异。

李方桂（2003：22-23）构拟汉语上古音时构拟了两个介音：一个是二等韵里的舌尖音卷舌化的[-r-]介音，一个是三等韵里的声母腭化的[-j-]介音。这两个介音对声母和韵母都有影响，介音使上古简单的声母和韵母变成《切韵》时较复杂的声母和韵母；合口介音[-u-]大部分是从圆唇舌根音来的，一部分是后起的。高本汉（2003）的上古音构拟体系中，三等韵都带有腭介音-i-。王力增加二等介音 e、o；蒲立本（Pulleyblank，1962—1963）从汉语的三等字在早期的外语对音材料中不带腭介音得出结论认为，中古的三等介音原来是没有的。包拟古把中古的腭介音分为两类，一类能够与藏缅语的 j 对应，叫作原生性 j（primary j）；另一类是汉语后来自身发展出来的，叫作次发生 j（secondary j）。俞敏根据梵汉对音中汉语的三等字所对应的梵文都是没有 i 的，以此认为三等字是不带腭音的②。郑张尚芳（2003：168-171）认为上古汉语除声母有垫音 w、j、r、l 外，韵母应该非常简单，没有任何元音性的介音才对，他构拟上古汉语有/i/、/u/、/e/、/o/、/a/、/ɯ/六个元音，每个元音分长短，上古汉语的元音是六对元音系统，中古的一、二、四等来自长元音，三等来自短元音，二等、三等 B 类前有 r-垫介音，上古均无 i 介音，仅麻、昔、海、齐各韵长元音的三等字前有 j，三等腭介音是后起的，短元音产生腭介音。综观以上对上古汉语介音的讨论情况可以看出，李方桂、高本汉、王力、包拟古四位先生基本主张上古汉语是有介音的，尤其是三等韵，构拟成腭介音[-j-]；蒲立本、俞敏、郑张尚芳三位先生基本主张上古汉语是没有介音的，介音是后起的。

（2）介音产生的理论解释。关于介音产生的原因，目前学界的讨论还不是太

---

① 瞿霭堂与黄布凡的观点转引自王双成. 2005. 安多藏语的复元音韵母. 西藏研究，（3）：51-52.
② 高本汉、王力、蒲立本、包拟古、俞敏关于介音的观点转引自潘悟云，冯蒸. 2000. 汉语音韵研究概述//丁邦新，孙宏开. 2000. 汉藏语同源词研究（一）. 南宁：广西民族出版社：161.

多，郑张尚芳（1987）[1]对短元音产生三等腭介音的解释是上古汉语的六个元音有长短对立两套，短元音过短，j介音增生起了一种可能均衡音节的作用，以后长短元音消失了，它就起了代偿短元音的音位功能作用，从而使元音的长短对立转化为硬软、洪细的对立。郑张尚芳认为上古的短元音首先产生的是非三等的ɯ介音，之后，ɯ>i>i。潘悟云（1998）从音节的长短变化对介音的产生所起的作用来进行解释。在上古汉语中，音节的长短是不一样的，带复辅音的音节CCV（C）比单辅音的音节要长一点；带长元音的音节也比带短元音的音节要长一点。后来，中原地区的汉语中复辅音逐渐消失，原来较长的音节CCV（C）变为CV（C）的类型，同原来CV（C）型的音长就等长了，这种音节的等长运动也带动短元音音节的长度向长元音音节靠拢，因此，在短元音和声母之间就会有介音产生。他也认为三等介音曾有过ɯ过渡的阶段，ɯ的非正则性使得它经历了i而向i的发展过程。从以上郑张尚芳和潘悟云对介音产生所做出的解释中，我们可以看出来介音主要是起到平衡音节长短的作用。

（3）介音的归属问题。民族语学者对于介音的处理有两种方式，一种是划分到声母部分，采用[-j-]、[-w-]的形式，但是与腭化和圆唇化完全不同，只是音位的处理形式；另一种是划分到韵母部分，作为韵母的韵头。有的学者依据声母和韵母的多少进行变通处理，孙宏开（2001b：11）指出，在汉藏语系语言里，许多音位系统里有腭化声母和圆唇化声母，这实际上就是介音，仅仅是音位系统的处理问题，他也把独龙语里的介音[-i-][-u-]处理为舌根声母的圆唇化和双唇、舌尖声母的唇化，这是出于了为了使音位系统里适当增加几个声母而大大减少韵母的数量的考虑。他认为在一种语言里腭化和圆唇化声母与[-i-]、[-u-]介音不是同时出现的，因此把介音划到声母部分，等同于腭化的[-j-]和圆唇化的[-w-]。相反，有的学者严格区分腭化、圆唇化辅音与介音元音之间的界限，梁敏和张均如（1996：61）指出，侗台语族的腭化、唇化声母都与汉语的介音不一样。腭化音中的腭化成分和唇化音中的唇化成分是辅音性的，是前面单辅音的附加成分。汉语带介音的韵母ia、ua等，a是主要的，介音也是元音性的。因此，侗台语族语言带过渡音的高元音韵和腭化、唇化音与汉语带介音的韵母都不一样，是音质上的不同，

① 高本汉、王力、蒲立本、包拟古、俞敏关于介音的观点引自潘悟云、冯蒸.2000.汉语音韵研究概述//丁邦新，孙宏开.2000.汉藏语同源词研究（一）.南宁：广西民族出版社：161.

而不是处理方法的不同。

在传统汉语音韵学里，介音一向是划归到韵母里，在反切中是作为反切下字的一部分与反切上字相拼的。麦耘（2004：68）却说，事实上并不完全如此，介音不但常常在反切上字有所表现，甚至在有的反切中，介音只由反切上字表现，按古人的语感，介音也可以属于声母，构成声介合母，他称为"声介系统"。麦耘的研究表明，自18世纪末始，现代汉语普通话的声介系统就已经构成，直至今天。他所指的声介系统主要表现在塞擦音上，例如，tʂ、tʂh、ʂ看作ts、tsh、s加上r介音组成的声介合母；tɕ声母实际上视为ts组加j组成的声介合母，撮口呼介音jw是齐齿呼特征加上合口呼特征。同时，他的声介系统很大程度上代表了他为一等韵、二等韵、三等韵和四等韵构拟的介音。例如，他构拟的上古牙喉音的声介系统：开口一等：k、kh、g、ng、ʔ；开口二等：kr、khr、gr、ngr、ʔr；开口三等：krj、khrj、grj、ngrj、ʔrj；开口四等：kj、khj、gj、ngj、ʔj；一等韵无介音，二等韵有-r-介音，三等韵有-rj-介音，四等韵有-j-介音。因此，麦耘的声介系统就把四个等的区别仅仅限定在介音的区别上。

本书对介音归属问题所持的观点是在没有复辅音存在的情况下，把介音划归到韵母中去，作为韵头部分；在有复辅音存在的情况下，[-j-]、[-w-]作为介音处理，划归到声母里去，这样处理仅仅是作为音位处理方法，目的是为了减少韵母的数量。关于[-j-]、[-w-]的历史来源，本书会在关于复合元音历史构成一章中继续讨论。

第二，复合元音的类型。关于复合元音的类型，国内的研究重点集中在对复合元音的分类上。对复合元音的分类就是依据性质的差异把复合元音划分成不同的类别。汉藏语依据构成复合元音的两个元音之间的关系不同，把复合元音分成两类：一类是构成复合元音的两个元音紧张度、响亮度和清晰度比较平衡，彼此差异较小，这一类叫作真性复合元音；另一类是构成复合元音的一个元音响度高，发音时紧张、清晰，是主元音，另一个元音发音时响度低，音质不完整，不能完全达到目标值音质，而只是一种向目标值滑动的趋势，居于次要的地位，这类复合元音叫假性复合元音。目前真性复合元音主要分布在藏语卫藏方言里，如藏语阿里方言、拉萨话，其余语言和方言里的复合元音多是假性复合元音。汉藏语假性复合元音，传统分类方法还依据发音时的响点所在，分成前响复合元音、后响复合元音，前响复合元音的主元音在前，后响复合元音的主元音在后。

此外，假性复合元音还可以依据发音时气流运动方式分成口复合元音和鼻化复合元音，发音时软腭上升阻塞鼻腔，气流从口腔中流出是口复合元音，如 ai、ia；发音时软腭稍微下降打开鼻腔但是并没有阻塞口腔，气流同时从口腔和鼻腔中流出是鼻化复合元音，如 ãi、iã。依据发音时喉头肌肉紧张程度分成松复合元音和紧复合元音，发音时喉头肌肉紧张称为紧复合元音，如 ia、ua；发音时肌肉处于自然状态就是松复合元音，如 ia、ua。

国外的研究比较重视两个元音的组合是否是一个音位的问题。例如，Maddieson（1984：160）就指出一种语音学意义上的两个元音组合从音系学角度看来有三种可能的形式：①一个音位单位；②一个元音与一个辅音系列；③两个元音系列。这三种可能的形式在世界语言中都有分布。如果是第一种形式，例如，Khoisan语，那么复合元音和单元音必须有同样的区别模式，如音节和声音。如果是第二种形式，例如，标准泰语，泰语有 5 种声调形式，每一种声调形式都可能与一个元音和辅音系列相匹配，如果音节末尾是[i]或者[u]，就被看作元音与近音的组合系列。[i]或者[u]是近音，不是真正的元音。如果是第三种形式，例如，夏威夷语，两个元音组合传统上被看作两个独立元音并列组成的元音系列，没有主次地位的区别。世界上以第三种形式的语言为多，真正把两个元音组合当作一个独立的音位单位的语言并不多。对复合元音的定性，国外的学者普遍把复合元音当作从一个元音目标值向另外一个元音目标值滑动的过程，在这个过程中，一个元音目标值是滑动的起点，另外一个元音目标值是滑动的终点，以复合复合元音分类，分成后滑音（off glide）和前滑音（in glide）两类，西方学者一用/y/和/w/来标记滑音，/ya/、/wa/就是前滑音，/ay/、/aw/就是后滑音。例如朝鲜语和韩语有四个前滑音[jə]、[je]、[wa]、[we]；美式英语有三个后滑音[ai]、[aʊ]、[ɔi]。

本书认为汉藏语复合元音包括真性复合元音在内，都是一个音段音位。对复合元音的分类是在对复合元音的本质属性进行微观分析的基础之上获得的。同时，不同类型的复合元音具有不同的性质特点，在音节里与前面的辅音声母和后面的辅音韵尾有不同的组合形式。

第三，复合元音的起源。目前，在汉藏语语言的范围之内，在笔者所见到的7 世纪的藏文资料和 11 世纪的缅文资料里，很少有复合元音出现。因此，人们推测复合元音是一种后起的语言现象。

关于复合元音的历史来源，国内的研究以复元音韵母为基本单位，把复元音置于音节里进行观察，分析前面的声母、后面的韵尾、声调、音节之间的关系对复元音韵母构成产生的影响。瞿霭堂（1991：36）总结出藏语复元音韵母有三个主要来源：音节减缩，韵尾的影响和声母的影响。具体分析，音节减缩是卫藏方言复元音韵母的主要来源，有两种情况：一种是构词后缀的减缩。例如，指小的后缀*-ɦu给词根增加一个 u 元音，日喀则*mdefiu＞tiuʔ，"子弹"；另一种是复合词的减缩。例如，噶尔话*somaŋ＞suâʔ，"梳子"；韵尾影响是康方言韵母的主要来源，例如，中甸*dgos＞gueʔ，"需要"，*gɲis＞nei，"二"，*-s 韵尾脱落，前面的单元音变成复合元音；声母影响主要是复辅音声母中后置辅音-r、-j 的影响，如卫藏方言亚东*bjas＞pʰiaʋ，"做"，*sbrul＞piu ʌ，"蛇"。孙宏开（1982：282-285）从性质上把复合元音分成前响复合元音与后响复合元音两类，前响复合元音的来源主要有两个方面：一个是复辅音的后置辅音向介音 i、u 过渡。例如，缅甸文中带后置辅音 l、r、j 的复辅音，在口语中都读成了腭化的辅音，j 的实际音值正在向 i 介音接近，miaʔ＞mjaʔ（miaʔ），"多"，羌语麻窝话 ʁlə＞羌语桃坪话 ʁuə，"小麦"；另一个是单元音分化成复元音，羌语麻窝话 si＞羌语桃坪话 sieɨ，"天（日）"。前响复合元音的来源也有两个：一个是辅音韵尾向元音韵尾转化，如达让僜语 luiʔ＞lunʔ，"逃走"；另一个是单元音分化成复元音，如独龙语，ɕiɣ＞xiǎɕ，"脚"。

　　将孙宏开和瞿霭堂的研究结论进行比较，他们都认为复辅音后置辅音产生出复元音韵母的介音，辅音韵尾演变成元音韵尾。但是，孙宏开还特别强调单元音分化构成复合元音。郑张尚芳（2003：222）在为上古汉语构拟出六个单元音的基础之上，他认为上古单元音演化成中古复合元音的原因是单元音复元音化，这个观点与孙宏开是完全相同的。同时，他又给出了单元音复元音化的条件是元音的长短性质，短元音前增生过渡音，中古音里的二等韵短元音前增生出-r-介音，-r-又演化成-ɤ-；三等韵的短元音前增生出-ɯ-介音，-ɯ-又演化成 ɨ 和 i；长元音也发生了复元音化。郑张尚芳的可取之处在于他站在了音节的高度上来解释单元音复化的理据，他构拟原始汉语的音节结构为 cc.Ccc Vc.c，词根是 CccVc 部分，之前的 cc 和之后的 c 他分别称为前冠音、后冠音。从郑张尚芳的构拟里，我们可以看出来，上古汉语的声母是由复辅音构成的，而在今天任何一种汉语方言里，即使是保留古音成分比较多的南方方言，却再也看不到复辅音的痕迹了，这证明从上古开始，汉语的复辅音逐渐向单辅音转化，而辅音声母在简化的同时，韵母部分就会变得复杂，从上古的六个单元音韵母逐渐依据自身的长短演化成复合元音韵母，□止来维持音节的长度不发生过大的变化。

国□的研究以复合元音音段为基本研究单位，在元音□目里研究单元音链移的过程。当单元音移到元音□目的最高端的空间位置上的时候，继续上移，单元音会发生裂化，分裂构成复合元音。著名的英语元音大转移（the great vowel-shift）就是一个最典□的例证，图 1-1[①]展示了英语元音大转移的转移路线（Campbell，1999：48）。

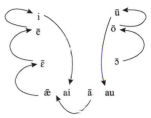

图 1-1 英语元音大转移

从□世纪英语到现代英语，经历了乔叟（Chaucer）时代和莎士比亚（Shakespeare）时代，单元音的长元音发生了高化链移运动，当链移到元音空间的最高位置[ī]和[ū]的时□会发生裂化，分裂成复合元音[ai]和[au]。我们观察下列同源词之间的语音对□（表 1-1）[②]（Campbell，1999：48）。

表 1-1 同源词之间的语音对应

中古英□	乔叟时代	莎士比亚时代	现代英语	意义	
bite	/bītə/	/bəit/	/bait/	'bite'	ī > ai
tide	/tīd/	/təid/	/taid/	'tide'	ī > ai
bete	/bētə/	/bīt/	/bi:t/	'beet'	ē > i
met	/mēt/	/mēt/	/mi:t/	'meat'	ɛ̄ > ē > ī
bete	/bæt/	/bēt/	/bit/	'beat'	æ > i
nam	/nāmə/	/næm/	/neim/	'name'	—
hou	/hūs/	/həus/	/haus/	'house'	ū > au
boot	/bōt/	/būt/	/bu:t/	'boot'	ō > u
boa	/bɔt/	/bōt/	/bout/	'boat'	ɔ > ou

元音大转移最早是 Jespersen 在 1909 年提出来的。之后，陆续有很多学者对英语元音大转移进行了讨论，并对转移的机制和转移的过程进行了解释。例如，Wolfe（1972）罗列和回顾了后期学者对这个问题的争论；Orton（1933）和 Eillis（1874）描绘出前高元音[ī]在元音空间的前部低化下移裂变的过程：

---

① 该图引自 Campbell, L. 1998. *Historical Linguistics: An Introduction*. Massachusett□: The MIT Press Cambridge □□.

② 出□□①。

$$ME\ \bar{\imath} > iy > ey > \varepsilon y > æy > ay$$

Luick（1903），Jespersen（1949）和 Zachrisson（1913）则认为前高元音[ī]在裂变同时低化下移到次高主元音的位置上时，如果再继续向下移动，[ey]与[ay]就会合并，但事实上，现代英语中 die 和 day、my 和 may 并没有合并。因此，应该是从下移到次高元音的位置之后转向中央部位移动，然后再低化到[ay]，整个移动过程是：

$$ME\ \bar{\imath} > iy > ey > əy > ay$$

但是，到了次高元音的位置上之后再向央元音位置上移动也无法消除[ey]与[ay]的合并，Dobson 认为在开始的时候，前高元音[ī]就向央元音的位置移动，然后直接下移到[ay]，他描绘出整个的裂变移动途径是：

$$ME\ \bar{\imath} > iy > ɨy > əy > ay$$

Wolfe 认真研究了 16 世纪和 17 世纪的资料后认为，没有资料支持央化在低化之前的结论，因此，Orton 和 Eillis 的移动模式是可行的。[①]

拉波夫（Labov，1994：117）通过英语元音大转移这一典型元音移动实例，提出了拉链（Pull Chains）和推链（Push Chains）两个链移原理，他制定出链移的三条通则：

原则 1：在链移中，长元音上移。

原则 2：在链移中，短音下移。

原则 2 副则：后滑复合元音的短音核下移。

原则 3：在链移中，后元音前移。

拉波夫运用声学空间原理，利用第一共振峰和第二共振峰的值来确定元音在空间的位置，依据元音在空间的位置划分出周边区域和非周边区域，在周边区域的元音具有周边性[+peripheral]，在非周边区域的元音具有非周边性[−peripheral]，在链移过程中，元音周边性和非周边性性质会随着它自身长短属性的变化而发生改变，从而使得单元音与复合元音之间发生转化。

国内运用拉波夫的链移理论及周边性非周边性原理来探讨复合元音的构成

---

① 以上 Wolfe、Orton、Eillis、Luick、Jespersen 等的观点转引自 Labov, W. 1994. *Principles of Linguistic Change, Volume1:Internal Factors.* Oxford (UK) & Cambridge (USA): Blackwell: 145-146.

及演化的学者主要有江荻（2001：21-31）、朱晓农（2004：440-450）、刘镇发（2006：32-35）等。江荻以缅语为实例，借助于周边性元音与非周边性元音的元音演化特征来讨论藏缅语言单元音复化的过程。他观察到长元音裂变成复合元音之后，长元音的音长稳定段会同时发生分裂，复合元音的音核变成了短元音。因此，他最后得出结论：音核由原来的周边性转化为非周边性，缅语长元音演化时出现短元音下移的过程，长高元音逐渐演化为复合元音，以此作为一条普遍的共性原理：高位元音通过音核周边性与非周边性音长属性的转变而演化为复合元音。朱晓农认为高元音在汉语各方言中经历了推链的移动过程，移动到了元音空间的最高位置后，会发生高顶出位的现象，高元音高顶出位有六种情况，其中的一种情况就是裂化，裂化也就是复化，是单元音变成复元音的过程。他把裂化限定为高元音的裂化，而低元音 a>ia 一类，他看作"介音增生"。朱晓农把高元音的裂化分成两种类型：一种是"前显高化裂化"，如 i>eⁱ；另一种是"后显低化裂化"，如 ɿ>ɿ°，前显高化裂化是在高元音之前裂化出一个低元音作韵核的前响复元音；后显低化裂化是在高元音之后裂化出一个低元音作韵核的后响复元音。他又从发音生理学的角度给出了两类裂化发生的机制，"前显高化裂化"的关键是增生出前低元音要显化为韵核，他用 Stockwell 1978 年的区别度最大的感知原理来解释：最佳滑音倾向于扩大滑动距离。也就是说区别度越大，显化程度越高，这就促使前显裂化产生之后，会继续向元音空间的下方移动，符合拉波夫通则 2 副则的原则：前响复元音的韵核低化；"后显低裂化"增生出后低元音[-ə]，他运用回归初始态的原则来进行解释，[-ə]是发音最自然、最省力、最无标记的一个混元音，当长高元音发音到最后的时候，要向自然状态回归，因此就增生出一个后滑音来。刘镇发运用元音链移原理研究 20 世纪之后温州话韵母的变化。温州话的主要变化是高元音的裂变：高元音/i/、/ʉ/、/u/裂变为/ei/、/øy/、/əu/，另一个变化就是韵腹前元音 e 高化以后，跟介音合并，复韵母/ie/、/ye/消失，即/ie/、/ye/单元音化为/i/、/y/。吴语韵母的一个特点是中古复元音韵母单元音化。因此，刘镇发的研究结论为我们提供了汉语方言单元音裂变成复合元音及复合元音单元音化的一个具体案例。

　　依据 Kadooka 的音节结构模式，可以看出在一个音节的内部，复合元音作为主元音时，其前后的声母、韵尾与之呈现线性排列，某些核音具有超音段特征（声调、重音、发声态）。复合元音的产生和演化与辅音声母、辅音韵尾、超音段特征都密切关联，此外单元音和音节特征也是制约复合元音的历史来源和历史演变的重要因素。

Benedict（1972：57）构拟出原始藏缅语有五个单元音/ɑ/、/o/、/u/、/i/、/e/，同时构拟出两个半元音/w/、/y/作为复辅音的介音和音节的韵尾。这两个半元音与辅音声母和主元音构成复辅音或者韵母，如/kw/、/gw/、/tw/、/ky/、/gy/、/ty/、/uw/、/ow/、/aw/、/ew/、/oy/、/ay/、/ey/、/iy/等，另外，主元音/ɑ/和/w/、/y/结合还可以构成两个音节/a.w/、/a.y/。

从目前的文献资料来看，古藏语、缅语和上古汉语都没有或很少产生复合元音，复合元音基本是一种后起的语音现象，是通过某种语音变化形式产生的。关于复合元音的历史构成原因及构成过程，前人发现了几种基本途径：复辅音声母的变化影响前滑音（介音）的产生，辅音韵尾的变化影响后滑音（元音韵尾）的产生，双音节合并构成复合元音，单元音复元音化，两种发声态——气嗓音产生前滑复合元音，嘎裂声产生后滑复合元音。复合元音产生后可以继续发展成单元音、辅音或者分裂成两个开音节，复合元音之间也有演变规律。因此，复合元音的产生及发展可以如图1-2所示。

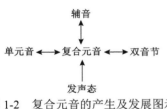

图1-2　复合元音的产生及发展图示

1.1　复合元音的概念

关于复合元音的概念及其特征，我们首先列举出国内的罗常培和王均（1957：108-109）、瞿霭堂（1991：26）、朱晓农（2008：477）；国外的 Ladefoged 和 Maddieson（1996：321）、Clerk（2000）、《现代语言学词典》（英国戴维·克里斯特尔，2002：109）、特拉斯克（2000：55）、Andersen（2016：18）等学者或辞书给出的关于复合元音的概念。

罗常培和王均认为，两个或三个元音结合在一块儿构成一个音节的叫作复合元音。当念复合元音的时候，口腔或舌头不是不变的，而是从一个元音滑到另一个元音的地位上去，两个或三个元音成分的分量（发音器官的紧张度、响度，有时还跟高低、长短等有关系）往往不相等，只有一个成分特别显著，一般人听了，不会一下子感觉它是两个或三个不同成分的结合体。

瞿霭堂认为，复元音是一种凝聚性的结构，即所谓的向心结构，构成复元音的几个元音之中，有一个是主体，是响点所在，主体元音前后的元音都有依附的性质，前面的称介音，后面的称元音韵尾，无论介音或元音韵尾都读得轻、读得短，同主体元音读得响、读得长构成鲜明的对比。

朱晓农认为，多合元音由两个或两个以上元音性成分组合而成，包括二合元音（复元音）、三合元音，甚至四合元音，发多合元音时声道构型有变化。二合元音即复元音由两部分组成，一个成分是主元音，另一个成分是滑音（半元音）。

Ladefoged 和 Maddieson 认为，复合元音有两个独立的目标值，为了与长元音相区别，规定二合元音有两个不同的目标值。

Clerk 认为，复合元音是由两个元音组成的一个单位，具有一个音段的功能。在复合元音里，第一和第二目标值经常是元音[i]或者[u]，在某些语言里，尤其是当[i]或者[u]目标值明显不是复合元音的主要成分的时候，可以把[i]或者[u]处理成一个非音节的半元音。

《现代语言学词典》认为，复合元音是语音学按发音方式给元音进行分类的术语，指音质有一次明显变化的元音。

特拉斯克认为，复合元音（Diphthong）作为单个音节的核心成分，由起始元音以不同的平滑程度过渡到后接元音，如[ju]和[ai]，通常两个元音性成分中有一个比较突出，有一个比较不突出，比较不突出的一个或是在前的滑音（如[ju]中的j），或是在后的滑音（如[ai]中的i）。

Anderson 认为，复合元音在传统意义上需要区别两种意义：一种是指一个单一音段，它的中心阶段在时间的发展中表现出声学上的异质特征，是一种不稳定的状态。另一种意义上，复合元音可以指构成同一个音节的音段系列。

以上学者给出的关于复合元音的概念，都是从复合元音性质的角度进行阐释的。复合元音的性质比较复杂，因此，复合元音的概念也具有综合性，不是简单的一两句话就能加以概括说明的，一个概念常常包含复合元音的几种性质特征。我们抽取这些概念中关于表述复合元音性质的主要特征，归纳成以下三个方面。

第一，复合元音具有一个音节或一个音段的性质和功能，单音节性是以上诸位学者对两个元音组合是否构成复合元音进行确认的首要前提条件。复合元音具有单音节性，与不同语言的音节类型有密切关系，汉藏语多为单音节有声调类型的语言，一般情况下，两个元音组合成的 VV 形式都是在一个音节中出现，即使是尚未产生声调的语言也是如此，例如，尔龚语的 zṭshau，"发芽"，藏语夏河话的 ŋo lok jie，"反对"，其中的 'au'，'ie' 都是复合元音，只有南岛语多为多音节无声调类型的语言，情况会有所不同。例如，Takia 语两个元音组合成双音节，高元音组合 [ei]、[ou]、[ao] 可以出现在单音节里，构成复合元音，也可以出现在双音节里，构成元音组合。相反，如果两个元音组合构成两个音节的形式就不能构成复合元音，例如，英语的 blu.ish [ˈbluːɪʃ]，"蓝色的"，其中的 'u.i' 组合是两个音节形式，不能称为复合元音。

Andersen（2016：18）区别了两类音段复合元音（Segmental Diphthong）：一类是单一音段复合元音，中心音质在不同时间里在听感和声学特征上不同；另一类是音段系列复合元音，音段系列构成同一个音节。

第二，构成复合元音的两个元音的地位是不平等的，一个是主要元音，另一个处于依附地位。中外学者都认同构成复合元音的两个元音之间地位不平等：一个元音处于主要地位，发音时音长比较长，响度比较高，发音器官处于紧张的状态，如特拉斯克举出的例子，[ju] 中的 u，[ai] 中的 a；另一个元音则音长短，音强弱，发音器官相对松弛，如 [ju] 中的 j，[ai] 中的 i。但是东西方语言学者对两个元音的定名有所不同，传统汉藏语把处于主要地位的元音称为韵腹，处于次要地位的元音称为介音和韵尾，如上述概念中瞿霭堂的定名；西方语言学界把处于主要地位的元音称为主元音，处于次要地位的元音称为滑音，如上述概念中朱晓农和特拉斯克的定名。定名形式的差异与每一个语言的文献传统和音节特点也有密切关系，汉语音韵学依据反切拼音法，把一个音节分成反切上字与反切下字两部分，反切上字体现声，反切下字体现韵和调，一个字就是由声、韵、调三部分拼合而成的。传统汉藏语沿袭了这种声韵拼合法来切分一个音节，同时汉藏语的单音节性使得它不必提取出最小的音素，只有在讨论韵的各个部分与声母之间关系的时候，才把韵母继续切分成韵头（介音）、韵腹、韵尾三个音素部分；西方语言文献里没有反切这样的音韵形式，同时音节的多音节性使得音素单位成为一种区别特征首先被切分出来，复合元音只有作为一个音段的时候才能再继续区分哪个是主要元音，哪个是次要元音。事实上，构成复合元音的两个元音之间的关系，传统音韵学与现代语音学还有差异，笔者在复合元音的性质一节还要继续讨论。

第三，运用实验语音学的实验手段测量语音频谱，实验结果显示两个元音之间是一个滑动的过程。这种滑动是从一个元音滑向另一个元音的动态过程，在这个过程中音质会发生至少一次明显的变化，在听觉上可以区分为两个阶段，实验语音学把构成复合元音的两个元音称为元音目标值。

从上述概念中提取出来的这三类性质特征给予我们很多启迪，为本书继续深入讨论复合元音的性质打下了良好的基础。但是，几位学者给出的关于复合元音的概念仍然需要进一步完善。首先，这些概念产生的角度不够清晰，我们提倡从音系学和语音学相结合的角度构成复合元音的概念，上述概念往往把语音学和音系学混淆在一起不加以区别。语音学重点研究复合元音的生理属性、物理属性、声学属性和听觉属性。生理属性包括口腔的大小、舌位的运动情况，物理属性包括音长、响度、紧张度等，声学属性主要测量共振峰的值，听觉属性测量听觉感知度；音系学重点研究复合元音的功能特征，如音段特性、滑动的动态过程等。在给出复合元音的概念的时候，语音学的研究成果应该作为一种科学的背景来支持音系学的概念，音系学才是我们首先选择来为复合元音下定义的理论基础。其次，这些概念都表述了两个元音之间的地位是不均衡的，但是并没有突出音段的独立性特点。笔者认为，在复合元音中，主要元音保留了独立音段的地位，次要元音则已经丧失了独立音段的地位，以此凸显出复合的特性，因此，复合之后的两个元音应该定名为元音目标值，比定名为两个元音更合适。最后，在上述几位学者给出的概念中，复合元音的动态特征不够突出，笔者认为复合元音是一个动态的滑动过程，而不仅仅是静止的音段，有一个从起始目标值滑向终止目标值的动态过程，这在实验语图中可以很清晰地显示出来。

通过分析前面几位学者所给出的关于复合元音的概念，我们尝试重新解释到底什么是复合元音：复合元音是由一个元音音质目标值向另一个元音音质目标值作连续滑动的元音音段。在这个滑动的过程中，一个元音音质丧失其独立地位，成为次要音段，我们定名为"滑音"；另一个元音音质作为独立音段的表征性质强，成为主要音段，我们定名为"核音"。滑音与核音整合在一起，使得复合元音成为一个独立的不可分割的元音音段。

1.2　复合元音的性质

1.2.1　两个元音目标值之间动态滑移的连续性特点

我们讨论复合元音性质的时候，首先要清楚复合元音是一个动态的变化过程，这个动态的变化过程体现了某种连续性和不可分割性特点。曹剑芬和杨顺安（2007：75）对北京话复合元音进行实验研究的实验结果显示，从 X 光电影上，可以清楚地看到这是一个连续变化的过程，很难辨别出哪个是主要元音，哪个是介音或尾音。声学共振峰 F1 和 F2 都处于连续的变化之中，每一个复合元音都是一个连续变化的元音音段，不管是二合元音还是三合元音，它们的头、腹、尾之间是无法明确划界的。吴宗济（1986：9-10）的实验语图也表明，发复合元音时从一个舌位到另一个舌位不是跳跃的，而是连续的滑移，在实验语图上不容易绝对分为"前一个"或"后一个"。以上学者利用实验语音学的实验结果证明了复合元音的一个目标值在向另一个目标值运动过程中所体现出来的连续性特点，在这个连续的变化过程中，随着发音器官喉、舌、唇和下颌的运动，声源和声道的参数及共振峰 F1 和 F2 的值都会发生连续的变化。

　　复合元音运动连续性特点决定了前后两个元音目标值之间的不可分割性，一个元音目标值丧失了独立音段的表征特性，另一个元音目标值保存了独立音段的表征特性，两个元音复合在一起构成了一个独立的元音音段。双元音音段的音长相当于一个单元音音段的音长，也就是复合元音的动态过程大致相当于一个单元音的时长，在音强曲线上只有一个峰值、一个响度和肌肉紧张点所在，构成了一个音节。但是，从一个元音目标值向另一个元音目标值作连续的滑动并不意味着两个元音目标值之间是一种直线运动。相反，从一个目标值向另一个目标值滑动的过程中要经历几个过渡音质，罗常培和王均（1957：116）把这些过渡音质叫作音渡或者流音。例如，[aɪ] 从 [a] 到 [ɪ] 当中总是自然而然地经过 [æ]、[ɛ]、[ɐ]、[e] 等阶段，只是读得很快而且气流又不停顿，所以不容易察觉出来。但在声学语图中，这些微观的过渡音被标志成过渡点出现在声学语图线上，导致了两个目标极点之间的语图线要经历几个折点阶段（吴宗济，1986：11）。

　　复合元音的连续性与不可分割性特征可以用来界定复合元音与其他元音音段本质的差异，即具有单音段性和单音节性。同时，两个目标值之间连续的滑动过程表征为一个动程，这个动程不仅体现为两个起讫的极点目标值，同时也蕴含中间的过渡状态。以曹剑芬和杨顺安（2007：77）绘制的实验语图为例，观察北京话 13 个复合元音的第一共振峰 F1 和第二共振峰 F2 的语图模式，如图 1-3（一）所示，还有根据它们的语图测得的共振峰数据绘制的动态声位图，如图 1-3（二）所示（曹剑芬，2007：77）。

从图 1-3（一）共振峰语图模式中可以看出，无论是第一共振峰 F1 还是第二共振峰 F2 都是一个连续的滑动过程，中间没有间断。因为每个复合元音的核音与滑音绝合形式不同，F1 值与 F2 值呈现的状态不同，它们之间的距离也不一样。例如，[ai] 的核音 [a] 的开口度最大，它的第一共振峰 F1 的值最大，滑音 [i] 的开口度最小，它的第一共振峰 F1 的值最小。因此，第一共振峰从 [a] 到 [i] 向下滑动；第二共振峰 F2 的值与元音的前后有关系，[a] 和 [i] 同为前元音，它们 F2 的值相差不多，因此，第二共振峰从 [a] 到 [i] 平行滑动，复合元音两个目标值的第一共振峰和第二共振峰的走势不同，造成了 [ai] 两个共振峰之间的距离呈现由窄变宽的趋势，[a] 的 F1 和 F2 之间的距离小而 [i] 的 F1 和 F2 之间的距离大。图 1-3（二）反映出 13 个复合元音的两个或者三个主要极点的情况，可以从中看出在复合元音的起止点之间，还经历了一些过渡音，尤其是三合元音的中间过渡音最明显，中间过渡音的开口度最大，第一共振峰的值也最大，两边的音是 i 或者 u，因此第一共振的值最小，二合元音的中间过程一般总有向央元音 [ə] 靠拢的趋势，因此音位之间呈近似三角形，这足可以证明复合元音的目标值之间不是一条直线。

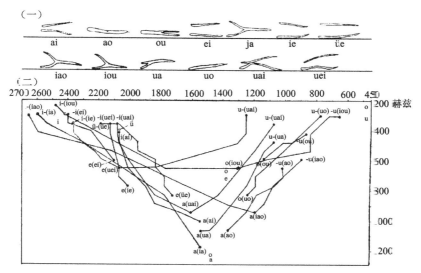

图 1-3　北京话复合元音共振峰模式及相应的各极点声学位置图
（一）为北京话复合元音共振峰模式；（二）为相应的各极点的声学位置图

1.2.2　两个元音目标值音质之间的非对称性特点

复合元音两个极点目标值在音质特性上表现出非对称性特点。一个元音目标值的音强比较强，音长比较长，音质完足饱满，听感响度大，是音节的音峰和肌肉紧张点所在，处于复合元音中主元音，即核音的地位；另一个元音目标值音强比较弱，音长比较短，音质达不到单元音实际音质的程度，丧失了独立音段的特点，处于滑音的地位。吴宗济（1986：9）从实验语图中看出来，前响元音的"后一个"元音或后响元音的"前一个"元音总是读不到该元音字母所代表的音的程度，复合元音的两个目标值都代表一种趋向，代表可能达到的元音音质。例如，他听辨出 ai 的 i 不会读成[i]，而常常是[e]或[ɛ]。ia 的 i 总是读得短一些。笔者认为滑音的目标趋向性更强，核音距离实际的音值比较近，滑音距离实际的音值比较远，滑音只是一种可能的趋向。

复合元音两个元音目标值之间的非对称性很大程度上与音长比值有关。曹剑芬和杨顺安（2007：84）曾经选取了三组复合元音，运用语音合成实验测量每一组复合元音两个或三个目标值之间的音长比值。这三组复合元音分别是[ai]、[iao]、[ua]，测量的结果是[ai]的两个元音目标值的音长比值以 6：4 最自然，4：6 最不自然，尾音收不到[i]，以[ɪ]为宜，[ai]的实际音值为[aɪ]；[iao]的三个元音目标值的音长比值以 4：4：2 听起来最自然，3：4：3 听起来最不像，会听成[eau]，核音[a]的目标值靠后，接近[ɑ]，[iao]的实际音值为[iɑo]；[ua]的两个元音目标值以 4：6 听起来最自然，6：4 听起来最不自然，核音的目标值接近[ʌ]，滑音的目标值接近[ʊ]，[ua]的实际音值为[ʊʌ]。这项实验结果显示出核音的音长确实比滑音的音长要长，这种情况下语音合成的复合元音听起来才自然，接近实际音值。同时，滑音[i]和[u]只能达到[ɪ]和[ʊ]的程度，达不到实际音质，这个结果也证实了滑音的目标趋向性比较强。

复合元音的非对称性特点还体现在两个元音目标值过渡段时长及音质的变化上。杨顺安和曹剑芬（1984：15）曾经接受 Lehiste、Holbrook、Gay 等的测量方法，把复合元音分成三段：起始（onset）段、过渡（transition）段、收尾（offset）段，对普通话九个复合元音的三段的音长进行了测量，他们的测量结果是：平均而言，过渡段最长，收尾段其次，起始段最短，过渡段是二合元音复合信息的主要载信者，它与收尾段的时长之间近似反比关系。表 1-2 给出了各段音长参数（杨顺安和曹建芬，1984：21）：

表 1-2　普通话复合元音动态特性参量表

参量 复合元音	起始段长 （Ton）	收尾段长 （Toff）	过渡段长 （Tt）
/ai/	0.19	0.21	⊃ 60
/ao/	0.08	0.16	⊃ 76
/ei/	0.06	0.40	⊃ 54
/ou/	0.10	0.17	⊃ 73
/ia/	0.09	0.61	⊃ 30
/ie/	0.15	0.19	⊃ 66
/üe/	0.08	0.32	⊃ 60
/uo/	0.13	0.35	⊃ 52
/ua/	0.10	0.60	⊃ 30
前响	0.108	0.235	⊃ 658
后响	0.11	0.414	⊃ 476
总平均	0.109	0.333	⊃ 557

　　杨顺安和曹建芬观察过渡段长从 0.3 到 0.76，平均约为 0.56，他们对过渡段音长最长的解释是：二合元音中，在一半的时间内，音质在迅速改变着。这个实验结果给我们的启示是，复合元音的音长可以进一步进行微观切分，分成起始段、过渡段和收尾段三段，这三段音长是不对称的，而过渡段的作用在于为音质的改变提供足够的时间。这种音长切分方法显示出音质发生变化的过渡段时长，这是最有价值的一个发现，在一定意义上，它揭示出复合元音的本质特性。

　　在声学特性上，传统意义上的前响二合元音和后响二合元音的长音音长稳定段也呈非对称性特点。实验语音学的实验结论认为前响二合元音。例如，/ai/、/ei/、/au/、/ou/，两个元音目标值之间是一个滑动的过程，很少有稳定段；后响二合元音，例如，/ia/、/ie/、/ua/、/uo/，后一个元音的稳定段比较长（吴宗济和林茂灿，1989：99）。王萍（2008：106-107）对核音稳定段不对称的原因进行了听感实验研究，结论是前响二合元音两个元音音质之间的融合程度较高，核音的声学表现走势不平稳，波动程度大，在听感上对核音的识辨率低，基本上不存在真正意义上的核音，有向单元音演变的趋势。该结论的依据是采用听感实验的方法，测量单元音/a/的识别率关键点。识别率关键点包括识别率临界点和识别率最高点，识别率临界点是指识别率首次超过 50%的时间点，识别率最高点是识别率首次达到最高点的时间点，测量参数如表 1-3 所示。

表 1-3　关键点的时间阈值

时长 元音	临界点时长 /毫秒			临界点时长/音节总时长 /%			识别率最高点时长 /毫秒			识别率最高点时长/音节 总时长/%		
	A	B	均值	A	B	均值	A	B	均值	A	B	均值
/ai/	72	99	85.5	38.50	36.13	37.32	51	43	47	27.27	15.69	21.48
/ia/	142	297	219.5	64.84	63.87	64.36	107	255	181	48.86	54.84	51.85
/au/	59	83	71	39.33	29.64	34.49	31	55	43	20.67	19.64	20.16
/ua/	168	191	179.5	68.57	75.20	71.89	140	128	134	57.14	50.39	53.77

从表 1-3 中可以看出来，后响复合元音/ia/和/ua/临界点时长是前响复合元音/ai/和/au/的两倍，识别率最高点时长后响复合元音是前响复合元音的四倍，由此，王萍认为前响复合元音/ai/和/au/韵腹/a/识别率低，识别率最高点百分比均小于95%，识别率最高点的音长值均小于 60 毫秒，而 60 毫秒到 80 毫秒分别是普通人和语音学家在复合元音和单元音听感上的临界值，因此韵腹/a/音长的缩短导致听感的模糊性和不确定性，前响复合元音/ai/和/au/所包含两个音素融合程度高，基本上不存在独立的韵腹/a/部分。她预测北京话的/ai/au/可能随着融合度的继续升高而演变为单元音，尤其是/au/，听感上很像/ɔ/。

通过分析实验语音学对音长稳定段的声学测量与听感测量获得的实验结果，笔者认为，类似/ai/、/au/这样带后滑音的前响复合元音有去复合元音而单元音化的趋势，是一种由真正性质上的复合元音向单元音演化的过渡形式。这种前响复合元音单元音化趋势在汉语吴语中表现得比较明显。例如，效摄字"懊"，宜兴读 ʌɣ，童家桥读 ɤɣ，常州读 ɑɣ，绍兴读 ɑɒ，宁海读 au，金华读 ɑu，永康读 ʌu，分布在西部、南部，小地方的效摄字多保留中古时期的复元音韵，而在丹阳、无锡、苏州、上海、嘉兴则都变读成单元音韵，如丹阳读 ɔ，无锡读 ʌ，苏州读 æ，上海读 ɔ，嘉兴读 ɔ，这种单元音韵多数出现在青年人的发音中（钱乃荣，1992：14）。这正是由于音长稳定段不对称导致的结果。

1.2.3　元音目标值音质发生变化及逆同化作用

我们在上一节讨论杨顺安和曹建芬的结论：在复合元音音长过渡段时间里，

音质发生一次迅速变化。在构成复合元音概念的时候，我们也强调了个元音目标值的音质是不一样的，这些都意味着复合元音在构成过程中，音质要发生一次改变，负载音质改变的过渡段变化快。杨顺安（1986：2）测量复合元音共振峰的语图显示：起始段和收尾段比较平稳，中间段变化比较急剧。因此，我们并不认同某些语言，例如南岛语的梅尔-费拉语（Mele-Fila），把长元音当作了个同样音质元音复合而成。长元音还是一种单元音，不是复合元音，是与短元音相对立的一个元音音段。音质的变化是构成复合元音本质的特点之一，正是因为有了音质的变化，我们才能构拟出早期复合元音构成的过程，这个过程是音质变化的连续链环。例如，i＞iɪ＞ie＞ia，如果音质不发生改变，那么复合元音与长元音将无法区别，复合元音与长元音就没有实际的研究意义了。

构成复合元音的核音与滑音之间具有逆同化的作用。汉语音韵学把复元音韵母分成介音、韵腹和韵尾三部分，传统上的观点认为在声母、介音和韵腹之间有顺同化的作用，即介音的音质受声音的影响，韵腹的音质受介音的影响，但是，语音实验的结果证实介音受主要元音的影响，主要元音受韵尾的影响，而韵尾则与它的音长有关系，它们之间是一种逆同化的关系。

曹剑芬和杨顺安（2007：79）从图 1-3（二）的语图中看出，在二合元音 ie 里，由于后接主要元音是前元音性的，所以 i 介音在舌位前后方面的变化比较小，而在高低方面的变化比较明显些；在三合元音 iou 和 iao 里，由于后接主要元音 o 和 a 都是后元音性的，因此 i 介音在舌位前后方面的变化就比高低方面的变化显著些。这是介音受后面主要元音的逆同化作用的结果，主要元音受尾的逆同化作用，他们在语图里看到的结果是：uai、ai 里的 a 较前较高，ua、a 里的 a 较前但较低，而 ao、iao 里的 a 较靠后。uai 里的 a 最高、最前，iao 里的 a 最后，而 ia 里的 a 最低。因此，尾音对于主要元音音值有明显的影响。杨顺安（1986：3）研究韵尾对主要元音共振峰的影响，他的研究结果是：在/ai/中，由于受前元音[i]的影响，/a/的第二共振峰 F2 会升高，第一共振峰 F1 会降低，这样就只能达到前[a]的位置，在/ao/中，由于受后元音[u]的影响，/a/的 F1 和 F2 都会降低，这样就只能达到后[ɑ]的位置。吴宗济（1986：10-12）曾经就介音的顺同化还是逆同化的问题有过详细的讨论，他说，介音是具有动态变化的音段，它的音色变化的程度随后接主要元音的性质而定。介音前面如有辅音时，介音并不被其顺同化，而有些辅音反被介音逆同化。例如，"官"的 g 由于受 u 介音的影响而偏后偏圆，成为[kʷ]，"捐"的 j 由于 ü 介音的影响而偏于撮唇，成为[tɕʸ]。实验生成的大量语图都表明，在复合韵母中，主要元音的音色受韵尾的逆同化作用影响，而不受介音的顺同化影响。

由上述学者的实验结论中，我们受到启示，在决定介音的归属问题时，从音理上分析，要把介音与韵腹划到一起，但是出于音位处理的考虑，可以与声母划到一起，这样处理的目的是使音系中增加一些声母，来减少韵母的数量。

1.2.4　复合元音的声学空间属性

复合元音的功能性质体现在语音声学空间概念上。Labov（1994：159）把声学空间定义为由元音的第一共振峰 F1 和第二共振峰 F2 构成的二维声学空间三角形。空间三角形的三条边分别标示出元音在高/低、前/后两个维度上的空间运行轨迹，随着元音在空间里向高、低、前、后等不同方向运行，F1 和 F2 的值作相应的变化，两个共振峰的值之间发生函数关系。元音空间三角形见图 1-4（Labov，1994：159）。

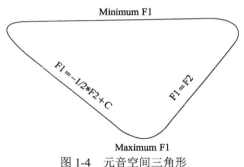

图 1-4　元音空间三角形

Minimum 是最小值；Maximum 是最大值

元音在空间部位上从高到低，开口度越来越大，第一共振峰 F1 的值增大；从前到后，舌根后缩，第二共振峰 F2 的值减小。在图 1-4 的各个空间部位上，置于三角形顶部空间位置的元音，例如，高元音/i/、/u/，F1 值最小；置于底部顶点空间位置的元音，例如，低元音/a/，F1 值最大。三角形的两边对角线，标示着元音在前/后两个维度上的运行轨迹，随着元音高化或者低化运行，F1 和 F2 之间发生函数关系。在空间的前部维度上，$F1 = -1/2 \ast F2 + Constant$，F1 每增加一个单位，F2 就减少两个单位，F1 和 F2 之间呈反比例关系；在空间的后部维度上，$F1 = F2$，后元音的第一共振峰和第二共振峰之间距离很近，在语图上，会有一段 F1 和 F2 叠合，看起来只有一个共振峰。吴宗济（1986：8）的语图实验也证明，第一共振峰（F1）和第二共振峰（F2），两条横杆之间的距离与发音时舌位的高、低、前、后有着密切的关系。由[i]到[e]到[a]，随着舌位由高到低，由前到较后，F2 与 F1 越来越接近，如果舌位再向后移，这两个共振峰就可能会重合。图 1-3（一）的语图也显示，复合元音的两个元音音段都是后元音，例如，/ao/、/ou/、/uo/，它们的第一共振峰和第二共振峰都完全重合或部分重合在一起。这两个实验结果印证了 Labov 对 F1 与 F2 的解释：在声学空间三角形里，F1 和 F2 值在三条边围成的二维空间里作连续循环变化，F1 和 F2 之间的距离大，F1 值低，F2 值高，元音就置于语音空间三角形左上顶点的位置，如高元音/i/。F1 和 F2 之间的距离小，如果 F1 值高，F2 值低，元音就置于空间三角形底点的位置，如低元音/a/；如果 F1 值和 F2 值都低，元音就置于右上顶点的位置，如高元音/u/。

复合元音在语音空间中的分布主要以核音为基本单位，测量核音的共振峰 F1 和 F2 的值，以 F1 和 F2 的值来确定复合元音在语音空间上的某个点的位置。无论是单元音还是复合元音，在语音空间里的分布都是以一个音位符号为代表点，在它的周围汇聚了它的不同变体，它们构成了一种椭圆形的分布形状。在汉语普通话里，每个音位的各个变体的差异主要是 F1 和 F2 的值不同，这种差异是由每个音质在音节中受前面的介音和后面的韵尾影响造成的，其中以韵尾对元音音质的影响为主。例如，单元音 a 的共振峰值分别是 F1＝1000，F2＝1400，以元音-i 结尾的音节 ai 共振峰值分别是 F1＝1000，F2＝1600，以前鼻音-n 结尾的音节 an 的共振峰值分别是 F1＝1150，F2＝1500，以后鼻音-ng 结尾的音节 ang 的共振峰值分别是 F1＝1100，F2＝1400。在复合韵母里，随着韵尾的改变，韵腹 a 在语音空间里移动，受前高元音尾 i 影响，a 向高、向前移动。例如，音节 tai 的韵腹 a，F1＝900，F2＝1600；受前鼻音尾 n 影响，a 向前、向下移动。例如，音节 tan 的韵腹 a，F1＝1000，F2＝1600；受后鼻音尾 ng 影响，a 向下、向后移动。例如，音节 tang 的韵腹 a，F1＝1000，F2＝1400；而带介音 i-的音节 dia 的共振峰仍然是 F1＝1000，F2＝1400，没有发生任何改变。从这些共振峰的数据可以观察出音节中韵尾对元音在语音空间中位置的影响比较大，介音对它的影响比较小，这个声学测量结果与我们在上一节谈到的介音、主要元音和韵尾之间逆同化影响的结论是完全一致的。

图 1-5 是以汉语普通话为例，观察出现比例比较高的单元音和复合元音（包括三合元音）在语音空间里的分布情况。

通过观察图 1-5，我们可以了解汉语普通话单元音和复合元音的语音空间分布状态，F1 值决定元音在高低维度上的分布位置，F2 值决定了元音在前后维度上的分布位置。从图 1-5 可以看出来，单元音和复合元音的 F1 和 F2 值围成了一个空间三角形，其中，单元音位于三角形的最外侧，复合元音位于三角形的内侧。在高低维度上，/i/、/u/、/yi/分布在三角形的最高端位置上，/u/的 F1 值和 F2 值最小，F1 和 F2 之间的距离最小，/i/的 F2 值最大，F1 值比/u/稍大，F1 和 F2 之间的距离最大，/a/分布在三角形的最低点的位置上，F1 值最大。在前后维度上，/i/、/yi/、/e/、/ɛ/、/a/分布在空间的前部，/u/、/o/分布在后部，/a/在后部也有分布，前后对称，汉语普通话外侧的三条边组成了一个倾斜的倒三角形空间。单元音/ə/，复合元音/ua/、/yue/、/uai/聚集在空间三角形中央的位置上，复合元音/yu/、/ei/、/ie/、/ia/、/ai/、/ya/、/uei/、/uo/、/ou/、/ao/、/iou/、/iao/、/yao/分布在介于空间三角形的外侧和中央之间的位置上，这样，普通话元音空间三角形从外侧到内侧构成了三个圈。

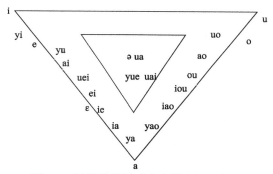

图 1-5　汉语普通话元音声学空间三角形

元音空间三角形的三个圈，构成了另外一个空间概念：周边元音（＋peripheral），非周边元音（–perpheral）（Labov，1994：172）。周边元音是位于三角形最外圈里的元音。例如，图 1-5 汉语普通话里的/yi/、/i/、/e/、/ɛ/、/a/、/u/、/o/等元音；非周边元音是位于三角形第二圈里的元音，例如，图 1-5 汉语普通话里的/yu/、/ei/、/ie/、/ao/、/ou/等复合元音。周边元音和非周边元音音长存在密切的关系，一般来说，周边元音、核音的音长比较长，非周边元音、核音的音长比较短，复合元音、核音的音长比单元音、核音的音长短，央元音的音长更短。核音的音长就决定了元音在空间里带有周边性还是非周边性，核音音长长的元音周边性质比较强。核音音长短的元音非周边性比较强。我们讨论元音的周边性、非周边性的目的是要观察单元音和复合元音在声学空间里分裂与合并的历史演变关系，这在后面的章节中还要讨论。

1.2.5　复合元音的听感空间属性

元音的另外一个空间概念是听感知觉空间，声学空间是测量输出语音信号的过程，听感知觉空间是测量、接收语音信号的过程，声学空间和知觉空间是密切关联同时又存在差别的两个空间概念。

Ohala 和 Joeger（1986：18-25）把知觉空间（Perceptual Vowel Space）定义为利用听觉系统的听力过程及相关测量参数而获得的听感距离功能。在知觉空间里，听感距离是听感产生对立的重要条件，只有在听感产生对立的条件下，元音才能被听音人辨别出来。研究者进行听感空间测量的主要工作就是采取一些方法来使得听感对立最大化，并且能被研究者充分感知到。知觉空间是由声学空间转换构成的，声学共振峰采用物理测量比例的方法，知觉空间换成用半对数 mel 进行测量的方法，第一共振峰 F1 值和第二共振峰 F2 值分别转换成 M1 值和 M2 值[①]。由（f）转换美（M）的公式是 M＝1000log（1＋f/1000）/log2（吴宗济和林茂灿，1989：9）。

两个任意元音 i 和 j 之间的听感知觉距离计算公式是：

$$Dij = [（M1i-M1j）^2 + （M2i'-M2j'）^2]^{1/2}$$

采用知觉频谱测量元音距离，抛弃了声学空间利用声学参数测量来获得不同元音之间听感距离的方法，二者的测量结果是不同的。例如，运用声学共振峰测量方法，[i] 和 [u] 之间的听感空间距离最大，比 [i] 和 [a]、[i] 和 [ɔ] 之间的听感距离大几百个 mel。运用知觉频谱测量，[i] 和 [u] 之间的空间距离最小，只是 [i] 和 [a]、[i] 和 [ɔ] 之间的距离的一半。从听觉图谱上来看，[i] 和 [u] 的听觉图谱比较相近，[i] 和 [a] 的听觉图谱差异很大，这也证实了 [i] 和 [u] 之间的空间距离小，[i] 和 [a]

[①] 转引自 Ohala, J. J., Jaeger, J. J. 1986. *Experimental Phonology*. London: Academic Press Inc. Ltd: 21.

之间的空间距离大，知觉频谱的测量结果是[i]和[a]之间存在听感区别度的最大值，[i]和[u]之间的听感区别度相对小。

同时，听感知觉空间特别重视响度（Loudness）的作用，响度是人的主观听觉强度，也叫盈耳度（罗常培和王均，1957），测量单位是 Sones。响度的主观听觉强度和声学的物理强度存在一致关系，同时与第一共振峰 F1 也存在一致性关系。第一共振峰 F1 的值越大，响度越高，在语言环境中抵抗噪声的能力越强，F1 比其他的共振峰更具有优先选择的地位。对于由听感区别度造成的元音对立来说，F1 的作用比 F2 的作用更大，这样就构成了在知觉空间里，高低维度比前后维度更重要，以高低维 F1 值为主要区别特征的语音空间。F1 的比值决定了听感区别度，F1 的比值大，听感区别度大，F1 的比值小，听感区别度小。因此，在元音三角形中，[i]/[a]/[u]的听感区别度最大，[i]和[u]的听感区别度最小。知觉空间 F1 值的不同，也就是响度不一样，带来的是人类语言对于元音选择比例的差异。/a/、/e/、/i/、/o/、/u/是人类语言中出现比例最高的五个元音，他们出现的比例顺序依次是 a>e>i>o>u。其中，/a/的 F1 值最大，响度最强，出现比例也最高，在噪声环境中听感最响亮；/u/的 F1 值最小，响度最弱，出现比例也最低。知觉空间的大小除了与声道有关系之外，还与声源，即发音声级的高低有关。实验证明，发音声级提高，可导致元音三角形增大，使元音在三角形中的距离变大，使混淆的概率降低、语言的清晰度提高（张家騄和齐士铃，1984：263）。我们讨论知觉空间和听感距离的目的是要解释复合元音在汉藏语中出现比例大小的原因，运用统计的方法观察语音数据库里哪些复合元音出现比例大，哪些复合元音出现比例小，复合元音出现比例的大小与听感空间距离之间有哪种对应关系。Lindau、Norlin、Svantesson（1985）认为世界语言的 1/3 有二合元音，其中[ai]占 75%，[au]占 65%[①]。汉藏语和世界语言的统计结果都证明在复合元音系统里，[ai]和[au]的出现比例最高，对这个的解释是，在知觉空间里，[i]和[a]，[u]和[a]的空间距离最大，听感区别度最大，而且[a]的响度最强，因此，组合成[ai]和[au]之后，听感最清晰。人类在发音的时候，往往首先选择听感上最清晰的语音，这样[ai]和[au]在任何语言中都被母语人作为首选的两个复合元音音位。

---

① 转引自 Ladefoged, P. & Maddieson, I. 1996. The sounds of the world's languages. *Black Publishers*, 74 (2): 321.

1.3   真性复合元音的性质

汉藏语里的复合元音可以分为真性复合元音与假性复合元音两种类型，1.2节所阐述的内容是关于假性复合元音的性质，在藏语群里，还有一类特殊类型的复合元音，叫真性复合元音。

什么是真性复合元音，真性复合元音与假性复合元音有哪些性质上的区别？所谓"真性"与"假性"，顾名思义，主要是指两种类型复合元音在性质上存在差异，这种性质上的差异体现在构成复合元音的两个元音音段的物理属性和声学属性上，即音长、音强、音质、第一共振峰 F1 值与第二共振峰 F2 值等方面。

真性复合元音最重要的性质是在发音时它的两个元音目标值有两个音峰、两个肌肉紧张点，在听感上有两个响点所在，振幅曲线呈马鞍形或高台形，如图 1-6 所示（董颖红，1999：21）。

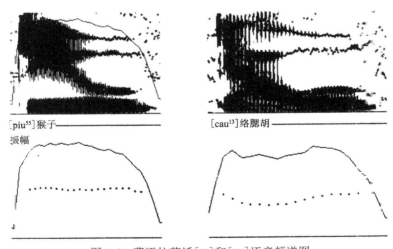

图 1-6   藏语拉萨话[iu]和[au]语音频谱图

图 1-6 是藏语拉萨话真性复合元音[iu]和[au]的语图，藏语拉萨话只有这两个真性复合元音。我们把拉萨话的这两个真性复合元音与汉语普通话的假性复合元音[iu]和[au]进行比较，从拉萨话真性复合元音与汉语普通话假性复合元音语图的比较中可以看出来，假性复合元音[iu]和[au]只有一个音峰和一个响点，真

性复合元音的两个音峰与两个响点意味着构成复合元音的两个元音目标值都是独立的元音音质，音长相近，音强都比较强，响度高，音质完足，彼此是对称而均衡的。

　　真性复合元音的性质与音长稳定段有密切的关系。吴宗济（1986：99）通过观察藏语阿里方言真性复合元音的语图，得出结论认为真性复合元音的两个目标元音在语图上各自有较长的稳定段，两个目标值的过渡段却显得较短。董颖红（1999：20）对拉萨话[iu]和[au]的时长稳定段进行了测量，测量的结果是拉萨话真性复合元音有三个动程阶段：前元音稳定段、前元音和后元音之间的过渡段、后元音稳定段。这三段时长数据如表 1-4 所示（董颖红，1999：21）。

表 1-4　藏语拉萨话真性复合元音的时长数据（单位：毫秒）

序	藏语	T1（i/a）	T2（i-a）	T3（u）	韵母 T	音节 T	意义
2-1	liu⁵⁵	70	40	135	245	320	小麝
2-2	tiu⁵⁵	160	35	170	365	380	马驹儿
2-3	thiu⁵⁵	90	35	130	260	305	花苞
2-4	tiu¹³	95	35	110	240	245	小斧子
2-5	tiu¹³	110	40	110	265	270	子弹
2-6	tiu⁵⁵	45	30	120	200	250	头顶
2-7	piu⁵⁵	85	35	120	245	270	猴子
2-8	thiu¹³	75	20	110	205	275	小鸟
2-9	khau¹³	—	—	—	265	280	护身盒
2-10	cau¹³	95	25	175	290	315	络腮胡
2-11	tau¹³	75	20	185	285	290	伴侣

　　表 1-4 的数据显示，后元音的时长稳定段长，在 110～185 毫秒，前元音的时长稳定段短，在 70～160 毫秒，多数集中在 70～100 毫秒，过渡段更短，在 20～45 毫秒。真性复合元音要保持听感上的两个响点，基本条件是前后元音音段的时长相当，或相差不大，在表 1-4 数据里，只有 2-2、2-5 满足了这个条件，其他的前后元音稳定段相差很大。董颖红对这种现象的解释是：单元音的感知时阈值约为 60 毫秒，如果前元音的音长没有短到时阈值以下时，前元音的音质就可以被感知，因此它还是独立的元音音段，听感上仍然存在感知响点。但是前元音的音长变短是真性复元音发生变异的信号，两个复合元音的过渡段时长比较，[au]的过

渡段时长短、不清晰，kau 听感上实际听成 k[əu]u，产生一个向前靠拢的滑动过程。我们依据董颖红的这种解释，与 1.2.2 节王萍对假性前响复合元音 [au] 临界点与识别率进行比较，认为二者的结论是一致的，过渡段短意味着音质变化小。因此，[au] 无论是作为假性复合元音还是作为真性复合元音，都有向单元音变化的趋势。另外，前元音时长变短，在一定程度上，真性复合元音有向假性复合元音转化的趋势。

真性复合元音仍然具有单音节的性质，与假性复合元音是一样的。真性复合元音的时长相当于一个长元音的时长，鲍怀翘 1995 年测量藏语拉萨话长元音平均时长为 254.33 毫秒①，董颖红（1999：20）统计真性复合元音平均时长为 260.5 毫秒，它们的时长基本一致。双音节词在句子中会发生连续变调，真性复合元音只有一个调程。例如，拉萨话"猴子"读 [piu˥]，如果是双音节词则变成 [pi˥ u˥]（瞿霭堂，1991：28）。

通过对真性复合元音性质的分析，我们认为真性复合元音是这样一种元音：两个元音目标值音质不同，音长相近，有两个音峰，两个响点，一个基频的单音节元音。

1.4 复合元音的分类

复合元音传统的分类有两种形式：其一，依据主要元音的响度分成前响复合元音与后响复合元音两类。其二，依据第二个发音阶段开口度的大小变化分为"降"和"升"两类，如果开口度变大，则为"降"；如果开口度变小，则为"升"。特拉斯克（2000：55，71，83，183）依据两个元音开口度及音强的渐变过程，把复合元音分成四类：①渐开二合元音或后响二合元音（Opening Diphthong），即后一个成分比前一个成分开口度大的二合元音，如彝语次语群卡卓语的 [ia][ua]。②渐闭二合元音或前响二合元音（Closing Diphthong），其中的第二元音比第一元音更闭，如彝语次语群毕苏语的 [ai][au]。③渐强二合元音（Crescendo Diphthong）即第二个成分音强较强，比较突出的二合元音，如上例的 [ia][ua]。

① 此数据转引自董颖红.1999. 藏语真性复合元音的声学特征分析//吕士楠，等. 现代语音学论文集——第四届全国现代语音学学术会议. 北京：金城出版社：20.

④渐弱二合元音（Diminuendo Diphthng），即第二成分的音强较弱，不太突出的二合元音，如上例的[ai][aʊ]。[①]特拉斯克的分类分别从开口度与音强两个角度进行，实际上，得出的结果基本一致，即渐开二合元音就是渐强二合元音；渐闭二合元音就是渐弱二合元音。他是把传统意义上对复合元音的分类综合在一起，并没有完全跳出开口度和音强的范畴。

潘悟云（2006：40）在特拉斯克分类的基础上，根据汉语方言的实际排列出四组分类形式：渐开—渐强式，如北京"鸭"[ia]；渐闭—渐强式，如温州"飞"[fei]；渐开—渐弱式，如庆元"珠"[ye]；渐闭—渐弱式，如北京"埃"[ai]。其中，渐开—渐强式和渐闭—渐弱式是无标记形式，即以高元音[i]和[u]作滑音的形式，如[ia]和[au]；渐闭—渐强式和渐开—渐弱式是有标记形式，即高元音作主要元音的形式，如温州的"飞"[fei]应该标记成上标的形式[fᵉi]，庆元的"珠"标记成[yᵉ]以示与无标记形式区别。潘悟云与特拉斯克比较起来，他提出了汉语方言有无标记形式和有标记形式两种类型，这是他的创新之处，但是他依然是在特拉斯克的分类框架之内进行的。

笔者认为，开口度大小、音强强弱是复合元音两个元音音段之间重要的区别特征，上述这些分类形式都强调两个元音音段在开口度与音强等生理和物理特性方面不对称的性质特点，但是这些分类并没有突出复合元音的本质特性，即复合元音首先是从一个音质向另一个音质滑动的动态过程，这应该是我们进行分类的时候首先要依据的重要特性，在强调复合元音是动态滑动过程的同时，还要看到两个元音音段之间的不对称性质，一个是占据突出地位的主要音段，另外一个是占据次要地位的滑动趋势，以上两个方面是我们重新对复合元音进行分类的重要依据。在此基础之上，我们依据核音与滑音位置前后关系把复合元音分成两类：前滑复合元音，即滑音在前、核音在后的复合元音，如[ia]、[ua]；后滑复合元音，即滑音在后核音在前的复合元音，如[ai]、[au]。

"核音"与"滑音"的对立主要体现在音长稳定段、F1值和响度等重要特征上。在汉藏语言中，滑音一般由高元音[i]/[u]（也包括[y][ɯ]）来充当，这是由音长、第一共振峰F1的值和响度来决定的。我们引用Ladefoged（2001）的测量数据和Petesson和Barney 1952年测量的数据来比较高元音[i]、[u]与其他基本元

---

① 特拉斯克的分类转引自潘悟云. 2006. 汉语的音节描写. 语言科学，（5）：39-43.

音 F1 值和振幅的差异（吴宗济，1986：97-98）。

表 1-5 数据显示，高元音[i]、[u]的 F1 值最低，响度最弱，低元音[a]（或[ɑ]）的 F1 值最高，响度最强。响度强、F1 值大的元音音长比较长，音强比较强，音质完足饱满，在复合元音音段中，它的音段性质比较强，音质变化小，因此处于核音的地位；相反，响度弱、F1 值小的元音音长比较短，音强比较弱，音质变化大，丧失了独立音段的地位，处于滑音的地位。根据 F1 值的大小和响度的高低，/a/、/e/、/o/、/i/、/u/之间构成一个第一共振峰或者响度的连续体：

$$/a/ > /e/ > /o/ > /i/ > /u/$$

表 1-5 基本元音第一共振峰与振幅数值

元音 \ 数据	i	e	ɛ	a	ɑ	ɔ	o	u
F1/赫兹	290	415	730	945	—	—	43	290
F1 振幅/分贝	−4	−2	—		−1	0	—	−3

越靠近这个连续体前边的元音，成为复合元音的核音的比例越高；越靠近这个连续体后边的元音，成为复合元音滑音的比例越高。

复合元音的出现比例在一定程度上与核音出现比例有一致关系。以[a]为核音的复合元音出现比例高。例如，1.2.5 节提到了 Lindau、Norlin、Svantesson（1985）认为世界语言的 1/3 有二合元音，其中[ai]占 75%，[au]占 65%，在我们的汉藏语数据库的统计数据中，[ai]和[au]各占 89%。我们把这种以出现比例高的单元音作核音的复合元音，例如，[ia, ai]/[ua, au]视作无标记形式。而于汉藏语言，例如，壮语里常常出现类似[iᵃ][uᵃ]这样的复合元音，以高元音[i]、[u]作为核音，以低元音[a]作为滑音，我们把这种出现比例低的单元音作核音的复合元音视作有标记形式。

至此，前滑复合元音与后滑复合元音又进一步划分成无标记和有标记两种形式。复合元音就可以有四种组合形式：前滑无标记复合元音，例如，壮侗语："梳子"，gu³³zia⁵⁵；前滑有标记复合元音，例如，壮语田东话："上衣"，piᵃ⁶；后滑无标记复合元音，例如，水语："脚踝"，da²⁴pau²⁴；后滑有标记复合元音，例如，温州话："飞"，fⁱi。列成表格形式如表 1-6 所示。

表 1-6　复合元音的分类

类别	前滑复合元音	后滑复合元音
无标记形式	扎坝语：梳子，gu³³zia⁵⁵	水语：脚踝，da²⁴pau²⁴
有标记形式	壮语田东话：上衣，pi ᵃ⁶	温州话：飞，fⁱi

　　麦耘（2008：20）的实验语图显示，广西八步鹅塘巴都话的[ia]，i 元音的稳定段超过 200 毫秒，而 a 的稳定段仅约为 160 毫秒，在听感上，i 也比 a 长得多，他把[ia]标记成[iːa]。赵日新（2005：75）在对徽语方言进行调查时也发现，复合元音的高元音有明显拖长的音质特征，发得长而重，而后面的元音短而轻。例如，屯溪方言：iːe uːə yːe。平田昌司 1998 年在屯溪方言的韵母表的音值说明中也指出，[iːe][uːə][yːe]三个韵母前强后弱，前重后轻。[①]学者们的研究结果表明，有标记复合元音的性质主要体现为滑音[i，u]的音长增长，音强增强，由滑音变成核音。

　　在阐述后滑复合元音性质的时候，我们谈到了后滑复合元音，例如[ai]/[au]，两个元音音质的融合程度高，缺少稳定段，有单元音化的趋势。除了在前面提到的吴语中有后滑复合元音单元音化的现象之外，在民族语里，也可以看到类似的现象。例如，门巴藏语麻玛土语，eu 有演变成 e 的趋势；au 有演变成 a 的趋势；ai 有演变成 ə 的趋势。后滑复合元音的这种性质预示着后滑复合元音在语音历史演变过程中，有与单元音合并的趋势，这种演化的结果会造成未来元音分布格局发生变化，复合元音减少，单元音增多。

---

①　平田昌司的资料转引自赵日新. 2005. 徽语中的长元音. 中国语文，（1）：75.

2 复合元音在汉藏语中的语言类型

　　复合元音的出现数量与出现比例与它的性质存在密切的关系，在空间三角形中，元音之间的空间距离、听感区别度和音长稳定段的大小及周边非周边性质的差异往往决定了复合元音出现数量和出现比例的多少。元音之间的空间距离越大，听感区别度越大，音长稳定段之比越大，周边性越强，元音组合成复合元音的出现数量与出现比例就越高。Miret（1998：39-41）认为，最好的二合元音就是一个音节（tautosyllabicity），一个音节只有一个核音，因此，复合元音不应该由两个响度的语音构成。复合元音的两个组成成分一定具有音质的区别，具有强制性特征，这称为单一音段的二元性特征。元音空间的区别度越大，两个元音的组合越有可能成为复合元音。高元音的响度低，另外一个元音的响度比较高，响度高的元音可以称为核音。

　　Maddieson（1984：134）认为，前后元音是高元音的组合更易成为复合元音。从理论上讲，在元音空间三角形里，三个顶点元音之间的空间距离最大，听感区别度最大，音长稳定段之比也最大，三个顶点元音组合构成的复合元音/ua/、/ia/、/ui/、/au/、/ai/、/iu/的周边性最强，因此它们的出现数量最多，出现比例也最高。①②

　　汉藏语语言复合元音数据库里有 684 种语言和方言，表 2-1 显示出七组前滑复合元音与后滑复合元音在 684 种语言和方言中出现的数量及出现比例差异。

---

① 由于涉及的语言数量多，因此统一用宽式音位标音法：/ua/、/ia/、/ui/、/au/、/ai/、/iu/，书中涉及某个具体复合元音音值时，用音值标音法：[ua]、[ia]、[ui]、[au]、[ai]、[iu]。
② 第 2 章和第 3 章资料来源：（1）孙宏开，胡增益，黄行. 2007. 中国的语言. 北京：商务印书馆. （2）孙宏开，狄乐伦. 1998—2004. 中国少数民族语言方言研究丛书. 成都：四川民族出版社；北京：民族出版社. （3）孙宏开. 1997—2014. 中国新发现语言研究丛书. 上海：上海远东出版社；北京：中央民族大学出版社，民族出版社. （4）欧阳觉亚，郑贻青. 1983. 黎语调查研究. 北京：中国社会科学出版社. （5）中央民族学院苗瑶语研究室. 1987. 苗语方言词汇集. 北京：中央民族学院出版社. （6）北京大学中国语言文学系语言学教研室. 2003. 汉语方音字汇. 北京：语文出版社.

表 2-1　汉藏语前滑复合元音与后滑复合元音出现数量及出现比例统计

复合元音	ua	ia	ui	ie	io	ue	uo
语言数量	444	424	509	383	363	361	308
百分比/%	64.91	61.99	74.42	55.99	53.07	52.78	45.03
复合元音	au	ai	iu	ei	oi	eu	ou
语言数量	615	612	519	430	425	405	374
百分比/%	89.91	89.47	75.88	62.87	62.13	59.21	54.68

七个前滑复合元音的出现数量和出现比例从多到少依次排列为：

/ui/＞/ua/＞/ia/＞/ie/＞/io/＞/ue/＞/uo/

七个后滑复合元音的出现数量与出现比例从多到少依次排列为：

/au/＞/ai/＞/iu/＞/ei/＞/oi/＞/eu/＞/ou/

这两组排列次序说明在汉藏语语言和方言里出现数量和出现比例最高的两组复合元音正是空间三角形里三个顶点元音的组合/ua/、/ia/、/ui/和/au/、/ai/、/iu/。本章选择这两组复合元音作为案例，观察它们在藏缅语群、侗台语群、苗瑶语群、南亚语群、南岛语群和汉语群六个语群中语言和方言分布数量和分布比例的差异，寻找复合元音在语群内部的共性特征和语群之间的差异特征，划分不同语群的语言类型。

在复合元音数据库里，藏缅语群收集了 94 种语言和方言，侗台语群收集了 87 种语言和方言，苗瑶语群收集了 51 种语言和方言，南亚语群收集了 22 种语言和方言，南岛语群收集了 99 种语言和方言，汉语群收集了 187 种方言[①]。

2.1　/ua/、/ia/、/ui/在汉藏语语群中的语言类型

首先观察前滑复合元音/ua/、/ia/、/ui/在六个语群语言和方言中的分布数量和分布比例。

2.1.1　/ua/、/ia/、/ui/在汉藏语各语群的语言分布

/ua/、/ia/、/ui/在藏缅语群中语言和方言的出现数量与出现比例如表 2-2 所示。

---

① 这 187 种汉语方言仅限于有族属关系的，除此之外，还有 151 种汉语方言是没有族属关系的。

表 2-2 /ua/、/ia/、/ui/在藏缅语群中的语言出现数量与出现比例统计

藏缅语群	ua	ia	ui
语言数量	54	37	50
百分比/%	57.4	39.4	53.2

表 2-2 显示，在藏缅语群里三个前滑复合元音出现的语言和方言总数都超过了 35%，其中，/ua/的出现数量最多，出现比例最高，有 54 种语言和方言中产生了/ua/，占语言和方言总数的 57.4%；其次是/ui/，有 50 种语言和方言中产生了/ui/，占语言和方言总数的 53.2%；/ia/出现的语言和方言总数较少，有 37 种语言和方言中产生了/ia/，占语言和方言总数的 39.4%。①

/ua/、/ia/、/ui/在侗台语群语言和方言中的出现数量与出现比例如表 2-3 所示。

表 2-3 /ua/、/ia/、/ui/在侗台语群中的语言出现数量与出现比例统计

侗台语群	ua	ia	ui
语言数量	30	29	76
百分比/%	34.5	33.3	87.4

表 2-3 显示，在侗台语群里，/ui/出现的语言或方言总数最多，比例最高，有 76 种语言或方言中产生了/ui/，占总数的 87.4%，/ua/和/ia/在语言和方言中出现的总数相差不多，比例接近，分别有 30 种和 29 种语言和方言中产生了/ua/和/ia/，各占语言和方言总数的 34.5%和 33.3%。

/ua/、/ia/、/ui/在苗瑶语群中语言和方言的出现数量与出现比例如表 2-4 所示。

表 2-4 /ua/、/ia/、/ui/在苗瑶语群中的语言出现数量与出现比例统计

苗瑶语群	ua	ia	ui
语言数量	13	6	36
百分比/%	25.5	11.8	70.6

表 2-4 显示，/ui/在苗瑶语群中出现的语言和方言数量最多，比例最高，其次

① 在民族语里，很多语言和方言把前滑音[-i]和[-u]划分到声母部分，组成[pj-][pw-]这样的声母和滑音的组合形式，在数据库里这种组合放到辅音部分，因此，统计/ia/、/ua/、/ui/得出的语言数量比实际出现的语言数量少。

是/ua/，最少的是/ia/。有 36 种语言和方言中产生了/ui/，占总数的 70.6%；有 13 种语言和方言中产生了/ua/，占总数的 25.5%；有 6 种语言和方言中产生了/ia/，占总数的 11.8%。

/ua/、/ia/、/ui/在南亚语群中语言和方言的出现数量与出现比例如表 2-5 所示。

表 2-5　/ua/、/ia/、/ui/在南亚语群中语言的出现数量与出现比例统计

南亚语群	ua	ia	ui
语言数量	18	15	21
百分比/%	81.8	68.2	95.5

表 2-5 显示，在南亚语群里，前滑复合元音/ui/出现的数量最多，比例最高，其次是/ua/，最后是/ia/。有 21 种语言和方言中产生了/ui/，占总数的 95.5%；有 18 种语言和方言中产生了/ua/，占总数的 81.8%；有 15 种语言和方言中产生了/ia/，占总数的 68.2%。

/ua/、/ia/、/ui/在南岛语群语言和方言中的出现数量与出现比例如表 2-6 所示。

表 2-6　/ua/、/ia/、/ui/在南岛语群中语言的出现数量与出现比例统计

南岛语群	ua	ia	ui
语言数量	4	4	5
百分比/%	4.3	4.3	5.4

表 2-6 显示，/ui/、/ua/和/ia/在南岛语群中出现的语言和方言总数都很少，出现的比例很低，分别有 5 种、4 种、4 种语言和方言中产生了/ui/、/ua/和/ia/，各占总数的 5.4%、4.3%和 4.3%。

/ua/、/ia/、/ui/在汉语群的各方言中的出现数量与出现比例如表 2-7 所示。

表 2-7　/ua/、/ia/、/ui/在汉语群中方言的出现数量与出现比例统计

汉语群	ua	ia	ui
方言数量/种	176	180	168
百分比/%	94.1	96.3	89.8

表 2-7 显示，/ia/、/ua/和/ui/在汉语各个方言中出现的数量都很多，出现比例很高，分别有 180 种、176 种和 168 种方言中产生了/ia/、/ua/和/ui/，各占方言总

数的 96.3%、94.1% 和 89.8%。

通过分析前滑复合元音 /ua/、/ia/、/ui/ 在汉藏语六个语群语言和方言中分布数量和分布比例的差异，我们可以得出结论：汉语群里前滑复合元音出现数量最多，出现比例最高；南岛语群前滑复合元音出现数量最少，出现比例最低；南亚语群的 /ua/、/ui/ 出现比例高，与汉语群接近，但是 /ia/ 的出现比例低；藏缅语群前滑复合元音的出现比例比较高；侗台语群和苗瑶语群的 /ua/、/ia/ 出现比例比较低，但是 /ui/ 的出现比例高，接近汉语群。

2.1.2　/ua/、/ia/、/ui/ 在汉藏语各语群的语言共性特征

/ua/、/ia/、/ui/ 在藏缅语群、侗台语群、苗瑶语群、南亚语群、南岛语群和汉语群的语群内部存在某些语音和音系共性，每一个语群都包含若干种语言和方言，这些共性是从这些语言和方言的某些局部特征中抽取出来的共同特征，可以概括前滑复合元音的某些重要的功能特性。同时，差异与共性是互相平行的两个方面，语言间的差异决定了语言内部的共性，语言内部的共性又体现出语言之间的差异。

在六个语群中，南岛语群的前滑复合元音出现数量最少，汉语群的前滑复合元音出现数量最多，我们首先观察在南岛语群里 /ua/、/ia/、/ui/ 的语音特点。南岛语群位于中国台湾、东南亚和南太平洋群岛上，这个语群里的语言和方言重要的特点是多音节性和无声调，这些特点在一定程度上决定了南岛语言和方言里无论前滑复合元音还是后滑复合元音的出现数量都很少，出现比例都很低。复合元音是一个音节内部独立的元音音段，具有单音节性，南岛语群的多音节内部两个或几个元音系列不能构成复合元音，而是各自音节的核音。例如，Da'a 语是西苏拉威西岛山里的一种凯里方言，这种方言每一个元音构成音节的一个核音，两个元音就是两个核音，构成两个音节，没有声调，重音落在一个词根的倒数第二个音节上；中国台湾的排湾语是多音节语言，每一个音节包含一个元音，两个元音也是两个核音。例如，naŋuaq，"好"，是一个三音节词，[-u-] 是第二个音节的核音，[-a-] 是第三个音节的核音，[-ua-] 的组合构成两个核音系列，因此，排湾语的语音系统里也没有产生复合元音。这种多音节的音节结构特点一般只有音节重音，没有声调。在汉藏语语言里，往往是声调复杂的语言复合元音的种类比较多，声调简单的语言复合元音的种类比较少，甚至没有产生复合元音。例如，汉语南方方言的声调有平、上、去、入四个调类，每个调类再分阴、阳，各个方言的复

合元音数量一般在 10～20 个,在藏语次语群里白马语的调类最丰富,有高平、高降、高升和低降四个声调,有 17 个复合元音,是藏语群里产生复合元音最多的一种语言,而藏语玛曲话没有声调,也没有产生复合元音。南岛语言无声调的特点与它的多音节音节结构是一致的,也造成了多音节里两个元音组合的非复合化的性质特点。我们在第一章曾提到 Ian Maddieson 认为世界上的语言以两个元音系列类型为多,两个元音各自独立,没有主次之分,南岛语就是属于这种类型的语言。

南岛语群的语言和方言多分布在岛屿上,这种地理位置使得岛上的社会环境相对封闭,因此,南岛语言保留了许多原始南岛语的古老特征。例如,在辅音系统里,辅音的次要特征比较明显。我们以 Nemi 语为例,看这种语言的辅音系统:

/pʷ/、/p/、/t/、/c/、/k/、/pʰʷ/、/pʰ/、/tʰ/、/kʰ/、/p ᵐʷ/、/p ᵐ/、/tⁿ/、/cⁿ /、/kⁿ/、/ᵐ bʷ/、/ᵐ b/、/ⁿd/、/ⁿɟ/、/ⁿ g/、/f/、/s/、/h/、/v/、/m̥ʷ/、/m̥/、/n̥/、/ŋ̥/、/mʷ/、/m/、/n/、/ñ/、/ŋ/、/l̥/、/l/、/w̥/、/y̥/、/w/、/y/

在 Nemi 语的辅音系统里有浊音、前鼻冠音、后鼻冠音、清化鼻音、清化边音,这些都是比较古老的辅音特征,保留这些次要特征比较多的语言一般没有产生复合元音,只有简单的单元音,或者即使产生了复合元音,但是复合元音核音多为非周边性元音,音质还不成熟。例如,Acehnese 语有五个复合元音,/iə/、/ɯə/、/uə/、/ɛə/、/ɵɛ/,每个复合元音的核音都是央元音[-ə],还处在一个混元音阶段。相反,某些语言产生了丰富的复合元音。例如,Nyindrou 语有 10 个复合元音,/ei/、/ai/、/oi/、/ui/、/eu/、/ou/、/au/、/iu/、/ae/、/ao/,核音都是周边性元音,音质完足饱满,它的辅音系统比较简单,只保留了浊音特征,其他的次要特征都消亡了。Nyindrou 语和 Acehnese 语比较,后滑复合元音比前滑复合元音音质更成熟,它的历史构成和演化的时间更长,这也是南岛语群后滑复合元音数量多的原因。

南岛语的长元音在音节里起着重要的作用,它往往是重音的承载单位。例如,Mbula 语,单语素词和带有不可让渡的所有格名词里,重音落在第一个音节上,但如果一个音节的元音是长元音,那么重音就落在带有长元音的音节上。Rapa Nui 语里一个词的最后一个元音是长元音,重音就落在最后一个音节上;如果一个词的最后一个元音不是长元音,重音就落在倒数第二个音节上。由此看出一个音节中的长元音比其他的语言特征更有优先选择重音的功能,我们在后面的章节里要谈到长元音是单元音裂变成复合元音的前提条件,一个带有重音的长元音往往是多音节里最核心的音段,这预示着在南岛语言和方言里,在未来的历史演化过程中带有长元音的音节会成为一个多音节词的核心音节，这个音节的长元音构成了单元音裂变形成复合元音的语言环境。

汉语方言里的前滑复合元音/ua/、/ia/、/ui/保留着鼻化特征，鼻化特征主要保留在南部方言里和部分北方方言里。/ui/在湘语、闽语、赣语和客家话里有鼻化形式/uĩ/出现，/iã/除了出现在湘语、闽语、赣语和客家话之外，还出现在吴语和晋语里，/uã/出现在上面所有的方言里，此外，江淮官话、中原官话和冀鲁官话里有/iã/和/uã/出现。例如，潮州话：tsiã²，"正"；kũĩ²，"柜"。厦门话：˪mũã，"麻"；˪mũĩ，"每"。合肥话：˪liã，"娘"。太原话：˪tsʰuõ，"床"。双峰话：˪ĩ，"园"。

在民族语里，尤其是在藏缅语群里，前滑复合元音或者后滑复合元音可以出现在某些表形态的语法特征词里。例如，在彝语次语群的傈僳语里，uɑ⁴⁴出现在动词后面表已行体，如 nɿ⁴⁴uɑ⁴⁴，"已看了"；柔若语的完成体在动词后加助词ʔĩ⁵⁵zau³¹，表达行为动作已经完成。在景颇语里，动词和形容词最常用的名物化的方法是在动词或形容词后边加助词 ai³³或者 sai³³，如 khɹut³¹sai³³，"洗了的"。汉语是一种典型的孤立型语言，在汉语各个方言里很少有语法形态，因此，复合元音一般不出现在形态特征词里，这也是汉语方言区别于民族语的一项重要特征。

因此，除了鼻化特征之外，汉语方言里很少有其他的次要特征了[①]，这显示汉语各方言里复合元音音质成熟，完足饱满，已经发展成稳定的音节形式。正是这种性质特点决定了汉语方言里复合元音的生成能力强，不仅复合元音产生的数量多，而且每一个复合元音在汉语方言中分布的方言种类多，出现的比例高。

在汉语官话区里，有硬腭塞擦音声母[tɕ-]与前滑复合元音[-ia]的组合形式。例如，"家"在北京话、西安话、武汉话和成都话里读成tɕia。在民族语里，有硬腭塞擦音[tɕ-]与[-a]组合形式。例如，门巴藏语麻玛土语 tɕaŋ³⁵，"北"；达旺土语 tɕa³⁵，"鸟"。在汉语和民族语里，韵母[-a]的实际音值都是前滑复合元音[-ia]，声母[tɕ-]自身的性质决定了它带一个前滑音[-i]，[tɕ-]在发音时舌面抬高，接近硬腭的部位，摩擦除阻的时候很自然地带出一个同部位的半元音[-j]来，这个半元音[-j]的实际音值接近元音[-i]，这个滑音[-i]是辅音[tɕ-]的一部分，民族语里不再标写出来，汉语方言里却标写出来，这是汉语方言在音位处理上不同于

---

① 第 1 章提到某些方言里还出现了有标记复合元音形式，但是在音系资料里没有特别突出，因此这里不再重点讨论。

民族语的一个标记性区别。

/ua/、/ia/、/ui/在汉语方言里保留了两类韵尾：鼻音韵尾[-m]、[-n]、[-ŋ]，塞音韵尾[-p]、[-k]和喉塞音韵尾[-ʔ]。塞音韵尾主要保留在闽语、晋语、吴语和江淮官话区，其中闽语里保留得比较多，其他方言多为开音节，已经没有辅音韵尾了。例如，厦门话：puiʔ₂（白），"拔"；huaʔ₂（白），"伐"；huat₂，"法"；siap₂，"涉"。潮洲话：tsuak₂，"浊"；uak₂，"获"；tsʰiak₂，"鹊"。太原话：tɕiaʔ₂，"夹"；xuaʔ₂，"划船"。合肥话：tuɐʔ₂，"夺"；miɐʔ₂，"灭"。苏州话：tɕʰiɒʔ₂，"却"。鼻音韵尾保留在闽语、粤语、赣语、北方官话和西南官话区里。其中，闽语、粤语里有[-m]韵尾，赣语、北方官话和西南官话里较少见[-m]韵尾出现，在其他方言区基本都鼻化了。例如，建瓯话：₋kuŋ，"竿"。"舔"在梅县话读作tʰiam，厦门话读作tʰiam，广州话读作tʰim，南昌话读作tʰiɛn，成都话都读作tʰiɛ。"恋"在厦门话读作₋luan，梅县话读作 lienˀ，南昌话读作 lienˀ，北京话读作 lienˀ，成都话读作 nienˀ。"碗"建瓯话读作ʿuŋ，福州话读作ʿuaŋ，厦门话读作ʿuan，广州话读作₋wan，武汉话和北京话读作ʿuan。在汉语方言里，开音节复合元音韵母多于带塞音韵尾和鼻音韵尾的复合元音韵母。

在藏缅语群、侗台语群、苗瑶语群、南亚语群四个民族语语群里，无论是前滑复合元音还是后滑复合元音，它们的共性特征都可以从复合元音自身的性质与在音节里复合元音与前面辅音声母及后面辅音韵尾的组合关系两个方面来进行分析。复合元音自身除了主要性质特征之外，还具有某些次要特征，如鼻化特征、紧元音特征、长短特征、有标记特征。在每一个语群里，每一个复合元音的次要特征比较集中分布在某些次语群的某些语言和方言里。在一个音节内部，复合元音在不同的语言和方言里与前面辅音声母和后面辅音韵尾的组合关系也存在差异，这些差异决定了复合元音音节组合的共性特点。同时，来自汉语借词的复合元音音位也反映出语群内部民族语言和汉语方言的接触关系，这种借词音位体现了复合元音在次语群间的接触差异和次语群内部的接触共性。

在藏缅语群中，前滑复合元音/ua/、/ia/、/ui/的鼻化特征和紧元音特征比较明显。鼻化前滑复合元音/uã/、/iã/集中分布在彝语次语群和羌语次语群里，/uĩ/只在彝语群的白语里有。在这些次语群里，鼻化特征在某些语言和方言里与非鼻化特征以对立形式出现。例如，彝语群的柔若语里，ʔuã⁵⁵，"罐"；pau⁵⁵ʔua⁵⁵，"青蛙"。羌语群的尔苏语里，gua³³，"雨"；uã³³，"鹅"。紧前滑复合元音/ua̠/只在彝语次语群的怒苏语、柔若语和羌语次语群的木雅语里出现，/iɑ/只在彝语次语群的怒苏语、柔若语里出现，/uɪ/出现在彝语次语群的末昂语、羌语次语群的木雅语、缅语次语群的载瓦语、浪速语、波拉语和景颇次语群的景颇语里。在这些语言和方言里，紧前滑复合元音与松前滑复合元音也可以以对立形式出现。例如，彝语次语群的末昂语：ʔmui³³，"现在"；ʔmuɪ³³，"花"。在某些语言和方言里，紧前滑复合元音、松前滑复合元音和鼻化前滑复合元音三种特征形式可以对立出现。例如，彝语群怒苏语：lia⁵³，"一夜"；iɑ̃⁵⁵，"绵羊"；iɑ⁵⁺，"狐臭"。另外，景颇语次语群、藏语次语群和羌语次语群某些语言和方言里出现/uɪ/的有标记形式/uⁱ/。例如，义都语：ʂuⁱ³⁵nuɯ⁵³，"腥"；门巴语文浪土语：ȵuⁱ³⁵，"银"；嘉戎语：kə-thuⁱ，"狐狸"。通过上面的分析，我们发现三个前滑复合元音/ua/、/ia/、/uɪ/在缅语次语群里，紧元音特征比较明显，羌语次语群里鼻化特征和/uɪ/的有标记形式特征比较明显，在彝语次语群里紧元音特征和鼻化特征都比较明显，在景颇次语群和藏次语群里/uɪ/的有标记形式特征比较明显。这三种次要特征可以作为三个前滑复合元音在五个次语群里的共性标记特征。

　　在藏缅语群里，前滑复合元音/ua/、/ia/、/uɪ/在音节里与前面的辅音声母和后面的辅音韵尾组合形式在不同的语群之间也有共性特点。在某些语言和方言里，/ua/、/ia/、/uɪ/可以和复辅音声母组合。例如，在藏语次语群白马话里，[ua]与复辅音声母[-ŋg]组合，ŋguɐ⁵³，"头"；在景颇语次语群义都语里，[ia]与复辅音声母[nd-]和[ʂp-]组合，ndiɑ³³，"爱（小孩）"；ʂpiaʁu，"大风雪"。苏龙语里，[ia]与复辅音声母[kl-]组合，muŋ⁵⁵lo³³klian⁵³，"梁"。在羌语麻窝话里，[ia]与复辅音声母[xl-]、[ɣl-]组合，xliapi，"辫子"；ɣliaqua，"平"。[ua]与复辅音声母[rg-]和[ʂq-]组合，rguataβɑ，"狐皮帽"；ʂqua，"引诱"。羌语次语群麻窝话中出现了小舌音与前滑复合元音的组合形式。例如，[ua]与小舌送气塞音[qʰ-]组合，qhuɑ，"水，河"；[ua]与小舌浊擦音[ʁ-]组合，ʁuɔdi，"通化"；[ua]与小舌清擦音[χ-]组合，这种组合形式一般出现在汉语借词里，χuɑsæn，"花生"。麻窝话里还出现了几组带-ɹ音色的卷舌复合元音形式，这几组卷舌复合元音分别与软腭浊塞音[g-]、小舌浊擦音[ʁ-]、小舌清擦音[χ-]和双唇浊塞音[b-]组合。例如，ʁuɑɹ，"左"；gziguɑɹ，"翅膀"；zəχɑuɹbɑɹ，"大个子"；buɑtʃæn，"证人"。景颇次语群苏龙语里也出了[ia]带-ʳ音色的卷舌复合元音。例如，ɛ²¹b aⁱ⁵³ lau⁵³，"兰夜"；a³¹ɟɛ⁵³hiaʳ²³，"下午"。iaʳ与双唇塞音[b-]和喉擦音[h-]组合。

在彝语次语群和缅语次语群里，松紧对立的三个前滑复合元音既可以带鼻音韵尾，也可以带塞音韵尾。例如，末昂语：khuaŋ²¹，"不争气"；khuaŋ²¹，"锑"。勒期语：siaŋ⁵⁵，"香"；liaŋ⁵⁵，"轮子"；nuat⁵⁵，"嘴"；kʰuan⁵⁵，"一句"。羌语次语群鼻化前滑复合元音多为开音节，没有辅音韵尾。例如，普米语：siã¹³，"明天"；suã⁵⁵，"父亲"。木雅语：tɕuã，"土墙"。

/ua/来自汉语借词的音位比较多，这种借词音位在藏语次语群、景颇语次语群、缅语次语群和彝语次语群里都有分布，比较集中出现在彝语次语群里，如哈尼语：xua³⁵fe³¹，"化肥"。

在侗台语群里，/ia/、/ua/、/ui/的有标记特征比较明显，核音的主元音特征弱，滑音的元音特征强。/ia/、/ua/的有标记形式/iᵃ/、/uᵃ/主要分布在黎语次语群和壮傣次语群里，/ui/的有标记形式/uⁱ/主要分布在黎语次语群里。例如，黎语中沙话：gⁱa¹，"咳嗽"；buᵃ²，"斧头"；thuⁱ¹，"腐烂"。壮语田东话：p iᵃ⁶，"上衣"；luᵃ²，"船"。/ui/在壮傣次语群、黎语次语群和侗水次语群里有长元音/u:i/和一般元音/ui/的对立。例如，壮语连山话：pu:i²，"赔偿"；pui¹，"年"。黎语保定话：hu:i³，"豹"；bu:i³，"棉花"。拉珈语：khju:it⁵，"布"。/ui/的长元音特征决定了它的语言状态活跃，再生能力强，因此它的出现比例要远远高于/ua/和/ia/，接近汉语群的出现比例。在侗台语群里，鼻化特征和紧元音特征不多，只在仡佬次语群的拉基语里有/ua/和鼻化元音/uã/对立，在布干语里有/ia/和鼻化元音/iã/、紧元音/ia/对立。

侗台语群的某些语言和方言有一类特殊的半元音[-j]、[-w]，这一类半元音常常与塞音组合成[pj-]、[pw-]/[tj-]、[tw-]/[ʔdj-]、[ʔdw-]/[kj-]、[kw-]，与塞擦音组合成[tsj-]、[tsw-]，与擦音组合成[sj-]、[sw-]，与鼻音组合成[nj-]、[nw-]，与流音组合成[lj-]、[lw-]/[rj]、[rw]。在语音性质上，半元音[-j]、[-w]接近前滑元音[-i]、[-u]，这类辅音与前滑音的组合形式多出现在侗水次语群的壮傣次语群里，后面接元音[-a]和[-i]。例如，壮语环江话：pja¹，"鱼"；pwi²，"肥"；twa²，"秤锤"。水语：tjaŋ⁵，"胀"；kwa²，"瘸"。拉珈语：hwit⁷，"丢"。因为侗台语群里大量存在这种组合形式，所以前滑复合元音在总量上要少于其他语群，同时后滑复合元音的数量大大超过前滑复合元音的数量。

侗台语群以开音节为主，前滑复合元音韵尾有塞音[-p]、[-t]、[-g]和鼻音[-m]、[-n]、[-ŋ]两种，带这两种韵尾的前滑复合元音韵母主要出现在黎语次语群的村语、仡佬语次语群的普标语、拉基语和侗水次语群的布央语里，另外还有系属未定的布干语里。例如，村语：khuak²，"敲门"；liat²，"手猪"；niap⁴，"缝衣"。布干语：thiaŋ¹³，"千"；khuan³³，"凝固"。标话：kiam¹，"孵"。

在侗台语群里来自汉语借词的前滑复合元音/ua/、/ia/、/ui/多集中分布在黎语次语群里。例如，黎语白沙话：bia¹，"饼"。黎语西方话：ka:u³ha³，"乞丐"。黎语加茂话：ku:i⁵，"柜子"。

在苗瑶语群里，前滑复合元音/ua/、/ia/没有明显特征，/ui/有长元音/u:i/出现，主要分布在瑶语次语群的勉语方言里，这些方言里有长元音/u:i/和一般元音/ui/的对立。例如，勉语大小河话：bu:i³³，"响"；nui³⁵，"小"。勉语都龙话：tu:i³³，"下雨"；bui⁴⁴，"布"。这种长元音特征决定了/ui/在苗瑶语群里语言状态活跃，再生能力强，与侗台语群的特征相似，出现比例高。

在苗语次语群里，有前鼻冠音[m-]、[n-]、[ŋ-]和声母的组合形式，有前鼻冠音[m-]、[n-]、[ŋ-]和声母及半元音[-j]、[-w]的组合形式，有复辅音声母和小舌音声母，还有声母和半元音[-j]、[-w]的组合形式，每一种声母或声母组合都可以和单元音[-a]、[-i]及复合元音[-ua]、[-ia]、[-ui]共同构成辅音和复合元音组合的音节形式。

前鼻冠音[m-]、[n-]、[ŋ-]与清塞音[-p]、[-t]、[-k]组成前鼻冠清塞音声母[mp-]、[nt-]、[ntʰ-]、[ɲk-]，与浊塞音[-b]、[-ɖ]组成前鼻冠浊塞音声母[mb-]、[nɖ-]，与塞擦音[ts-]、[tʂ-]、[tɕ-]组成前鼻冠清塞擦音声母[nts-]、[nʂ-]、[ntɕ-]、[ntɕʰ-]，与浊塞擦音[-dz]组合成前鼻冠浊塞擦音声母[ndʐ-]，这些前鼻冠声母主要分布在苗语川黔滇方言里。例如，na⁸mpuɑ⁵，"母猪"；tsɿ¹mbuɑ⁶，"巴掌"；nduɑ⁴，"鼓"；ntʰuɑ³，"散"；tau⁸ntsuɑ¹，"绿豆"；ntsuɑ⁸，"扇子"；ndzuɑ⁶，"竹笋"；ŋkuɑ²，"仓库"；ɲtɕuɑ³，"饼"；ɲʈuɑ¹，"装"。[n-]还可以和复辅音[-tl]、[-dl]组合成前鼻冠复辅音声母[ntl-]、[ndl-]。例如，ntlɑ³，"吐出"；kəu¹ndluɑ⁶，"千层肚"。在苗语次语群的布努语里，鼻冠音[m-]、[n-]、[ŋ-]可以和塞音[p-]、[pʰ-]、[-t]、[-k]及半元音[-j]、[-w]组合成[mp-]、[mpʰ-]、[ntlj-]、[ŋkw-]。例如，mpje⁴，"鱼"；ŋkwa²li⁶，"小女儿"；ntja⁸，"舌头"；ŋkʰwiŋ³，"甩"；ŋkjan²，"蓝靛草"。与前面两种声母类型比较起来，最后一种声母和半元音[-j]、[-w]的组合形式出现最多。例如，布努语：ŋwa⁴，"瓦"；炯奈语：kja³，"路"；勉语：ŋwa⁴，"瓦"；畲语：tsj⁵phu⁶，"外祖母"。这种组合形式与侗台语群相似，也是音位处理的一种方法，这就造成了苗瑶语群里前滑复合元音的出现数量远远少于后滑复合元音。

　　苗瑶语群中出现了复辅音声母和小舌音声母与前滑复合元音的组合形式，这种组合类型与藏缅语群相似。复辅音声母有[tl-]、[tɬ-]、[bl-]、[pl-]。例如，苗语川黔滇方言：tluɑ⁵，"经过"；bluɑ⁶，"顿"；noŋ⁶pluɑ⁵，"麻雀"；plʰai⁷，"鳞"。布努语：tɬuat¹，"脆"。小舌音声母有[qʰ]、[ɴq]。例如，苗语川黔滇方言：tɕaŋ¹ tau⁸qhuɑ³，"干豆豇"；qʰuɑ³ duɑ⁶，"旱死"；ɴqɑo⁶tɕoey³，"挤"；ɴqʰuɑ³，"干旱"。

　　苗瑶语群以开音节和带鼻韵尾[-n]、[-ŋ]为主。例如，布努语：kuiŋ³，"滚"；tua:n⁵，"猜"；ŋua:ŋ⁶，"困倦"。苗语黔东话：u³ liaŋ⁴tɕi⁴，"背心，坎肩"。

　　在南亚语群里，某些佤语方言有松紧元音的对立。例如，佤语巴饶克方言艾帅话：kuah，"生长"；ku̠ah，"扒拉"。班洪话：ziap，"闭眼"；zi̠ap，"盒子"；duiŋ，"搓"；mu̠iŋ，"缺粮"。在佤语各方言里复辅音声母与/ua-/、/ia-/、/ui-/组合构成的音节形式比较多。例如，佤语中课方言：phrias，"野猪"。佤语巴饶克方言：bhlia̠n，"露出"。艾帅话：bhlu̠a，"肥大"；phru̠ih，"喷"。佤语阿瓦方言岩城话：khluak，"凹"。佤语阿佤方言马散话：kliaŋ，"纺"。阿佤方言岩城话：khriap，"干燥"；gruas，"抖"。佤语方言以鼻音韵尾和塞音韵尾为主。例如，佤语马散话：semʔuiŋ，"星星"；kuan，"儿童、小孩"。佤语班洪话：guaŋ，"山"；miaʔ，"丈夫"。佤语大芒糯话：a liap，"中间"。佤语中课话：liak，"猪"。佤语马散话：khiat，"蛙"。此外，还有喉擦音韵尾、流音韵尾。例如，佤语中课话：rɣʔiah，"现在"。佤语大芒糯话：puah，"麂子"。佤语岩城话：suar，"野猫"。佤语完冷话：sual，"野猫"。

　　佤语的韵尾很丰富，但是很多方言都没有声调。例如，佤方言勐汞话、阿佤方言马散话、阿瓦来话、大芒糯话、岩城话、巴饶克方言艾帅话、班洪话等方言都还没有声调。

2.1.3　汉藏语语群中前滑复合元音的语言类型

　　语言间的差异和共性是语言之间相异点和相似点的对立（伯纳德·科姆里，1989：37），这是同一个问题的两个方面。我们尝试以复合元音的性质特征作为参项，研究复合元音在汉藏语语言和方言之间表现出来的共性和差异，这种共性和差异表现在数量统计、语音属性及音系属性等多个方面，并进一步以这些属性的共性和差异作为参项，划分汉藏语语群复合元音的语言类型。

首先，通过 2.1.1 和 2.1.2 两节的分析可以看到汉藏语各个语群之间存在差异，语群内部存在共性，这种差异和共性使得每一个语群都成为一种语言类型。南岛语群的主要类型特征表现在它内部的语言是多音节无声调语言，这种类型特征决定了南岛语群复合元音产生的语言数量少，出现比例低，从而使南岛语群区别于其他语群。汉语群的主要类型特征表现在复合元音主要性质特征明显，音质成熟饱满，次要特征基本脱落，缺乏复合元音出现的语法形态特征词，这些类型特征决定了汉语群复合元音产生的语言数量多，出现比例高。同时，汉语对齿龈塞擦音[tɕ-]与前滑复合元音[-ia]的组合采用了与民族语不同的音位处理方式，这些特征都使汉语群区别于其他民族语语群。藏缅语群、侗台语群、苗瑶语群和南亚语群四个民族语语群的主要类型特征表现在复合元音的次要特征明显，同时有特殊声母和韵尾的组合形式，这些类型特征决定了四个民族语群复合元音的语言分布数量和分布比例都介于汉语群和南岛语群之间，以此区别于汉语群和南岛语群。

其次，在每个语群内部，每一个次语群里的复合元音也存在共性，不同次语群之间也存在差异，这些共性和差异又使得一个语群里构成若干个次语群语言类型。在南岛语群内部，辅音系统里次要特征明显的语言和方言复合元音少，音质不成熟。相反，辅音系统里次要特征脱落的语言和方言复合元音多，音质成熟饱满；有长元音出现的语言和方言在未来语音历史发展过程中也许会蜕变成复合元音，这些语言比其他语言更具备产生复合元音的语音环境，以此，南岛语群内部可以分成辅音系统次要特征明显与不明显两种对立类型、长元音特征突出与不突出两种对立类型。在汉语群里，有鼻化前滑复合元音特征出现的方言多集中在南部方言区，如闽语、吴语、赣语、湘语、客家话。南部方言以鼻化特征区别于北方方言，构成一个方言类型；保留塞音韵尾较多的前滑复合元音韵母主要出现在闽语、晋语、吴语和江淮官话里，这些方言以塞音韵尾特征区别于其他方言，成为一种方言类型；保留鼻音韵尾较多的前滑复合元音韵母主要出现在闽语、粤语、赣语、北方官话和西南官话里，这些方言以鼻音韵尾特征区别于其他方言，成为一种方言类型。

在藏缅语群内部，藏语次语群和景颇语次语群里的复辅音声母与前滑复合元音组合形式比较多，/ui/的有标记形式多，以此区别其他次语群而成为一种语言类型；羌语次语群的小舌音、复辅音声母和前滑复合元音的组合形式比较多，带

-r 音色的卷舌前滑复合元音韵母比较多，鼻化前滑复合元音韵母比较多，以此区别于其他次语群而成为一个语言类型；缅语次语群和彝语次语群的紧元音前滑复合元音韵母比较多，带鼻音韵尾和塞音韵尾的前滑复合元音韵母比较多，以此区别于其他次语群而成为一个语言类型；彝语次语群里来自汉语借词的前滑复合元音音位比较多，以此区别于其他次语群而成为一个语言类型。

在侗台语群内部，壮傣次语群、黎语次语群和侗水次语群里有长元音/uːi/和一般元音/ui/的对立特征，以此区别于其他次语群而成为一个独立的语言类型；黎语次语群、壮傣次语群里前滑复合元音的有标记形式多，以此区别于其他次语群而成为一个独立的语言类型；壮傣次语群和侗水次语群里有声母辅音和半元音[-j]、[-w]的组合形式，以此区别于其他次语群而成为一个独立的语言类型；黎语次语群里来自汉语借词的前滑复合元音音位比较多，以此区别于其他次语群而成为一个语言类型；在某些黎语次语群、仡佬语次语群和系属未定的语言里保留塞音韵尾和鼻音韵尾的前滑复合元音韵母比较多，以此区别于其他语言而成为一个独立的语言类型。

在苗瑶语群内部，瑶语次语群勉语有长元音/uːi/和一般元音/ui/的对立特征，以此区别于其他次语群而成为一个独立的语言类型；苗语次语群的川黔滇方言和布努语有前鼻冠音和前滑复合元音组合形式，以及复辅音声母和小舌音声母和前滑复合元音的组合形式，以此区别于其他次语群而成为一个独立的语言类型。

在南亚语群内部，佤语方言有松紧元音的对立，有复辅音声母和前滑复合元音的组合形式，带有鼻音、塞音、喉擦音和流音韵尾，缺乏声调，这些共性特征使佤语区别于其他语言而成为一个独立的语言类型。

最后，不同语群之间不能仅仅凭复合元音的某些属性就截然分开，语群和语群之间必然还存在着某些内在的联系。例如，藏缅语群、侗台语群、苗瑶语群和汉语群都以开音节为主要音节形式，闭音节一般只保留塞音韵尾和鼻音韵尾，南亚语群的韵尾比较丰富，还有喉擦音韵尾和流音韵尾；汉语群和藏缅语群都有鼻化前复合元音的次要特征；藏缅语群、苗瑶语群和南亚语群都有复辅音或者小舌音和前滑复合元音的组合形式；侗台语群和苗瑶语群都有长元音/uːi/和一般元音/ui/的对立特征，都有声母和半元音[-j][-w]的组合形式。这种性质上的联系非常重要，是一种类型上的关联现象，它往往启发我们重新思考语言类型之间的关系，成为类型重组的新的参项。

2.2 /au/、/ai/、/iu/在汉藏语语群中的语言类型

2.2.1 /au/、/ai/、/iu/在汉藏语各语群的语言分布差异

/au/、/ai/、/iu/在藏缅语群中语言的出现数量和出现比例如表 2-8 所示:

表 2-8 /au/、/ai/、/iu/在藏缅语群语言中的出现数量与出现比例统计

藏缅语群	au	ai	iu
语言数量	49	43	44
百分比/%	52.1	45.7	46.8

表 2-8 显示,后滑复合元音/au/、/iu/、/ai/在藏缅语群中的出现数量和出现比例接近:49 种语言和方言里产生了/au/,占总数的 52.1%;44 种语言和方言里产生了/iu/,占总数的 46.8%;43 种语言和方言里产生了/ai/,占总数的 45.7%。

/au/、/ai/、/iu/在侗台语群中语言的出现数量和出现比例如表 2-9 所示:

表 2-9 /au/、/ai/、/iu/在侗台语群语言中的出现数量与出现比例统计

侗台语群	au	ai	iu
语言数量	86	86	83
百分比/%	98.9	98.9	95.4

表 2-9 显示,三个后滑复合元音/au/、/ai/、/iu/在侗台语群中的出现数量和出现比例也比较接近:86 种语言和方言里产生了/au/和/ai/,各占语言总数的 98.9%;83 种语言和方言里产生了/iu/,占语言总数的 95.4%。

/au/、/ai/、/iu/在苗瑶语群中的出现数量和出现比例如表 2-10 所示:

表 2-10 /au/、/ai/、/iu/在苗瑶语群语言中的出现数量与出现比例统计

苗瑶语群	au	ai	iu
语言数量	46	46	38
百分比/%	90.2	90.2	74.5

表 2-10 显示,后滑复合元音/au/、/ai/、/iu/在苗瑶语群里的出现数量和出现比例也比较接近:46 种语言和方言里产生了/au/和/ai/,各占语言和方言总数的

90.2%；38 种语言和方言里产生了/iu/，占语言和方言总数的 74.5%。

　　/au/、/ai/、/iu/在南亚语群中的出现数量和出现比例如表 2-11 所示：

表 2-11　/au/、/ai/、/iu/在南亚语群语言中的出现数量与出现比例统计

南亚语群	au	ai	iu
语言数量	21	22	13
百分比/%	95.5	100	59.1

　　表 2-11 显示，后滑复合元音/au/和/ai/在南亚语群中的出现数量和出现比例比较接近：分别有 21 种和 22 种语言和方言里产生了/au/和/ai/，各占语言和方言总数的 95.5%和 100%；/iu/的出现数量少一些，只有 13 种语言和方言里产生了/iu/，占语言和方言总数的 59.1%。

　　/au/、/ai/、/iu/在南岛语群中的出现数量和出现比例如表 2-12 所示：

表 2-12　/au/、/ai/、/iu/在南岛语群语言中的出现数量与出现比例统计

南岛语群	au	ai	iu
语言数量	8	8	5
百分比/%	8.7	8.7	5.4

　　表 2-12 显示，后滑复合元音/au/、/ai/、/iu/在南岛语群中出现数量和出现比例都很低，只有 8 种语言和方言里产生了/au/和/ai/，各占语言和方言总数的 8.7%；有 5 种语言和方言里产生了/iu/，占语言和方言总数的 5.4%。

　　/au/、/ai/、/iu/在汉语群中的出现数量和出现比例如表 2-13 所示：

表 2-13　/au/、/ai/、/iu/在汉语群方言中的出现数量与出现比例统计

汉语群	au	ai	iu
语言数量	177	177	173
百分比/%	94.7	94.7	92.5

　　表 2-13 显示，后滑复合元音/au/、/ai/、/iu/在汉语群中的出现数量多，出现比例高。177 种语言和方言里产生了/au/和/ai/，各占语言和方言总数的 94.7%；173 种语言和方言中产生了/iu/，占语言和方言总数的 92.5%。

　　通过分析/au/、/ai/、/iu/在汉藏语六个语群中的语言分布的差异，可以得出结论：汉语群后滑复合元音的出现数量最多，出现比例最高；南岛语群后滑复合元音的出现数量最少，出现比较最低；侗台语群后滑复合元音的出现比例比较高；苗瑶语群和南亚语群后滑复合元音的出现比例相近，/au/、/ai/的出现比例高，/iu/的出现比例低；藏缅语群后滑复合元音的出现比例比较低。后滑复合元音/au/、/ai/、/iu/与前滑复合元音/ua/、/ia/、/ui/进行比较，汉语群和藏缅语群里前滑复合元音和后滑复合元音相差不多，南亚语群前滑复合元音/ui/的出现比例远远高于后滑复合元音/iu/的出现比例，侗台语群、苗瑶语群和南岛语群里后滑复合元音的出现比例高于前滑复合元音的出现比例，但是/iu/和/ui/相差不多。

2.2.2 /au/、/ai/、/iu/在汉藏语各语群的语言共性特征

在分析后滑复合元音/au/、/ai/、/iu/在汉藏语六个语群中的语言共性的时候，采用与前滑复合元音/ua/、/ia/、/ui/比较的方法，在各个语群里比较两类复合元音共同的性质特点，同时重点分析后滑复合元音与前滑复合元音不同的性质特点。

南岛语群的共性特征既适用于前滑复合元音/ua/、/ia/、/ui/，也适用于后滑复合元音/au/、/ai/、/iu/，这里就不再讨论。

在汉语群里，后滑复合元音也具有鼻化特征、带塞音韵尾和鼻音韵尾。和前滑复合元音的鼻化形式/uĩ/、/iã/、/uã/比较起来，后滑复合元音的鼻化形式/iũ/、/ãi/、/ãu/出现的方言种类单一，只有闽语方言和个别客家话或赣语里有这种形式。例如，厦门话：ₗkʰiũ，"腔"；ₗnãĩ，"白"；niãũ，"鸟"（文）。后滑复合元音的塞音韵尾主要保留在客家话和赣语里，相对也比较单一，只有[iuk]、[iuɪ]、[auʔ]三种类型。例如，南昌话：ɕiuk₅，"宿"。梅县话：siuk₅，"粟"；iuɪ₅，"郁"。福州话：kauʔ₅，"骨"。后滑复合元音的鼻音韵尾只有[-ŋ]尾，只保留在闽南话里。例如，福州话：tsauŋ²，"葬"；建瓯话：ₗtsaiŋ，"曾"。

由此可见，在汉语方言里后滑复合元音/ua/、/ia/、/ui/的次要特征比前滑复合元音消亡得更快，它的音质更加成熟饱满，开音节形式成为复合元音韵母的主要音节形式，后滑复合元音的生成能力更强。

在藏缅语群里，真性复合元音是很重要的一个复合元音类型，这类复合元音既有前滑复合元音也有后滑复合元音。真性复合元音是两个元音目标值音质不同，音长相近，有两个音峰，两个响点，一个基频的单音节元音。[①]这类复合元音主要

---

① 参见第 1 章第 3 节真性复合元音的性质。

出现在藏语次语群中部卫藏方言里。真性复合元音无论从性质上还是从历史成因来看都与汉藏语其他语言或方言里的复合元音不同，它更接近于南岛语群的多音节语言中两个元音组合系列，但是真性复合元音又同双音节元音组合有本质的区别，它是出现在一个音节里的一个不可分割的元音音段，这种性质特点决定了它首先是复合元音的一类，同时它又不同于一般的复合元音，"真性"体现在构成复合元音的两个元音处于平等和对称的地位，音长相近，在语图上有两个音峰，听感上有两个响点所在。因此，这类复合元音是出现在藏缅语群里特征性相当强的一个类型。

在藏缅语群里，后滑复合元音/au/、/ai/有紧元音特征，/iu/有鼻化元音特征和有标记形式特征，这种次要特征与前滑复合元音相同，但是所分布的次语群种类比较少。紧元音特征/a̱u/、/a̱i/主要出现在缅语次语群里，有松紧元音对立。例如，载瓦语：mau⁵⁵，"说谎"；ma̱u²¹，"天"；lai²¹，"弩"；la̱i⁵¹，"船"。鼻化元音特征/ĩu/主要出现在彝语次语群的怒苏语和土家语里，有鼻化和非鼻化的对立。例如，怒苏语：phiu⁵⁵，"泼水"；ʔiũ⁵⁵thə³⁵，"凸"。/iu/有标记形式特征/ˈu/，主要分布在羌语和藏语次语群里，羌语次语群比较集中。例如，史兴语：lˈu⁵⁵，"来"。通过上面的分析可以看出，紧元音特征、鼻化元音特征和有标记形式特征是三个复合元音在缅语次语群、彝语次语群和羌语次语群里的标记性特征。

在音节中，藏缅语群的/au/、/ai/、/iu/也可以与复辅音组合，这一特征与前滑复合元音相同，但是很少有与小舌音的组合形式，而且在各个次语群里所分布的语言与前滑复合元音不同。在藏语次语群里，白马语的前滑复合元音比较多，门巴藏语的后滑复合元音比较多，多为单辅音开音节的无标记形式，只有个别的复辅音与后滑复合元音的组合形式。例如，klau³⁵，"獐子"；priu⁵³，"小"；khriu⁵⁵，"牵"。仓洛语里有复辅音[pʰr-]、[br-]与[-ai]的组合形式。例如，pʰrai，"间苗"；brai，"离婚"。景颇次语群的义都语里有个别的复辅音与后滑复合元音组合形式出现。例如，ndiu⁵⁵ku³³mi⁵³，"急忙"；prai³³pu⁵⁵，"胆大"。在羌语次语群里，麻窝话里前滑复合元音比较多，拉坞戎语里复辅音与后滑复合元音的结合形式比较多。例如，nmauˈmau⁵⁵，"假装"；stʰɑu⁵⁵，"蛋"；vgɑu⁵³，"结巴"；rtʰɑu⁵³，"墙"；χphɑuˈphɑu⁵³，"翻身"；væ⁵⁵rtɕhɑu⁵⁵，"链枷"；lkʰɑu⁵⁵，"肘"；lɣɑu⁵⁵，"布谷鸟"；rgɑu⁵⁵，"粮食"。缅语次语群的仙岛语里出现[m̥z̩-]与[-ɑu]的组合形式。例如，m̥z̩ɑu³⁵，"（用灰）盖"。藏语次语群、景颇次语群、缅语次语群和羌语次语群尽管有复辅音与/au/、/ai/、/iu/组合形式出现，但是每个次语群只出现在个别的一两种语言或方言里，这种标记形式也在慢慢减少，正在逐渐变成单辅音无标记形式。

在音节中，藏缅语群里/au/、/ai/、/iu/可以和塞音和喉塞音韵尾[-k]、[-ʔ]组合，也可以和鼻音韵尾[-ŋ]组合构成带辅音韵尾的后滑复合元音韵母。这种韵母形式主要分布在缅语次语群的阿昌语、浪速语和波拉语里。例如，阿昌语：naiʔ⁵¹，"外祖母"；tauʔ³¹，"酒瓶"。浪速语：pauk³¹，"炸"；tsauɹ³，"坐"。波拉语：tsauŋ³⁵，"看牛"；kauʔ³¹，"捡"。其他次语群多为开音节形式。

在藏缅语群里，/au/、/ai/、/iu/的汉语借词形式集中分布在羌语次语群、彝语次语群和景颇语次语群里。例如，普米语箐花土语：tã⁵⁵pau⁵⁵，"担保"。柔若语：kɑi³¹fã⁵⁵tɕy³¹，"解放军"。阿侬语：xo⁵⁵tshɑi³¹，"火柴"。

藏缅语群的后滑复合元音与前滑复合元音比较，它们的次要特征种类明显，而且基本一致，都有紧复合元音特征、鼻化复合元音特征和有标记形式特征；在音节里，都有复辅音声母与塞音韵尾、鼻音韵尾和复合元音的组合形式；另外，都有真性复合元音。因此，两类复合元音的出现比例都只是高于南岛语群，而低于其他语群。但是，有次要特征和组合出现的次语群、语言和方言进行比较，前滑复合元音多，后滑复合元音少，后滑复合元音韵母的辅音的种类也少。例如，有紧元音特征出现的前滑复合元音分布在彝语次语群、藏语群、羌语次语群、景颇次语群里，后滑复合元音只分布在缅语次语群里；有鼻化特征出现的前滑复合元音分布在彝语次语群和羌语次语群里，后滑复合元音只分布在彝语次语群里；前滑复合元音/ui/的有标记形式出现在景颇次语群、藏语次语群和羌语次语群里，后滑复合元音/iu/的有标记形式只出现在彝语次语群里。与前滑复合元音组合的辅音声母在羌语次语群里有小舌音声母，在后滑复合元音音节里很少有小舌音声母；前滑复合元音在羌语次语群和景颇次语群里有带-ɹ音色的卷舌复合元音，后滑复合元音没有这种卷舌复合元音出现。后滑复合元音的韵尾只保留在缅语次语群的三种语言里。这种比较的结果证明藏缅语群后滑复合元音的有标记特征消亡的速度更快，无标记开音节的形式特征更强。同时，后滑复合元音中来自汉语借词的音位比前滑复合元音多，这也体现出藏缅语群某些次语群后滑复合元音与汉语接触得更频繁。

在侗台语群里，/au/、/ai/、/iu/在壮傣次语群、黎语次语群和侗水次语群里的长元音特征比较明显，/au/、/aːu/、/ai/、/aːi/、/iu/、/iːu/往往以长短对立的形式出现。例如，壮语那旭话：ði:u¹，"笑"；kiu³，"九"；pla:i³，"走"；fai⁴，"树"；la:u¹，"怕"；lau³，"酒"。黎语保定话：ra:i³，"肠子"；ɬai¹，"黎族"；ma:u¹，"流"；thau¹，"锅"；tshi:u³，"拿"；tiu¹，"老鼠"。毛南语：pa:i¹，"去"；dai⁴，"得"；ŋa:u¹，"兽角"；ʔŋau¹，"钩"；hi:u³，"牙齿"。紧元音特征和鼻化元音特征比较少，只在布干语里有/au/、/ai/、/iu̬/出现，在仡佬次语群拉基语里有/iũ/出现，在侗水次语群拉珈语里有/ãu/、/ãi/、/ĩu/出现。例如，布干语：nau³¹，"多"；a̬u³¹，"空"；pə⁵⁵lai³³，"舌头"；nai³¹，"平"；çiu³¹，"穷"；piu̬³¹，"熊"。拉基语：na³⁵niũ³³，"腹部"。拉珈语：ŋjã:u¹，"抓痒"；la:u¹，"搅动"；hã:i³，"今年"；wa:i³，"游水"；tsi:u⁵，"照"。侗台语群后滑复合元音的长短特征、鼻化特征和紧元音特征与前滑复合元音基本一致，但是后滑复合元音很少有有标记形式出现，同时，长短对立特征比前滑复合元音更丰富，前滑复合元音只在/ui/里出现，后滑复合元音在/au/、/ai/、/iu/里都出现。

　　侗台语群的/au/、/ai/、/iu/和前面复辅音声母及后面辅音韵尾的组合形式都很少，还没有发现有这样的组合形式出现的语言和方言。侗台语群中来自汉语借词的/au/、/ai/、/iu/也非常少。

　　侗台语群后滑复合元音与前滑复合元音比较，鼻化特征和紧元音特征在两类复合元音里都很少；长元音特征在后滑复合元音里分布多，在前滑复合元音里分布少；有标记特征在后滑复合元音里分布少，在前滑复合元音里分布多；侗台语群以开音节为主，塞音韵尾和鼻音韵尾只保留在少数语言和方言的前滑复合元音里；汉语借词主要出现在黎语次语群的前滑复合元音音位里。这种比较的结果证明，在侗台语群里后滑复合元音有标记特征消亡得快，无标记开音节形式特征强，同时，与汉语接触少，自身再生能力强。因此，侗台语群的后滑复合元音的数量不仅高于前滑复合元音数量，而且也高于藏缅语群、苗瑶语群、南亚语群和南岛语群中后滑复合元音的数量。侗台语群后滑复合元核音的长元音特征明显，这已经是裂变之后的结果，它提示我们这种长元音核音很可能是进一步单元音化的前提条件，还需要进一步观察和试验。

　　在苗瑶语群里，/au/、/ai/、/iu/在瑶语次语群勉语和苗语次语群布努语的个别方言里有长元音和一般元音对立特征出现，/au/、/ai/有长元音和一般元音对立特征出现的方言比较多，/iu/比较少。例如，勉语大小河话：tɕa:i³³，"街"；tɕai³³，"鸡"；la:u²³²，"锅巴"；lau²³²，"回来"。勉语都龙话：hi:u³³，"鹞鹰"；

ȵiu³⁵，"刮锄"。布努语都安三只羊布诺话：jai⁶，"梳子"；mpaːi⁵，"猪"；tɕau⁶，"球"；paːu⁸，"见"。

　　苗瑶语群里与/au/、/ai/、/iu/组合成音节的声母有三种类型，第一种是前鼻冠音[m-]、[ŋ-]和声母[-pʰ]、[-kl]的组合。例如，苗语次语群炯奈语：mpʰai³，"蚂蚁"。第二种是前鼻冠音[m-]、[ŋ-]和声母[-k]、[-p]及半元音[-j]、[-w]的组合形式。例如，苗语次语群布努语：ŋkwau¹ ŋkhwjŋ¹，"（蛇）盘（在地上）"。炯奈语：mpwai⁶，"辣"。第三种类型就是塞音、塞擦音、擦音、鼻音声母和半元音[-w]、[-j]]的组合形式，第三种类型在苗瑶语里数量最多。例如，布努语：pjau³，"掀（被子）"；mjau³，"钻（洞）"；kwai¹，"搅（稀饭）"。巴哼语：hwɛi³⁵，"轻"；nju⁴²，"糯"；tʃwai⁵，"爪"。关于复辅音声母和后滑复合元音组合成音节的形式只在炯奈语中发现了一例：ŋklai⁸，"高"。在畲语次语群巴那语中发现了两例：tsjhau⁴⁴，"锹"；dljuŋ³¹³，"叶子"。苗瑶语群中与后滑复合元音组合的声母类型与前滑复合元音组合的声母类型基本一致，但是复辅音的组合形式很少，也没有小舌音。

　　苗瑶语群后滑复合元音以开音节为主，很少有辅音韵尾出现，来自汉语借词的后滑复合元音音位也很少。

　　苗瑶语群后滑复合元音与前滑复合元音比较，后滑复合元音的长元音特征明显，/aɹ/、/ai/、/iu/都有长元音特征，前滑复合元音只有/ui/有长元音特征。因此，后滑复合元音的生成能力强，前滑复合元音只有/ui/的生成能力比较强，分布在 36 种语言和方言里，而/ua/、/ia/的生成能力弱，只分布在 13 种和 6 种语言和方言里。两类复合元音都有与三种类型的辅音声母组合形式，但是后滑复合元音的复辅音组合形式少，没有小舌音；两类复合元音都以开音节为主，前滑复合元音在苗语次语群里还有鼻辅音韵尾出现，后滑复合元音很少有辅音韵尾出现；两类复合元音中来自借词的音位都很少。这种比较结果显示，苗瑶语群的前滑复合元音与后滑复合元音都有标记形式保留，后滑复合元音有标记形式消亡速度快一些，但是还未及侗台语群和汉语群的消亡速度；同时，有标记形式比藏缅语群的标记形式简单，因此，它的两类复合元音的出现比例介于藏缅和侗台两个语群之间。

　　南亚语群里/au/、/ai/、/iu/有紧元音特征和短元音特征。紧元音特征主要表现在佤语方言的后滑复合元音上，在佤语方言里有松紧对立特征形式出现。例如，佤方言孟汞话：pau，"（一）顶"；khauʔ，"树"；lai，"书"；ai，"松鼠"；

diu，"攀枝花"；kju，"丫口"。短元音特征主要出现在克木语、克蔑语、布芒语、俫语、布兴语、德昂语等语言里，在这些语言里有一般元音和短元音的对立。例如，克蔑语：thăi³⁵，"犁地"；sai³¹，"偿还"。其中，俫语的/au/、/ai/有长元音、中元音和短元音的对立。例如，qa:u⁵⁵，"舀水"；qa'u⁵⁵，"钩"；kau⁵⁵，"角"。这些一般元音和短元音对立特征主要出现在/au/和/ia/两个复合元音上，/iu/很少有这种特征出现，因此，/iu/的出现比例小。

南亚语群里有/au/、/ai/、/iu/的音节里有复辅音声母，包括[pr-]、[kl-]、[gr-]、[kr-]、[qʁ-]、[gr-]、[nr-]、[ŋg-]、[lh-]、[lj-]、[hv-]，这些复辅音和后滑复合元音的组合形式多出现在佤语各方言及德昂语、克蔑语、俫语等语言里。例如，佤语艾帅话：praiʔ，"天气"；gʁaik，"蛆"。佤语完冷话：qʁau̜ʔ，"芋头"。德昂语：nr̥ăik，"真找"。俫语：lja:i³¹，"跌"。

南亚语群里有/au/、/ai/、/iu/的音节辅音韵尾也很多，包括塞音韵尾[-ʔ]、[-t]、[-k]，擦音韵尾[-h]，鼻音韵尾[-ŋ]。这些韵尾既可以与松紧后滑复合元音组合，也可以与长短后滑复合元音组合。例如，佤语班洪话：si ŋaiʔ，"太阳"。佤语艾帅话：sai̯h，"雷"。佤语马散话：saik，"麻雀"。克木语：khuaih，"笑"。

南亚语群里有后滑复合元音出现的很多语言都没有声调，佤方言里只有阿佤方言细允话、巴饶克方言大寨话产生了声调。此外，德昂语、布朗语、克木语和布兴语也都没有产生声调。南亚语群中很少有来自汉语借词的复合元音音位。

在佤语的各个方言里，[-i-]和[-u-]无论是作前滑音还是作后滑音与核音之间的紧张度和音长基本相同，都同样紧张、清晰。因此，鲍怀翘认为，佤语和藏语阿里方言一样是真性复合元音[①]。

南亚语群前滑复合元音/ua/、/ia/、/ui/与后滑复合元音/au/、/ai/、/iu/的共性特征基本一致，有标记特征明显，但是南亚语群后滑复合元音/au/、/ai/的出现比例很高，与侗台语群和汉语群接近，/iu/的出现比例又比较低，与藏缅语群接近；前滑复合元音/ua/和/ui/的出现比例高，与汉语群接近，/ia/的出现比例又很低，与藏缅语群接近，这种不规则现象可能与南亚语群的语言样本比较少有关系，还需要在未来的时间里发现更多的语言和方言从而扩大样本规模，才能真正认清两类复合元音的分布规律。

---

① 鲍怀翘的观点转引自吴宗济，林茂灿. 1989. 实验语音学概要. 北京：高等教育出版社.

2.2.3　汉藏语语群中后滑复合元音的语言类型

通过上述两节分析，我们得出结论：在汉藏语的六个语群里，后滑复合元音的有标记特征消亡速度比前滑复合元音更快，无标记形式特征更强，无标记特征越强，在语言中的分布比例越高。这个结论是在比较前滑复合元音和后滑复合元音的自身属性及在一个音节中与声母和韵尾的组合关系中得出来的。复合元音自身属性的有标记特征包括紧元音特征、鼻化元音特征、复合元音的有标记形式特征，无标记特征包括松元音特征、非鼻化元音特征和复合元音的无标记形式特征。复合元音在音节中和前面声母的组合有标记特征包括复辅音声母、小舌音声母、前鼻冠声母、辅音和半元音[-j][-w]的组合声母，与后面辅音韵尾的组合有标记特征包括塞音韵尾和鼻音韵尾，无标记特征包括单辅音声母、无辅音韵尾的开音节形式。这些有标记与无标记特征可以作为共同的参项来比较前滑复合元音与后滑复合元音在各个语群中的类型差异。

除了南岛语群之外，在其他的五个语群中，汉语群两类复合元音的无标记特征最强，分布比例都高。前滑复合元音与后滑复合元音比较，后滑复合元音的无标记特征更显著，生成能力更强；侗台语群、苗瑶语群、南亚语群后滑复合元音/au/、/ai/比前滑复合元音/ua/、/ia/的无标记特征强，分布比例高。侗台语群和苗瑶语群的后滑复合元音/iu/和前滑复合元音/ui/的标记性强弱相差不大，分布比例相近，南亚语群的后滑复合元音/iu/的无标记特征弱，分布比例低。藏缅语群前滑复合元音与后滑复合元音标记性特征较强，而且基本一致，分布比例都比较低。

复合元音自身的长短属性与它的出现比例及无标记特征之间存在着一致性的联系。侗台语群、苗瑶语群的后滑复合元音/au/、/ai/有长元音和一般元音对立的形式特征，/au/、/ai/的出现比例高，/iu/长元音和一般元音对立的形式特征少，它的出现比例低；前滑复合元音/ui/的长元音和一般元音对立的形式特征多，它的出现比例高。南亚语群后滑复合元音/au/、/ai/的一般元音和短元音对立特征明显，/iu/的这类对立特征不明显。因此，/au/、/ai/的出现比例高，/iu/的出现比例低。有长元音出现的复合元音出现比例高，无标记特征明显。因此，长元音属性是所有的无标记属性中优先选择的一种标记特征。长元音特征不明显的一类复合元音与汉语接触频繁，长元音特征明显的一类复合元音与汉语接触少。例如，侗台语群黎语中前滑复合元音/ia/、/ua/、/ui/很少有长元音特征，后滑复合元音/ai/、/au/、

/iu/有很多长元音特征，前滑复合元音有很多都来自汉语的借词音位，后滑复合元音很少有来自汉语的借词音位。因此，有长元音属性的复合元音再生能力强，不必从强势语言里借用，这种属性与复合元音的产生之间也必然存在某种内在的联系。

在每一个语群内部，后滑复合元音在各个语言和方言之间的有标记和无标记特征可以作为参项来比较彼此之间的差异，从而构成不同语言和方言之间的共性特征，划分次语群的语言类型。例如，在汉语群里，闽语和客家话的鼻化特征明显，有后滑复合元音与辅音韵尾的组合形式，这两个标记特征使得它们区别于其他方言而成为一个独立的语言类型。在藏缅语群里，真性复合元音可以作为一个独立的语言类型与其他语言相区别；缅语次语群的紧元音特征和辅音韵尾特征明显，从而与其他次语群区别而成为一个独立的语言类型；彝语次语群里/iu/的鼻化特征和/u/有标记形式特征明显，从而与其他次语群区别而成为一个独立的语言类型；藏语次语群、景颇语次语群、缅语次语群和羌语次语群的复辅音声母组合特征明显，从而与其他次语群区别而成为一个独立的语言类型。在侗台语群里，壮傣次语群、黎语次语群、侗水次语群的长元音核音与一般元音对立特征明显，从而与其他次语群区别而成为一个独立的语言类型；在苗瑶语群里，瑶语次语群的勉语和苗语次语群的布努语长元音核音特征和一般元音的对立特征明显，前鼻冠声母的组合形式多，从而与其他次语群区别而成为一个独立的语言类型；在南亚语群里，南亚语群佤语各方言的紧元音特征明显，后滑复合元音与复辅音声母的组合形式及与辅音韵尾的组合形式多，从而与其他次语群区别而成为一个语言类型；克木语、克蔑语、布芒语、俫语的一般元音核音与短元音核音的对立特征明显，从而构成一个独立的语言类型。

不同语群之间存在着某种有标记特征的内在联系，这种联系又使得它们彼此保持着错综复杂的关系而构成汉藏语语群这样一个整体的语言类型。例如，汉语群后滑复合元音的鼻化特征、带辅音韵尾与藏缅语群一致；藏缅语群的真性复合元音特征、复辅音声母组合形式和辅音韵尾的组合形式与南亚语群佤语有某种性质上的一致性；侗台语群和苗瑶语群之间存在着长元音核音与一般元音核音对立、开音节之间的一致关系。

2.3 汉藏语语群复合元音的语言类型

综合前滑复合元音/ua/、/ia/、/ui/与后滑复合元音/au/、/ai/、/iu/在汉语群、藏缅语群、侗台语群、苗瑶语群和南亚语群里的有标记和无标记属性特征，可以从中提取出两类复合元音共同的属性作为参项，划分各个语群的语言类型。

南岛语群的多音节和无声调特点造成其复合元音数量少。"基本元音"是无标记特征，其他元音包括鼻音、长元音、复合元音是有标记特征（Kadooka：90），我们称南岛语为无标记型语言。

汉语群是复合元音多，再生能力强，但是复合元音标记特征少，仅保留了鼻化特征和辅音韵尾特征，我们称为有标记型语言。

藏缅语群的前滑复合元音和后滑复合元音都有真性特征，同时紧元音特征、鼻化元音特征明显，在音节里有复辅音声母、小舌音声母与复合元音的组合形式。因此，藏缅语群是复合元音标记性特征比较强的语言类型。

侗台语群的前滑复合元音和后滑复合元音的长元音核音特征明显，再生能力强，语言状态活跃，前滑复合元音的汉语借词多。因此，侗台语群是有长元音特征，与汉语接触比较频繁，复合元音标记特征比较弱的语言类型。

苗瑶语群的前滑复合元音和后滑复合元音都与前鼻冠辅音声母的组合特征明显，有长元音特征，前滑复合元音还有与复辅音和小舌音的组合形式。因此，苗瑶语群是复合元音标记性比藏缅语群弱、比侗台语群强的语言类型。

南亚语群的紧元音特征和短元音特征明显，有复辅音声母与前滑复合元音和后滑复合元音的组合形式，辅音韵尾丰富。因此，南亚语群复合元音标记性特征比藏缅语群强。

由此，我们找到两类复合元音参项划分汉藏语六个语群的语言类型：

第一，以复合元音出现数量为参项判断汉藏语群的语言类型。南岛语是复合元音最少、标记性最弱的语言类型；汉语是复合元音最多、标记性最强的语言类型，藏缅、侗台、苗瑶、南亚是介于南岛语和汉语之间的标记性标记强的语言类型，如图 2-1 所示：

图 2-1　以复合元音出现数量为参项判断汉藏语六个语群的语言类型

第二，以复合元音的带标记特征为参项，包括真性特征、紧元音特征、鼻化特征、与辅音声母和辅音韵尾的结合特征，还有类似 iᵃ这样的核音特征弱的复合元音，则南亚语群的标记性最强，汉语群的标记性最弱，南岛语可以忽略不计，依据复合元音带标记特征排列出一个标记性由强到弱的连续体：

南亚 > 藏缅 > 苗瑶 > 侗台 > 汉语

2.4　语言类型与地理分布

　　汉藏语复合元音的语言类型与每个语群的地理分布存在密切的关系，不同的地理区域是决定语言类型的一种外部机制。六个语群在汉藏语范围内的地理分布区域覆盖中国全境并一直延伸到境外东南亚、南亚一直到南太平洋群岛，在这样广大的地理区域之内，民族语语群占据了西部、南部、东南部地区，汉语群占据了东部地区。在每一个地区内，不同的语群占据了不同的区域范围，藏缅语群主要占据了西部的西藏自治区，西南部的四川省和云南省，另外还有北部的甘肃省和中部的湖南省，中国境外南亚地区的尼泊尔、不丹、印度等国家也有藏缅语言分布；侗台语群主要占据了西南部的贵州省、云南省，南部的广西壮族自治区、广东省和海南省；苗瑶语群占据了西南部的贵州省、云南省，南部的广西壮族自治区、广东省，中部的湖南省，东南亚的泰国；南亚语群占据了西南部的云南省和南部的广西壮族自治区，东南亚的缅甸；南岛语群有复合元音出现的地区占据了东南部的中国台湾，东南亚的印度尼西亚和南太平洋群岛上的萨摩亚、巴布亚新几内亚。五个民族语群彼此之间有一些交融的分布区域，这些区域主要分布在中国境内的西南部、南部和中部地区，包括云南省、贵州省、广西壮族自治区、广东省和湖南省。云南省境内有藏缅语群、侗台语群和苗瑶语群、南亚语群四个语群的语言和方言；贵州省境内有侗台语群和苗瑶语群两个语群的语言和方言；广西壮族自治区境内有侗台语群、苗瑶语群和南亚语群三个语群的语言和方言；广东省境内有侗台语群、苗瑶语群两个语群的语言和方言；湖南省境内有藏缅语群和苗瑶语群两个语群的语言和方言。

　　汉语群的分布区域占据了中国境内的中部和东部、东北部、东南部的广大腹地，呈现出从东北到西北东西贯穿，从北到南南北贯穿的分布状态。东北地区有黑龙江省、吉林省、辽宁省；西北地区有甘肃省、青海省、陕西省、宁夏回族自治区、新疆维吾尔自治区；北部地区有内蒙古自治区；中部地区有北京市、天津市、河北省、河南省、湖北省、湖南省、江西省；西南地区有四川省、云南省、贵州省；东部、南部和东南地区有安徽省、江苏省、上海市、浙江省、广西壮族自治区、广东省、海南省、福建省、台湾。汉语方言和各个民族语群彼此之间又出现了接触交融的分布区域，这些区域主要分布在中国的中部、西南部和南部、东南部地区，包括湖南省、四川省、云南省、贵州省、广西壮族自治区、广东省、海南省和台湾。湖南省境内有汉语方言和藏缅语群、苗瑶语群的语言和方言接触；四川省境内有汉语方言和藏缅语群的语言和方言接触；云南省境内有汉语方言和藏缅语群、侗台语群、苗瑶语群、南亚语群的语言和方言接触；贵州省和广西壮族自治区境内有汉语方言和侗台语群、苗瑶语群和南亚语群的语言和方言接触；广东省境内有汉语群和侗台语群、苗瑶语群的语言和方言接触；海南省境内有汉语方言和侗台语群的语言和方言接触；台湾有汉语方言和南岛语群的语言和方言接触。总的来看，汉语方言和民族语接触的交融区域基本蕴含了民族语彼此之间的交融区域，有民族语接触交融的区域一定也有汉语方言的接触交融。

　　这种地理区域类型在一定程度上决定了语言的类型。广东省、广西壮族自治区、贵州省、云南省和湖南省几个地区是民族语接触交融的区域，同时也是民族语和汉语方言接触交融的区域，这些区域内的民族语群彼此接触，同时也与汉语方言接触，它们之间存在着复杂的联系。例如，苗瑶语群和侗台语群在广东省、广西壮族自治区、贵州省和云南省都有共同分布的地理区域，他们的复辅音声母都在减少，同时单辅音和半元音[-j]、[-w]组合形式增多，开音节增多，辅音韵尾类型减少，苗瑶语群和侗台语群的前后滑复合元音的分布比例也基本一致，都是[au]、[ai]远远高于[ia]、[ua]，[ui]和[iu]的出现比例相差不大。南亚语群在云南省与藏缅语群接触，它们有共同的紧元音特征，紧元音在南亚语群里主要出现在佤语方言里，在藏缅语群里出现在缅语、彝语和景颇次语群里，这两个语群有紧元音特征出现的语言和方言都集中分布在云南省，因此，两个语群共同的有标记特征与它们在同一个地理区域彼此接触影响有很大的关系。

　　在这个接触的过程中，汉语方言的影响力最强，强势语言的特征优先影响到其他的民族语群。例如，受汉语的影响，绝大部分民族语都产生了前滑复合元音或者后滑复合元音。民族语的辅音韵尾越来越少，开音节特征增强，声调越来越复杂。侗台语群是受汉语影响最深的一个语群，它在广东省、广西壮族自治区、贵州省、云南省和海南省五个省区与汉语接触融合，这些地区也是汉语方言最复杂的地区。因此，在民族语群中，侗台语群的无标记特征最强，辅音韵尾最少，开音节最多，有长元音核音特征，复合元音的语言状态活跃，再生能力强，海南省的黎语中产生了大量来自汉语借词的前滑复合元音音位。南岛语群里受汉语方言影响最深的是回辉语，回辉语原来是越南占城的一种语言，具有南岛语的无声调多音节特征，回辉语祖先在 12 世纪迁移到海南三亚的羊栏地区的回辉和回新两个乡，这个地区有"迈话"（粤方言的一种）、"军话"（西南官话的一种）、"疍话"（广东话的一种）、汉语普通话和海南话（闽南方言的一种）多种汉语方言，受这些汉语方言的影响，回辉语变成单音节有声调的语言，同时产生了前滑复合元音和后滑复合元音，两类复合元音有长元音和一般元音对立特征，保留了鼻音韵尾[-ŋ]和塞音韵尾[-t]、[-k]。例如，za:i³³，"线"；pai³³，"梦"；kuaŋ³³，"骗"；luat⁵³，"灯筒"。藏缅语群在湖南省与汉语方言接触，彝语次语群的土家语分布在湘西地区，受湘语和西南官话的影响，它产生了前滑复合元音和后滑复合元音，以前滑复合元音类型为多，开音节没有辅音韵尾，声母系统简单，全部是单辅音声母，同时复合元音保留鼻化特征，有鼻化和非鼻化的对立。例如，liã³³，"踩"；tɕia³⁵tɕia³⁵lai³⁵，"纺织娘"。白语是分布在云南省的一种语言，属藏缅语群彝语次语群。在云南省，白语深受汉语影响，声母系统简单，只有单辅音声母，没有辅音韵尾，产生了大量的前滑复合元音，同时保留鼻化特征，有鼻化和非鼻化的对立。例如，piã⁴²，"咬（吃）"；phia⁴⁴，"到达"。

在有汉语方言和民族语接触交融的区域，汉语方言的复合元音音位也会受到民族语的影响。例如，王福堂（2008：79）归纳广州方言 53 韵母表中有两组后滑复合元音/a:i/、/ɐi/和/a:u/、/ɐu/，这两组后滑复合元音有长元音和一般元音的对立特征，这种特征是受侗台语影响构成的。广州方言位于广东省，在广东省境内有侗台语群、苗瑶语群和南亚语群三个民族语群，因此，广东省是民族语和汉语方言接触融合的一个重要地理区域，这种地理区域特点造成了汉语和侗台语在早期的历史接触过程中，侗台语的长元音特征保留在汉语广州方言里，因此，广州方言在产生后滑复合元音之后也保留了长元音特征，这样就产生了广州方言长元音复合元音这样一种特殊的方言类型，这种类型的构成是语群之间在地理分布中交汇融合造成的。

3　复合元音的起源及发展

我们既可以在一个音节内部讨论复合元音的产生，也可以在音节之间了解复合元音的起源。复合元音的产生与音节的变化有着密切的关系。

在音系学上，音节的结构分析如下（Kadooka：87）：

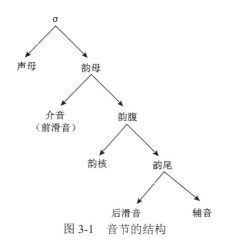

图 3-1　音节的结构

Mirət（1998：33）在论证复合元音与其他语音范畴的关系时提出：我们需要在一元和二元性两级之间来区分复合元音和其他的元音单位，这两个极端就是具有一元性的单音节和具有二元性的两个元音构成的双音节。从历史进程中观察，复合元音可以单元音化，如古拉丁语的 œ>原始罗曼斯语的 e；可以转化成由两个核音元音构成的开音节，如古拉丁语 au>罗马尼亚语的 a.u；也可以使前后滑音变成辅音，如意大利语的 uomo "男人">意大利方言的 vomo，罗曼斯语的 ei>列托-罗曼斯语的 ek。反之，单元音、两个元音音节、vc 音节和 cv 音节也可以转化为复合元音，如拉丁语的 ĕ>西班牙语的 ie，西班牙语的 ma.iz>西班牙方言的 maiz，拉丁语的 multu>葡萄牙语的 muito，拉丁语的 plenu>意大利语 pieno。

Miret 认为，复合元音在人类语言元音系统中（图 3-2）处于单元音和两个元音构成的双音节之间，以及 VC 音节和 CV 音节之间的中间地位（Miret，1998：33）：

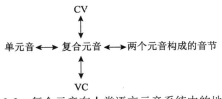

图 3-2　复合元音在人类语言元音系统中的地位

Miret（1998：31）基于自然和认知音系学理论（Natural and Cognitive Phonology）提出一种动力的解释，产生—改变—消除复合元音的音系过程。他认为复合元音是该过程所掌握的原型范畴，某些复合元音比其他复合元音更加接近原型，或者匹配更多的原型特征。这样解释的益处在于，可以发现复合元音一系列特征，在不同程度上构建起复合元音的概念；可以对复合元音进行分类，不同类型的复合元音可以同属于一个范畴；更有益于解释复合元音不同的发展途径。

Andersen（2016：11）从区别特征和生成音系学的视角研究复合元音的意义。他认为复合元音从共时上定义，是从一个底层的单一音段通过复合元音化规则构成的一组语音的派生形式；从历史音系学定义，复合元音是一种语音的变化。一个音段在前一个阶段是单元音，在后面的阶段就变成了复合元音。在理论上，复合元音的普遍研究应该是同样基于复合元音共时规则的比较或者历史变化规则的比较。

Andersen 从方法上区别了历时语音的对应关系和共时的语音变化。历时语言对应关系是指在同一个语言学体系中同等的语言单位在不同的历史阶段之间的关系；语音变化是音系单位的声学表现在时间过程中的变化。语音变化在任何口语交际中都可以识别，他认为对历时语音对应关系的研究不能替代对实际的语音变化的研究。语音变化是突变的，也就是说音位是突变的，而语音在进化过程中，即音系规则的变化是渐变的。

综合 Kadooka 对音节结构的分析和 Miret、Anderson 对复合元音的重写解释、复合元音与其他音节之间的转换关系、以及历时语音对应关系和共时语音变化的区别，可以看出，复合元音的产生及发展与双音节、单音节的演变密不可分。传统上认为复合语言的产生有辅音声母产生前滑音、辅音韵尾产生后滑音、单元音裂变、发声态的影响、双音节合并等几种途径。这几种途径可以归纳为单音节内部的声母辅音—单元音韵核—辅音韵尾的变化及双音节之间的变化两种类型。

在研究方法上，我们吸收 Andersen 的观点，既采用历史语言学的历史比较方法，在语音对应关系中寻找复合元音产生的规律，又重视共时的语音变化，在语音变异中寻找语音突变的萌芽。

3.1　复合元音与辅音之间的转化

复辅音的后置辅音及辅音韵尾可以演变为前滑音或者后滑音，前滑音和后滑音与主元音组合构成复合元音。反之，复合元音的核音或者滑音又可以演变成辅音。复合元音与音节内部的辅音之间可以互转。

3.1.1　复辅音声母的影响

复辅音声母的前置辅音与后置辅音的变化会直接造成前滑音（介音）的产生。孙宏开（2001b：5）的研究显示，在一个音节里，复辅音的后置流音[-l]、[-r]演变成半元音[-j-]、[-w-]，然后[-j-]、[-w-]继续发展，逐渐向前滑音（介音）[-i]、[-u]靠拢，即-l、-r>j-、w-，j-、w->i-、u-。他认为音位系统里类似[-j-]、[-w-]这样的腭化和圆唇化声母就是介音，只是音位处理的一种变通形式，是为了增加几个复辅音声母从而减少大量的复元音韵母而把它们划到声母部分，这两类音与介音的性质是一致的。

这种情况在藏缅语群、侗台语群和苗瑶语群里都会出现。我们首先观察藏缅语言的一组例词，如表 3-1 所示：

表 3-1　缅文复辅音后置辅音-r>缅语仰光话-j

例词	缅文	缅语仰光话
马	mraŋ³	mjĩ⁵³
高梁	hnam²sa³prɔŋ³	ŋã²²sc⁵⁵ɹjɯ̃⁵⁵
花生	mre²pai³	mje²²pe⁵
灰	pra²	pja²²
修理	praŋ²	ɹjĩ²²
教	thaŋ²pra¹	tɕĩ²²pja⁻³
改	praŋ²	ɹjĩ²²
梳	phri³	pʰɹji⁵⁵
解	phre²	pʰje²²

缅文的复辅音声母[-mr-]变成现代缅语仰光话的单辅音声母[-mj-]，[-pr-]变成[-pj-]。其中复辅音后置辅音[-r]演变成半元音[-j]，[-j]的实际音值比较接近于[-i]，与后面的核音组合成复合元音韵母，如例词"花生"的[-je]，例词"灰"的[-jɑ]，例词"梳"的[-ji]。

孙宏开列举出一组羌语方言复辅音后置辅音[-l]变成[-u]的例词，如表 3-2 所示①。羌语北部方言比较古老，保留的复辅音声母比较多，在南部方言里这些复辅音声母变成了单辅音声母，其中复辅音后置辅音[-l]变成元音[-u]，[-u]与后面的核音组合成了复元音韵母。

表 3-2　羌语方言复辅音后置辅音-l > -u

例词	北部方言		南部方言	
	羌语麻窝话	羌语芦花话	羌语桃坪话	羌语增头话
小麦	ʁlə	ʁlə	ʁuə^{31}（bzj^{33}）	ʁuə^{33}
迟，慢	ʁlɑ	ʁləʁlɑ	ʁue^{33}	ʁue^{33}
他们	（tha）χlɑ	（thə）χlo	（tha^{55}）χua^{55}	（tha^{55}）χua^{55}
老鹰	χlu	χlo	χua^{33}	χua^{55}
白天	（stiɑ）χlu	（stiɑ）χlɑ	（nə^{31}）χua^{55}	（hnə^{55}）χua^{55}

在侗台语群里，复辅音的后置辅音[pl-]变成[pj-]的情况也很普遍，如表 3-3 所示：

表 3-3　侗台语群复辅音 pl > pj/pl > kj

例词	傣语倮拉	泰语曼谷	壮语龙州	壮语武鸣	壮语柳江	布依语
鱼	pja^{1}	pla^{2}	pja^{1}	pla^{1}	pja^{1}	pja^{1}
敞开	pjoŋ^{5}	—	—	plaŋ^{5}	—	—
额头	phja:ɯ^{5}	pha:k^{9}	phja:k^{7}	pla:k^{9}	pja:k^{7}	pja^{5}
翻	—	—	—	plo:n^{3}	pjo:n^{3}	pin^{3}
桶箍	—	plɔk^{9}	—	kjo:k^{9}	kjo:k^{8}	—

表 3-3 这组例词出自梁敏和张均如的《侗台语族概论》，他们为这几个例词构拟的原始语声母是*pl-，复辅音声母的后置辅音[-l]逐渐演变成半元音[-j]，[-j]

---

① 语料出自孙宏开. 2001. 原始汉藏语中的介音问题——关于原始汉藏语音节结构构拟的理论思考之三. 民族语文，(6): 8.

与后面的核音组合。例如，例词"鱼"在泰语曼谷话里是 pla²，在壮语武鸣话里是 pla¹，在傣语傣拉话、柳江话和布依语里都变成 pja¹。个别的例词 例如"桶箍"的基本辅音也发生了变化，pl>kj，然后[-j]与后面的核音[-o:]又组合成了[jo:]。但是，梁敏和张均如两位先生认为这种组合里的[-j]仍然保留着辅音音质特征，所以能不能跟后面的主要元音构成复合元音还有待商榷。

在侗台语群里，还有复辅音声母[pɣ-]、单辅音声母[ɣ-]、单辅音声母[r-]，它们与[j-]之间也存在着转化关系。观察表 3-4 中的三个例词"额头""雷""孵"。

表 3-4　侗台语群 r>ɣ>j

例词	侗南方言	侗北方言	仫佬语	水语	毛南语	佯黄语	锦语	莫语
二	ja²	ja²	ɣa²	ɣa²	ja¹	ra²	ja¹	za¹
长	ja:i³	jai³	ʔɣa:i³	ʔɣa:³	ja:i³	ra:i³	ja:i³	ja:i³
呻吟	ja:ŋ	jaŋ	ʔɣa:ŋ	—	ʔjaɯ	ra:ŋ	ɗa:ŋ	ɗa:ŋ
额头	pja:k⁹	tja³	pɣa:k⁷	pja:k⁷	pja:k⁷	pwa:k⁹	pja:kʔ	ȶja:k⁹
雷	pja³	tja³	pɣa³	ʔna³	—	—	pja³	ɔja³
孵	pjam¹	—	pɣam¹	pjam¹	pjam¹	pwam¹	—	—

在仫佬语里这三个例词都有复辅音声母[pɣ-]，[pɣ-]与其他亲属语言里的[pj-]对应。再观察"二""长""呻吟"三个例词，在仫佬语里这三个例词都有单辅音声母[ɣ-]，[ɣ-]与其他亲属语言的[r-]和[j-]相对应。我们认为，[ɣ]无论是作为单辅音声母还是复辅音后置辅音，与[-r-]和[-j-]都存在某种变化关系，齿龈颤音[-r-]的发音部位向后移动，会弱化成软腭部位的[-ɣ-]，[-ɣ-]再继续向半元音[-j-]发展，整个变化过程是 r>ɣ>j。

在苗瑶语群里，[pl-]变成[pj-]的情况在带有复辅音声母的例词中也可以见到，如表 3-5 所示：

表 3-5　苗瑶语群复辅音（[bl]）pl>pj

例词	勉语罗香	勉语长坪	勉语樑子	勉语览金	勉语东山	勉语三江
蝴蝶	bjɐu⁵⁵	bjəu⁵⁵	blou²¹	blou³¹	bja⁴²	bjɔu⁴⁴
编	bin²¹³	bin¹²¹	bin³²	bin²¹	—	bjen²¹
五	pʲa³³	pla³³	pja³⁵	pja³⁵	pla³⁵	pla³³
棍子	pʲa⁵³	pla⁵³	pja⁵⁴⁵	pja⁵³	—	—
鱼	bjau²¹³	blau¹²¹	bjau³²	bjau²¹	bla⁴²	plɔu²¹
竹笋	bʲe¹¹	blai²²	bjei²²	bjai⁴³	blai⁴²	blɛi⁴²

观察苗瑶语群复辅音（[bl-]）[pl-]的演变情况。以"蝴蝶"为例，在勉语櫈子话和勉语览金话里都是复辅音声母[bl-]，在勉语罗香话、勉语长坪话、勉语东山话和勉语三江话里[bl-]变成[bj-]，后置辅音[-l]变成半元音[-j]，半元音[-j]与核音组合构成复合元音[je]、[jə]、[ja]、[jɔ]。

关于复辅音前置辅音的变化对前滑音（介音）产生的影响，根据王双成（2005：51-53）的报告，在藏语安多方言牧区话里产生出一个[-u]介音，这个[-u]介音是受复辅音声母前置辅音的影响产生的。例如，brkos（挖）这个词在藏语安多方言牧区话中如果没有前置辅音[b-]，读音为 ʂki；如果有前置辅音[b-]，读音则为 ɕʂui。bgos（分配）中如果没有前置辅音[b-]，读音为 ki；如果有前置辅音[b-]，读音则为 wkui。

王双成也举出一组例词来说明藏语安多方言受前置辅音的影响而产生了[-u]介音，我们从他所举的例词中选出五个藏文复辅音前置辅音是[b-]的例词，观察这五个例词在藏语安多方言牧区话里的演变情况，如表 3-6 所示（王双成，2005：51）。

表 3-6　藏语安多方言牧区话介音[-u]的来源

例词	藏文	玛曲	同德	泽库	兴海
闪光	bkra	tʂua	tʂua	tʂua	tʂua
命令	bkafi	kua	kua	kua	kua
逃	bros	tʂu	tʂu	tʂui	tʂui
写	bris	tʂui	tʂui	tʂui	tʂui
挖	brkos	ɕʂku	ɕʂkui	ɕʂkui	ɕʂkui

在表 3-6 中，前置辅音[b-]在五组例词中发生了三种变化：①脱落。例如，例词"命令"在藏文中是 bkafi，在其他四种方言中都脱落了。②与后置辅音[-r]合并成卷舌塞擦音[tʂ-]。例如，例词"闪光""逃""写"的变化情况。③弱化变成双唇擦音[ɸ-]，例如，例词"挖"的变化情况。前置辅音[b-]发生这三种变化，都会影响复辅音后置辅音与核音之间产生出一个介音[-u]来，[-u]与核音组合成复合元音[ua]、[ui]。

3.1.2　辅音韵尾的影响

在汉藏语群的某些语言或方言里，某些辅音韵尾可以演变成元音韵尾，元音韵尾再与音节中的核音组合构成复合元音。

塞音韵尾[-k]可以变成元音韵尾[-u]和[-i]，如表3-7所示：

表3-7 藏缅语群亲属语言塞音韵尾的变化 k>u/k>i

例词	浪速语	阿昌语	载瓦语
天	muk⁵⁵	mau³¹	mɑu²¹khuŋ⁵
烟	mⱼi³⁵khuk⁵⁵	ni³¹xɑu³¹	mⱼi⁵¹khɑu²¹
里面	a³¹khuk³¹	a³¹xau⁵⁵	ɪ²¹ɬɑu⁵¹ma⁵⁵
毛	ʃɔ³⁵muk⁵⁵	a³¹mui³¹	sɔ⁵¹mau⁵⁵
高粱	lak³¹ʃi³⁵	kau³¹liaŋ⁵⁵	luŋ²¹ʃi²¹
手指	lɔʔ³¹ŋjuk⁵⁵	lɔʔ⁵⁵ŋau³¹	lcʔ⁵¹ŋjui²¹
乳房	nuk⁵⁵	nau³⁵tʂu³⁵	ɳɑu⁵⁵
扎	thuk⁵⁵	toi³¹	tɔau²¹
染	tshuk⁵⁵	tʂhau³¹	tʂhau²¹
塞	tshuk⁵⁵	ɳen⁵⁵	tʂhau⁵⁵

在藏缅语群浪速语里，韵母都是元音后带塞音韵尾[-k]，在亲属语言阿昌语和载瓦语里，塞音韵尾[-k]多可以演变成元音韵尾[-u]，少数还有变成[-i]的情况。塞音韵尾[-k]演变成元音韵尾[-u]以后，与前面的核音[-u]合并成长元音[-uː]，长元音[-uː]继续裂变变成复合元音[-au]。元音韵尾[-i]与前面的核音[-u]组合构成复合元音[-ui]，如"毛"的变化情况；或者核音[-u]继续下移到[-ɔ]，然后再与元音韵尾[-i]构成复合元音[-oi]，如"扎"的变化情况。

塞音韵尾[-k]、[-p]可以演变成元音韵尾[-i]或者造成元音带上紧元音特征。我们再观察一组浪速语和载瓦语的例词（表3-8）：

表3-8 藏缅语群亲属语言塞音韵尾的变化 k>i/p>i

例词	浪速语	载瓦语
吞	mjuk³¹	ɳji⁵¹
咽	mjuk³¹	ɳji⁵¹
炼	ʃuk⁵⁵	ɔui⁵⁵
握	tsap⁵⁵	tsui⁵¹

在浪速语里，例词"吞""咽"的辅音韵尾是[-k]，在载瓦语里韵尾脱落影

响主元音变成紧元音[-i̢]，[-i̢]与前面的半元音结合构成复合元音[ji̢]。例词"炼"的辅音韵尾[-k]，在载瓦语里变成元音[-i]，[-i]与前面的核音[-u-]构成复合元音[ui]；例词"握"的辅音韵尾是塞音[-p]，在载瓦语里变成元音韵尾[-i]，[-i]与前面的核音[-u-]组合构成复合元音[-ui]。

塞音韵尾[-k]可以演变成元音韵尾[-ɯ]，如表3-9所示：

表3-9　侗台语群傣语方言塞音韵尾的变化 k>ɯ

例词	傣语版纳话	傣语德宏话	傣语傣拉话
插	pak⁷	pak⁷	pa:ɯ³
刀鞘	fak⁷	fɛk⁷	fa:ɯ³
寄、托	fa:k⁹	fa:k⁹	fa:ɯ⁵
盛饭	tak⁷	tɐk⁷	ta:ɯ³
胸脯	ək⁷	ok⁹	əɯ³
旱蚂蟥	ta:k⁸	ta:k⁸	ta:ɯ⁶
拉	la:k⁸	la:k⁸	la:ɯ⁶
根	ha:k⁸	hɛ:k⁸	ha:ɯ⁶
果子	ma:k⁹	ma:k⁹	ma:ɯ⁵
重	nak⁷	lak⁷	na:ɯ³
剁	fa:k⁸	fɛp⁸	fa:ɯ⁴
漆	hak⁸	hɛ:k⁸	ha:ɯ⁴

在表3-9中，这些例词在傣语版纳话和傣语德宏话多数是带韵尾[-k]的韵母[-ak]，在傣语傣拉话里变成带元音韵尾[-ɯ]的复合元音韵母[-a:ɯ]，同时元音变成长元音。

鼻音韵尾[-ŋ]可以演变成元音韵尾[-u]，如表3-10所示：

表3-10　苗瑶语群苗语方言鼻音韵尾的变化 ŋ>u

例词	苗语吉卫话	苗语先进话
打枪	paŋ⁴⁴	pau⁵⁵
洒水	mphoŋ⁴⁴	mphau³³
夜里	m̥haŋ⁵³	m̥au⁴⁴
细	mɑŋ³³	mau²¹
等候	taŋ³⁸	tau²¹
天冷	noŋ⁵³	nau⁴⁴

续表

例词	苗语吉卫话	苗语先进话
听见	n̥haŋ⁴⁴	ŋ̊au⁵³
忘记	noŋ⁴⁴	ŋ̊au⁵³
肥	taŋ⁴²	tau¹⁻
埋	ʎaŋ³³	lau²
放走	tɕaŋ⁵³	tʂau⁴¹
擦	ɕaŋ⁵³	ʂau⁴⁻
枕头	n̩tɕoŋ⁴⁴	n̩tɕau³⁻
穿针	tɕhaŋ³⁵	tɕʰau⁴³
村寨	zaŋ³³	z̩au²

在表 3-10 中，这些例词在苗语吉卫话里是带鼻音韵尾[-ŋ]的韵母[-aŋ]或者[-oŋ]，在苗语先进话里鼻音韵尾[-ŋ]变成元音韵尾[-u]，韵母[-aŋ]或者[-oŋ]变成复合元音[-au]或者[-ou]。

在藏缅语群中，缅文和缅语之间也有鼻音韵尾[-ŋ]演变成元音韵尾[-u]或者[-i]的例词，如表 3-11 所示。

表 3-11 缅文鼻音韵尾的变化 ŋ > u/ŋ > i

例词	缅文	缅语仰光话
山坡	tɔŋ²soŋ³	tãu⁵²sãu⁵⁵
头	khoŋ³	khãu³⁵/ɕãu⁵⁵
鼻子	hnaa²khɔŋ³	ŋa²²khãu⁵⁵
腋	khjoŋ³	tɕʰãi³⁵
岩石	kjɔk⁴soŋ²	tɕau⁵⁴si̱²²
池塘	oŋ²	ãi²²

在表 3-11 中，缅文的例词"山坡""头""鼻子"的第二个音节鼻音韵尾[-ŋ]在当代缅语仰光话里都演变成了元音韵尾[-u]；缅文的"腋""岩石""池塘"在当代缅语仰光话中都演变成元音韵尾[-i]。元音韵尾[-u]和[-i]与音节中的核音[-ɑ-]构成复合元音[-ɑu]和[-ɑi]。

通过上述两节的讨论，我们发现在音节里复辅音前置辅音的变化或者后置辅音的影响是复合元音前滑音产生的语音条件，辅音韵尾的变化是复合元音后滑音产生的语音条件。这种演变形式从音理上来解释，可以理解为辅音在口腔里受到阻碍，摩擦性质减弱，而声带颤动的浊音性质在增强，流音[-l]、[-r]的摩擦最弱，发音时气流受到阻碍的程度最低，很接近半元音性质，因此容易变成[-j]和[-w]。从发音部位来看，塞音[-k]和鼻音[-ŋ]的发音部位在舌根部位，发音空间面积小，音势强，很容易唇化，进而变成元音[-u]或者[-ɯ]。

从传统意义上讲，由核音和后滑音组成的降复合元音（后滑复合元音）才是真正的复合元音，降复合元音比升复合元音的音延更长，使之更易认知，其后滑音的元音特征更强。相比之下，升复合元音（前滑复合元音）的滑音更易辅音化。Sievers[①]认为降复合元音是真复合元音，升复合元音是假复合元音（Miret 1998：29）。基于这种观点，我们也认为前滑复合元音的滑音[j-]、[w-]常常标记成半元音，在一定程度上也承担着辅音的特征。如果把这类介音划归辅音除了有音系平衡性的考虑之外，也有音理的证据，因此如果我们把前滑复合元音的前滑音处理为辅音介音的话，它就可以与后面的核音构成 CV 音节。但是后滑复合元音变成辅音 VC 音节属于一种弱化音变趋势，目前我们在汉藏语中还未找到例证。

3.2　单元音裂变构成复合元音

单元音裂变构成复合元音，是复合元音构成的主要原因。前面讨论的辅音声母和韵尾变化都是在一个音节里核音前后的音素变成滑音，然后单元音核音与滑音组合构成复合元音。在音节的辅音变化条件中，单元音自身和单元音的性质都没有发生任何变化。单元音裂变会导致单元音的性质发生改变，自身分裂并且生成新的滑音或者核音，同时，单元音的音质发生了至少一次变化。因此，单元音裂变在性质上与辅音变化不同。

汉藏语传统的研究方法比较重视音节中各组成部分之间的线性关系，而往往忽视了元音自身的属性在元音历史演变中所发挥的主动作用。我们认为元音自身的属性是决定元音发生裂变、产生复合元音的充分和必要条件。拉波夫的音系空间理论框架可以有力地证明元音的裂变是一个在自身属性的作用下，在周边空间与非周边空间之间通过性质转化而复元音化的音变过程。

---

① Sievers 的观点转引自 Miret, F. S. 1998. Some Reflections on the notion of diphthong. *Papers and Studies in Contrastive Linguistics*, (34): 27-51.

3.2.1　元音的长短性质与周边性

拉波夫（Labov，1994：172）依据元音的声学测量参数来定义元音空间三角形，把元音空间分成周边空间、非周边空间两个部分，最外围的语音空间是周边空间 [＋peripheral]，平行的靠近中间的一圈是非周边空间 [-peripheral]，剩下的部分我们把它叫作中心区域。元音的周边与非周边空间轨迹如图 3-3 所示（Labov，1994：172）。

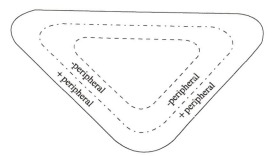

图 3-3　元音的周边与非周边空间轨迹

元音的周边性与非周边性是由元音的语音性质来决定的，在元音的各种语音性质中，长短属性是最重要的决定条件，它决定了元音在空间里的周边性质及移动方向。拉波夫规定长元音沿着周边空间上移，短元音沿着非周边空间下移，长元音的音延长，发音稳定段长，振幅大，发音时生理紧张度高，音响强，音色稳定，完全饱满，长元音选择在空间的外围向高处移动；短元音的音延短，发音稳定段短，振幅小，发音时比较松弛，音响弱，音色不稳定，没有完全达到预期的目标值，只是一种向目标值发展的趋向，短元音选择向中心移动。拉波夫认为长元音选择超越目标值，短元音选择低于目标值。

单元音裂变需要足够的时长。复合元音有一个动程，过短的时长不能提供产生滑音的语音环境，短元音不易裂化（李龙，2007：67）。长元音是元音裂变成复合元音的前提条件。长元音的时长由起始段、稳定段、结束段三部分组成，稳定段表现元音音质的核音。长元音裂变的性质是音质发生了改变，核音分裂出一个滑音来，这个时候表现核音的稳定段开始同时分化成三个部分：第一稳定段（核音）、转换段（音渡）、第二稳定段（滑音）。长元音裂变时长从开始到结束分化成五个组成部分：开始段、第一稳定段、转换段、第二稳定段、结束段。在表现核音的第一稳定段和表现滑音的第二稳定段之间有一次音质发生变化的转换阶段，每一个阶段都占据一定的时长。我们以缅语为例，观察单元音与复合元音各个阶段时长的不同（表3-12）（江荻，2002b：27）。

表3-12　缅语单元音和复元音时长分段比较（单位：毫秒）

韵母	元音时长段					总时长
	前流音	稳定段（1）	转换段	稳定段（2）	后流音	
e²²	48	96	—	—	50	194
e⁵⁵	57	120	—	—	52	229
e⁵³	36	91	—	—	41	168
ẽ = eĩ²²	3	53	78	45	0	179
ẽ = eĩ⁵⁵	7	45	91	55	5	203
ẽ = eĩ⁵³	0	43	65	41	0	149
eʔ = eiʔ	0	38	60	38	0	136
o²²	57	106	—	—	50	213
o⁵⁵	66	116	—	—	59	241
o⁵³	47	87	—	—	40	174
õ = oũ²²	0	48	56	52	6	162
õ = oũ⁵⁵	0	62	51	84	11	208
õ = oũ⁵³	5	44	55	41	3	148
oʔ = ouʔ	0	42	67	33	4	146

　　观察表3-12的数据，ẽ的实际音值是 eĩ，eʔ的实际音值是 eiʔ，õ的实际音值是 oũ，oʔ的实际音值是 ouʔ。数据显示单元音的总时长最长，复合元音总时长比单元音短，平均相差40毫秒左右。在内部组成上，复合元音的稳定段比单元音长，平均相差在60毫秒左右，而起始段和结束段的时长却比单元音短很多，甚至有一些为0，这是因为长元音发生裂变的时候，稳定段同时分裂成三个部分，增加时长才能保证稳定段具有足够裂变的语音环境，但是语音的系统性使得稳定段不能突然增加时长，它需要保证裂变之后的复合元音总时长不发生过大的变动，以此维护整个系统的平衡，因此就需要在长元音的内部作一些调整，减少开始段和结束段的时长来增加稳定段的时长。

在稳定段的内部，转换段的时长普遍比前后两个稳定段的时长长一些，这清楚地显示了该音在裂变过程中由一个音质向另一个音质过渡的过程，这个过程不是转瞬完成的，而是需要占用较长的时间。表现核音的第一稳定段与表现滑音的第二稳定段的时长相差不多，有时第二稳定段时长甚至超过了第一稳定段的时长。

元音的周边性与非周边性与元音的长短之间存在着对应关系，他们共同决定了元音在空间里移动的方向。周边性元音的音长稳定段长，在语音空间里高化上移，上移到高元音的空间部位继续高化，就会裂变成复合元音；非周边元音的音长稳定段短，在语音空间里低化下移。单元音长元音裂变成复合元音之后，核音的音长变短，稳定段分裂，其中一部分被分裂成的滑音所占据，原来的单元音核音从周边空间向非周边空间转移，它由周边性元音转化成非周边性元音，单元音也随之分裂成复合元音。江荻（2002b：25）认为，高位长元音通过音核周边性与非周边性属性的转变而演化成复合元音。

3.2.2　单元音裂变类型及裂变原因

元音唇形的圆展与长短特性也存在着对应关系，在一定程度上对元音的周边性质也具有决定作用。同样一个元音，长元音比较圆唇，短元音比较展唇（马学良和罗季光，1962：197）。例如，i:和i比较，i:的圆唇度比i要高；元音的高低和唇的圆展也有密切关系，高元音双唇间隙度小，唇前伸，唇突度比较大，比较圆唇；低元音双唇间隙度大，唇后缩，唇突度减小，比较展唇，如 i、y、u、ɯ 的圆唇度比 e、ø、ɤ、o 要高。从长元音、圆唇和高元音的对应关系进行推理，高元音比低元音更加圆唇、更长、具有更强的周边性质，趋向于在周边空间里高化裂变，变成复合元音。我们观察表 3-13 中几组藏缅语群、侗台语群和苗瑶语群亲属语言之间的语音对应关系，看高元音 i 和 u 裂变成复合元音的情况。

表 3-13　藏缅语群彝语方言中 i 的裂变 i＞ie

例词	喜德话	大方话	南涧话	南华话	弥勒话	墨江话
云	mɿ(u)^{33}ti^{33}	tɛe^{33}	ɑ^{55}mɿṳ^{21}ti^{55}	ti^{33}	tɛ^{33}	te^{55}
猫	ɛ^{44}ne^{33}	a^{33}mie^{55}	ɑ^{55}ɲi^{55}	o^{55}mi^{55}	me^{55}ɳe^{33}	ʌ^{55}ɳɛ^{33}
房屋	z̩^{33}ka^{33}	hie^{21}	hi^{55}	hɛ^{33}	lɯ^{55}xe^{33}	xɛ^{21}
名字	mi33	mie^{33}	mĩ^{21}tsɿ^{55}	mi^{55}	me^{33}	mɛ^{55}

表 3-13 显示出藏缅语群彝语的六种方言中高元音 i 裂变构成 ie 的情况。表 3-13 中有四个例词，观察每个例词在六种方言中的变化，我们发现彝语喜德话、南涧话、南华话、弥勒话和墨江话四个例词词根的核音都是单元音[-i-]或[-ε-]、[-e-]、[-a-]，在大方话里，单元音裂变成复合元音[-ie-]。表 3-12 中缅语的数据显示，单元音的时长最长，拉波夫的第一条链移原则规定长元音在周边空间里高化上移：[-a-]首先高化移动到[-ε-]的位置，推动[-ε-]移动到[-e-]的位置，[-ε-]又推动[-e-]移动到[-i-]的位置，[-i-]继续高化，裂变成复合元音[-ie-]，产生一个后核音[-e]，从而完成一个推链的过程，这个推链及裂变过程可以写成 a>ε>e>i>ie。例如，"房屋"在彝语喜德话里读成 $zi^{33}ka^{33}$，在南华话和弥勒话里变成 he^{33} 和 $lw^{55}xe^{33}$，然后在墨江话里变成 xe^{21}，又在南涧话里变成 hi^{55}，在大方话里变成 hie^{21}。

表 3-14 显示出侗台语群的傣语、壮语、临高语、锦语和莫语等亲属语言中高元音 i 裂变成 ai 的情况。在各种亲属语言里，核音[-i-]和声母之间首先产生一个过渡音[-ə-]。例如，临高语、锦语和莫语里的变化情况，这个过渡音[-ə-]在刚产生的时候有混元音的性质，音质模糊，音长短，音强弱。随着语音演化时间的推移，过渡音[-ə-]的语音特征越来越明显，音长变长，音强增强，音质清晰，它的周边性质也在增强，从语音空间的中心区域慢慢向周边区域发展，最后变成具有非周边性质的[-e-]，至此，[-i-]裂化变成[-əi]，[-əi]又发展成[-ei]，如壮语邕宁话的变化情况。拉波夫第二条链移原则的副则规定：后滑复合元音的核音在非周边空间下移。依据这条副则，[-ei]的核音[-e-]继续下移到[-a-]的空间位置上，[-ei]变成[-ai]，如壮语武鸣话的变化情况。这个裂变及移动的变化过程可以写成 i>əi>ei>ai。例如，"火"这个词，在壮语柳江话里读成 fi^2，在临高语、锦语和莫语里变成 $vəi^2$、$vəi^1$，在壮语邕宁话里变成 fei^2，最后在傣语版纳话和壮语龙州话里变成 fai^2。

表 3-14　侗台语群亲属语言中 i 的裂变 i>ai

例词	傣语版纳	壮语龙州	壮语邕宁	壮语武鸣	壮语柳江	临高语	锦语	莫语
蜻蜓	bi^3	fi^4	pei^6	pai^6	pi^6	$dəi^3$	$pəi^6$	$pəi^6$
肥	—	pi^2	pei^2	pi^2	pi^2	fui^2	$vəi^2$	$vəi^2$
火	fai^2	fai^2	fei^2	fai^2	fi^2	$vəi^2$	$vəi^1$	$vəi^1$
扇子	vi^2	vi^2	pei^2	pai^2	pi^2	$fɔi^2$	$pəi^2$	$pəi^2$
哥	pi^6	pi^6	pei^4	pai^4	pi^5	$bɔi^3$	$va{:}i^4$	$va{:}i^4$

续表

例词	傣语版纳	壮语龙州	壮语邕宁	壮语武鸣	壮语柳江	临高语	锦语	莫语
这	n³	nai²	nei³	nai³	ni⁴	nɔi⁴	na:i⁵	na:i⁶
锅底烟	mi³	mi³	mei³	mi³	m³	—	mei³	mei³
密	thi⁵	thi⁵	tei⁶	tai⁶	ti⁵	—	tɕei⁶	—
好	di¹	dai¹	nei¹	dai¹	di¹	mai²	da:i²	ʔda:i⁶

[-əi]的另外一条变化路线是向元音空间的后部发展，变成[oi]。这个裂变及移动的变化过程可以写成 i>əi>oi。例如，"肥"在壮语龙州话、壮语武鸣话、壮语柳江话里都读成 pi²，在锦语和莫语里变成 vəi²，在临高语里变成 fui²；又如，"扇子"在傣语版纳话和壮语龙州话里都是 vi²，在锦语和莫语里变成 pəi²，在临高语里又变成 foi²，我们认为从[-ie]变成[-oi]经历了一个变成[-ui]的阶段，即 ie>ui>oi。

在表 3-15 里，i>ui 这个变化过程看得很清楚，[-ui]的核音又继续下移，移到[-oi]的位置，即 i>ui>oi。例如，"熊"在水语里是ʔmi¹，在锦语和莫语里变成 mui¹，在毛南语里又变成 moi¹。

表3-15　侗台语群亲属语言中高元音 i 的裂变 i>ui

例词	侗南方言	侗北方言	仫佬语	水语	毛南语	锦语	莫语
下饭	lu¹	li¹	lui¹	dui¹	di¹	lui	ʔdui⁶
熊	me¹	—	—	ʔmi¹	moi¹	mui¹	mui¹
冰、雪	nu¹	ni¹	nui¹	ʔui¹	—	nui	rui⁶
虫子	nu²	ni²	—	nui²	—	nui²	rui²
痕迹	hu³	hi⁶	—	ɣui²	—	jui¹	zui¹
打铁	—	ti²	—	tui²	ti²	tui²	t.ui²

在上述几组例词里，单元音[i]在音节里占据核音的地位，当[i]发生裂变的时候，它的核音性质也随之而变化。过渡音[-ə-]一产生就会与[i]处于一种竞争的状态，随着[-ə-]的音质逐渐增强，它的周边性也逐渐增强，而在我们建立的核音连续体里，[i]处于后面的位置上[1]，它的响度低，F1 值小，核音性质弱，具有滑

---

[1] 参见第 1 章复合元音的基本原理 4：复合元音的分类。我们在这一节建立了一个元音核音连续体：/a/>/e/>/ɔ/>/i/>/u/。越靠近这个连续体前面的元音，成为复合元音的核音的比例越高；越靠近这个连续体后面的元音，成为复合元音滑音的比例越高。

音的性质，当[-ə-]发展成[-e-]的时候，它的核音性质渐渐凸显，当发展到[-a-]的时候，[-a-]完全占据了核音的地位，[-i-]则退居到滑音的位置上。因此，单元音 i 裂变构成[əi]的时候，是一个以[-i̯]作核音的有标记形式，进一步发展到[-ie]、[-ai]、[-ui]的时候，就从有标记形式发展成以[i-]作为前滑音或者后滑音的无标记形式。

关于高元音 u 的裂变情况，我们首先观察表 3-16 中侗台语群亲属语言之间的语音对应关系。

表 3-16　侗台语群亲属语言中高元音 u 的裂变 u＞uə

例词	泰语	老挝语	傣语版纳	傣语德宏	壮语龙州
打招呼	thuəŋ⁴	—	—	—	tu:ŋ⁴
蝌蚪	lu:k¹⁰	huək¹⁰	hok⁸	hok⁸	lu:k⁸
烫	ruək¹⁰	luək¹⁰	lok⁸	lok⁸	lu:k⁸
淹	thuəm³	thuəm³	thom³	—	thu:m³
豆子	thuə⁵	thuə⁵	tho⁵	tho⁵	thu⁵
藕	buə²	buə¹	bo¹	mo⁶	—
胡须	nuət⁹	nuət⁹	min¹	men¹	—

表 3-16 显示，高元音 u 在裂变的时候产生了两种变化：一种变化是高元音 u 的后面产生一个混元音[-ə]。例如，"豆子"在版纳话和德宏话里读成 tho⁵，长元音 o 在周边空间里高化链移，到了傣语傣拉话和壮语龙州话里就变成了 thu⁵，高元音 u 继续高化裂变，在泰语就和老挝语里变成了 thuə⁵。另外一种变化是在长元音 u:与塞音韵尾-k 或者鼻音韵尾-m 之间产生一个过渡音[-ə-]，这种情况在"打招呼""蝌蚪""烫""淹"四个词里看得比较明显。在壮语龙州话里这四个词都是长元音带辅音韵尾的韵母形式：tu:ŋ⁴、lu:k⁸、lu:k⁸、thu:m³。在泰语和老挝语里，长元音与韵尾之间产生过渡音[ə]，"打招呼"在泰语里变成 thuəŋ⁴，"蝌蚪"在老挝语里变成 huək¹⁰，"烫"在泰语里变成 ruək¹⁰，"淹"在老挝语里变成 thuəm³。

长元音和辅音韵尾之间产生过渡音的现象在语音变异中常常见到，我们的复合元音数据库里有关各个语言或者方言的音系说明，在这些音系说明中出现了许多单元音变异情况。例如，汉语群的长治方言音系里，[uŋ]与零声母拼时，主要元音与鼻音韵尾之间有过渡音[ə]，即 uŋ 变成 uəŋ，获嘉方言音系里 uĩ，主要元音[u]和韵尾[ʔ]之间会产生过渡音[ə]，即 uʔ变成uə。藏缅语群浪速语音系里 ɔk、ɔk 的实际读音为[ɔuk]、[ɔuk]，即元音之后韵尾之前有过渡 u。例如，ŋɔk³¹，"傻"实际读成 ŋɔuk³¹；kɔk⁵⁵，"叩"实际读成 kɔuk⁵⁵。

　　高元音是长元音时，它的后面产生过渡音是由于高元音在发音的时候，短元音的音质不完全，没有达到音质目标值就结束了，长元音的稳定段长，音质完全，当达到音质目标值的时候，它的舌位处于最高的程度，舌面与上腭的间隙度最小，而发音时舌头最自然的状态是中央部位，最省力的是央元音的部位。因此，发高元音时比较费力，高元音发完之后，就有一种向自然状态回归的趋势。如果这时候声带继续颤动，就会在长元音的后面产生出一个类似央元音[ə]或者[ɐ]的过渡音来，长元音开始了裂变过程。

　　类似这种过渡音现象应该引起我们的重视，它往往显示出长元音裂变的起变阶段的变化情况。这种过渡音既可以出现在长元音与后面的韵尾之间，也可以出现在长元音与前面的辅音声母之间。在长元音裂变的起变阶段，在长元音的前面或者后面产生一个央元音[ə]或者[ɐ]，这两个央元音音质很弱，代表了高元音开始裂变的萌芽状态。这个时候的[-i-]和[-u-]都是核音，音质强而清晰，[ə]或者[ɐ]音质模糊，[-iə-]和[-uə-]或者[-əi-]和[-əu-]可以标记成[-iᵊ-]和[-uᵊ-]或者[-ᵊi-]和[-ᵊu-]，都是有标记的复合元音形式。我们观察表 3-17、表 3-18、表 3-19、表 3-20 里侗台语群、藏缅语群、苗瑶语群亲属语言之间的语音对应关系，可以很清楚地看到以高元音[-u-]作核音的有标记复合元音形式。

表 3-17　侗台语群亲属语言中高元音 u 的裂变 u＞au

例词	侗南方言	侗北方言	仫佬语	水语	锦语	莫语
肿	pu¹	po⁵	—	pu¹	pəu¹	pəɯ⁶
黄蜂	laːu¹	lau¹	lu¹	lu¹	—	ləɯ¹
猪	ŋu⁵	mu⁵	m̥u⁵	m̥u⁵	m̥əu⁵	m̥əɯ⁵
头	kaːu³	kau³	kɣo³	ku³	ʈau³	ʈaɯ³
父亲	pu⁴	ɣu⁴	pu⁴	pu⁴	pəu⁴	pəɯ⁴
双	ʈɯ⁶	ʈəu⁶	tsau⁶	tsau⁶	sau⁶	saɯ⁶
粪	maːu²	mau⁶	mu²	maːu²	məu²	maɯ²

表 3-18　藏缅语群亲属语言中高元音 u 的裂变 u>au

例词	载瓦语	浪速语
洗澡	kuŋ⁵¹tu²¹tʃhi²¹	kauŋ³¹tʃhik⁵⁵
胳膊	lɔʔ²¹pu⁵⁵	lɔ³¹pau⁵⁵
脊背	nuŋ⁵¹kuŋ⁵¹	kauŋ³¹tɔ̃⁵⁵
放牧	tsuŋ⁵⁵	tsauŋ⁵⁵
卖	uŋ²¹	auŋ³⁵
捉	tʃup⁵⁵	tauŋ³⁵
翅膀	tuŋ⁵¹	tauŋ³¹

表 3-19　侗台语群亲属语言中高元音 u 的裂变 u>iu

例词	侗南方言	侗北方言	仫佬语	水语	毛南语	佯黄语
拔刀	tu¹	—	—	ndju¹	ndju¹	—
稀	lu¹	liu¹	ləu¹	ɕu¹	lju¹	lu¹
绿色	su¹	hiu¹	həu¹	ɕu¹	ju¹	su¹
狐狸	—	—	—	tju⁴	cu⁴	tsu⁴
牛虱	—	tau¹	—	tu¹	tu¹	tiu¹

表 3-20　苗瑶语群苗语方言中高元音 u 的裂变 u>ou

例词	苗语养蒿	苗语先进	苗语高坡	苗语宗地	苗语复员	苗语枫香
倒	lu³³	lou⁴³	lo²⁴	lɔ³²	ʔlu³¹	lou³³
公鸡	—	lou⁴⁴	lə¹³	lu⁴²	ʔlo⁵⁵	lou⁵³
斗笠	—	kou³³	kə⁴³	ku⁴⁴	ko³¹	—
弯	—	ŋkhou³³	—	ŋko¹³	ŋʔkha³¹	ŋkhou⁵³
獐子	—	ŋkou²¹	ŋko³¹	ŋko¹¹	ŋku⁵⁵	—
菜	ɣu³³	zou⁴³	zo²⁴	zɔ³²	ʔwju³¹	ɣou³³
喝	hə⁵³	hou³³	hə⁴³	fio¹³	ho³¹	hou⁵³
煮	hu⁴⁴	hou⁴⁴	ho⁴³	—	—	hou⁵⁵

在表 3-17 里，将侗南方言、侗北方言、仫佬语、水语、锦语和莫语六种亲属语言进行比较，我们以"黄蜂"为例，看[-u-]在各个亲属语言中的变化情况。在仫佬语和水语里，[-u-]是单元音形式，占据核音的地位；在莫语里，声母[-l-]与[-u-]之间产生过渡音[-ə-]，即 u>əu，此时的[-u-]依旧占据核音的地位，[-əu]

就是一个有标记复合元音形式。[-ə-]一产生就与[-u-]进入一种竞争状态，在我们建立的元音核音连续体里，[-u-]的滑音性质最强，核音性质最弱。因此，[-ə-]随着自身音质逐渐增强，变成了[-a-]，在侗南方言和侗北方言里，[-əu-]变成了[-au-]，[-a-]占据了核音的地位，[-u-]则退居到滑音的地位，此时的有标记前滑复合元音[-əu]变成了一个无标记后滑复合元音[-au]，这个裂变过程可以写成 ɹ > əu > au。在表 3-18 里，藏缅语群里载瓦语的单元音[-u-]在浪速语里发生了裂变，变成了后滑音[-au-]，这个[-au-]也是一个无标记形式。

　　在表 3-19 里，将侗南方言、侗北方言、仫佬语、水语、毛南语和佯僙语六种亲属语言进行比较，[-u-]在侗南方言里都是单元音形式，占据核音的地位。在仫佬语里，[-u-]发生了裂变，与声母之间产生了一个过渡音[-ə-]。例如，"稀"在仫佬语里裂变成 ləu¹，"绿色"在仫佬语里裂变成 həu¹，此时的[əu]是一种有标记前滑复合元音形式，之后[-ə-]的音质在逐渐增强，它的核音性质也同时增强，[-u-]渐渐退居到滑音的地位，在侗北方言和毛南语，水语和个别佯僙语里，[-əu-]变成了[-iu-]。例如，"稀"在侗北方言里变成 liu¹，在毛南语里变成 lju¹，"绿色"在侗北方言里变成 hiu¹，在毛南语里变成 ju¹。此时两个高元音组合，在我们的连续体里，[-i-]在[-u-]之前，前元音比后元音的 F1 值稍高一些，响度稍大一些。因此，我们把[-i-]作为核音，[-u-]作为滑音，[-iu-]是一个无标记后滑复合元音形式。

　　在表 3-20 里，将苗语的养蒿话、先进话、高坡话、宗地话、复员话和枫香话几种方言之间进行比较，我们以例词"倒"和"弯"为例，看高元音[-u]在这些方言中裂变构成[-ou]的情况。在苗语高坡话和苗语宗地话里，"倒"的单元音形式是[-oꞏ]，[-o]是一个长元音形式，长元音在周边空间高化上移到[-u-]的位置上。例如，苗语养蒿话和苗语复员话里，"倒"分别读成 lu³³和ʔlu³¹，[-o]推动[-u-]继续高化，裂变成后滑复合元音[-ou-]，产生了一个前核音[-o]。例如，在苗语先进话里，"倒"的词形是 lou⁴³，在苗语枫香话里，"倒"的词形是 lou³⁵，此时的[-ou-]是无标记后滑音形式。我们认为在裂变的起变阶段可以假设一个有标记形式*[-əu-]，[-u-]和声母之间先产生了一个过渡音[-ə-]，然后[-ə-]渐渐发展成核音[-o-]，[u]退到滑音的位置上，整个变化过程可以写成 o > u > əu > ou。同样的道理，例词"弯"在各种方言里的变化情况可以写成 a > o > əu > ou。

　　除了用语音对应方法来观察这种过渡音产生及有标记复合元音发展变化情况之外，我们还从复合元音数据库里梳理了各种语言或方言的音系说明中出现的语音变异情况，发现很多单元音在实际读音中产生了一个混元音过渡音，单元音发生了复合化变异。这种变异现象比较集中出现在侗台语群的壮语、黎语、苗瑶语群的勉语等语言的方言里。例如，侗台语群壮语音系里韵尾前的高元音 i:、u:、ɯ:在一些地区（桂西北和桂中，包括武鸣）在韵尾元音或辅音之前带有流音[-ə-]，高元音韵 i:、u:、ɯ:是主要元音，音值较强，它的过渡音 ə 较弱，一滑而过，开口度不到 a 的位置，即使到 a 的位置，这个过渡音也不是主要元音。黎语的保定话、中沙话、黑土话、元门话、通什话、堑对话、保城话和村语里都产生长高元音 i:、u:、ɯ:在韵尾之前增加过渡音[-ə-]的情况。例如，黎语保定话：thi:ŋ³，"裂开"，实际音值是[θi:ŋə]；mu:ŋ¹，"折叠"，实际音值是[muəŋ]。勉语梁子话：i:u、i:m、i:p、i:t 韵带有[-e-]流音。勉语甲江话、石口话：ɔm、ɔŋ、ɔk 的韵尾-m、-ŋ、-k 前带有流音[-ɐ-]，实际音值为[ɔɐm][ɔɐŋ][ɔɐk]。另外，侗台语群毛南语、莫语、佯黄语、茶洞语长 i:、长 u:带韵尾-ŋ、-k 时带有轻微的过渡音[-ə]，长调里的 o 韵在主要元音和韵尾之音往往带有流音[-ɐ-]。例如，莫语"镰刀"li:m²的实际音值是[liem³¹]，"呕吐"ʔok⁸的实际音值是[ʔɔɐk⁴²]。南亚语群的德昂语、布朗语和克蔑语里也有这种情况出现。例如，德昂语长元音 ɔ、ɛ、ʌ、u 后接ʔ时，可又读作 ɔat、ɛat、ʌat、ut，在元音和塞音韵尾之间产生一个过渡音[-ə-]。布朗语的韵母 oʔ、ɔŋ 中的元音 o/ɔ 后带有流音[-u-]，如 phoʔ²，"衣服"；qhoʔ²，"带（孩子）"；hɔŋ¹，"柱子"；plɔŋ¹，"茅草"，实际读为 phoᵘʔ²、qhoᵘʔ²、hɔᵘŋ¹、plɔᵘŋ¹。

　　从这些共时变异现象中我们可以看到单元音裂变的起变阶段在实际语言中存在的真实情况。马学良和罗季光（1962：198）认为，长元音带过渡音的现象需要特别注意，它在方言变异中起了很大的作用。这个伴随现象往往转化成主流，变为主要元音。因此，语言或方言中产生的变异情况尽管比较零散，但在某种程度上它显示出语言开始变化的萌芽，从这些共时的萌芽中恰恰能看到语音历时演变的源头，这应该引起我们的足够重视。

　　低元音 a 也可以发生裂变，变成前滑复元音 ia、ua 和后滑复合元音 ai，如表 3-21、表 3-22 和表 3-23 所示。

表 3-21　侗台语群亲属语言中低元音 a 的裂变 a>ia

例词	壮语龙州	壮语邕宁	壮语武鸣	壮语柳江	壮语布依	临高语	临高琼山
回来	ma²	m̄a¹	ma¹	ma¹	ma¹	mia²	nia²
田	na²	na²	na²	na²	na²	nia²	nia²
芝麻	ŋa²	ŋa²	ɣa²	hja²	za²	—	—
车	çe¹	tshi¹	çi¹	tsa¹	çie¹	sia¹	sia¹
茅草	ka²	ha²	ha²	ha²	fia²	tia²	tia²
匠人	—	tse:ŋ⁶	çiəŋ⁶	tsja:ŋ⁶	ça:ŋ⁶	—	—

表 3-22　苗瑶语群苗语方言低元音 a 的裂变 a>ua

例词	苗语吉卫	苗语先进
臼齿	pa³¹	pua⁴³
大腿	pa³⁵	pua⁴³
百	pa⁵³	pua⁴⁴
剖	pha⁵³	pʰua⁴⁴
坏	pa³³	pua²¹
猪	mpa⁵³	mpua⁴⁴
拍	ma³¹	mpua⁵¹

表 3-23　苗瑶语群苗语言低元音 a 的裂变 a>ai

例词	苗语石门	苗语宗地	苗语枫香	苗语七百弄	苗语瑶里
铺	pa³³	pa⁵⁵	pa⁵⁵	pai⁴¹	pai³²
百	pa³³	pa⁵⁵	pa⁵⁵	pai⁵⁵	pai³²
猪	mpa³³	mpa⁵⁵	mpa⁵⁵	mpai⁴⁵	mpai³²
糠	sa³³	sa³⁵	pha⁵⁵	phai⁴¹	phai³²
厚	ta⁵⁵	ta³²	ta³³	tai³³	tai⁴²
挟	tai¹¹	te⁴⁴	tɛ⁵³	ta³²	tja³²

　　在表 3-21 里，将壮语五种方言与临高语两种方言之间进行比较，例词"回来""田""芝麻""茅草"在壮语五种方言的词形中都带单元音[-a-]，在临高语的两种方言里，单元音[-a-]发生了裂变，变成了[-iɛ-]，与声母之间产生了前滑音[-i-]。在表 3-22 里，苗语吉卫话和苗语先进话之间进行比较，苗语吉卫话的单元

音[-a-]在苗语先进话里变成了复合元音[-ua-]，与声母之间产生了前滑音[-u-]。在表 3-23 里，苗语的石门方言、宗地方言和枫香方言里的各个例词都带有单元音[-a]，在七百弄和瑶里两种方言里，[-a]裂变成[-ai]，产生后滑音[-i]。

　　央元音[-ə-]的裂变情况比较少见，我们在羌语麻窝话和桃坪话两个方言中发现了央元音[-ə-]裂变成[-uə-]的情况。如表 3-24 所示，羌语北部方言里保留着单元音[-ə]，在羌语桃坪话里裂变成复合元音[uə]，在声母与[-ə]之间产生前滑音[-u]。

表 3-24　藏缅语群羌语方言央元音ə的裂变 ə＞uə

例词	羌语麻窝话	羌语桃坪话
沟	tsə guɪ	tsuə^{33}χu^{33}
地	zəp	zuə^{31}pə^{33}
牙齿	ʂə	suə^{55}
磨	sə	suə^{55}

3.2.3　松紧元音和鼻化元音的裂变

　　元音的松紧属性与长短属性之间存在着互补关系，有松紧属性的元音一般没有长短属性。例如，藏语拉萨话的语音系统里有整齐的长短元音对立：i:/i、e:/e、a:/a、o:/o，没有松紧元音对立；与拉萨话同属藏缅语群的哈尼语、景颇语、载瓦语里有整齐的松紧元音对立：i/i̠、u/u̠、e/e̠、a/a̠、o/o̠，没有长短元音对立。松紧属性是某些语言的重要特征，是这些语言元音周边性与非周边性的决定因素。

　　元音的松紧属性与长短属性在元音的历时演变过程中又能完整地统一起来，松紧对立往往演变为元音舌位高低的差别（孙宏开，1982：291），随着松紧对立的消失，紧元音有沿着周边元音上移的趋势，松元音有沿着非周边元音下移的趋势。拉波夫引入紧（tense）的范畴，不同于乔姆斯基从生理意义上规定的紧张程度，他依据声学证据把"紧"规定为几个抽象的特征集合体，紧元音靠近元音空间的边缘，音长更长，振幅更大，松元音趋于紧元音的内部。他在元音长短属性的基础上，进一步规定了松紧元音移动原则：紧元音沿着周边空间上移，松元音沿着非周边空间下移。Ladefoged 和 Maddieson（1995）研究证实紧元音在生理上舌根前伸，靠近元音空间的外侧，松元音的舌根后缩，靠近空间的中心区域。我们综合语言中出现的松紧元音的生理特性在音系学里的特征，确立紧元音具有周边元音的特性，松元音具有非周边元音特性。

表 3-25 显示了在南亚语群的佤语方言里单元音 o 变成紧元音复合元音 au 或者 au 的情况。

表 3-25　南亚语群佤语方言单元音裂变成紧复合元音 o＞au/o＞au

例词	马散话	细允话	岩城话	艾帅话	班洪话	完冷话
稻子	ŋɔʔ	goʔ55	ŋoʔ	ɔhoʔ	ɔhɐuʔ	noʔ
芋头	Krɔʔ	Kɤoʔ33	Krauʔ	Krɐuʔ	Krɐuʔ	qʁauʔ
舅父	Pɔʔ	Poʔ33	Pauʔ	Pɐuʔ	Pauʔ	Pauʔ
绳子	mɔʔ	mɔʔ55	mauʔ	mɐuʔ	mɐuʔ	mɐoʔ
后天	˜a kɔʔ	ko33khin33	ʔa kauʔ	si gauʔ	si kau	kjauʔ
挖	ɯmian	khumˡ	kauŋ	kɐuŋ	kɐuŋ	kuas
高	ʝoŋ	lcŋ55	ʝauŋ	lhɐuŋ	lhauŋ	lauŋ
孔雀	koŋ	koɐŋ33	kauŋ	kɐuŋ	kɐuŋ	kɐuŋ

在表 3-25 中，马散话、细允话的例词多为单元音[-ɔ]、[-o]，在艾帅话、班洪话和完冷话的个别例词里裂变成紧复合元音[-au]或者[-au]。相反，"稻子"在艾帅话里是紧元音[-o]，在班洪话里裂变成了非紧元音[-uɐ]。可见，一般单元音可以裂变成紧复合元音，紧元音也可以裂变成一般复合元音。紧元音特征是受韵尾的影响产生的，例词"芋头""舅父""绳子""后天"带喉塞音[-ʔ]，"挖""高""孔雀"带软腭鼻音[-ŋ]，单元音韵母[-ɔʔ]/[ʔɔʔ]、[-oʔ]/[-oŋ]在岩城话里裂变成[-auk]/[-auŋ]，韵尾[-k]和[-ŋ]发音时舌根肌肉紧张，这种语音特征会影响复合元音节上紧的特征，这种紧的特征往往是落在核音[-a-]上或者共同落在核音和滑音[-au]上，复合元音的核音承载紧元音特征。

鼻化单元音也会发生裂变。如表 3-26 所示，普米语桃巴话和普米语箐花话比较，桃巴话的鼻化单元音在箐花话里裂变成鼻化复合元音。例如，例词"树"在桃巴话里读作 sɛ̃35bõ35，在箐花话里读作 siɛ̃13sbõ55，鼻化单元音[-ɛ̃]裂变成鼻化复合元音[-iɛ̃]，产生前滑音[-i-]，同时它的鼻化特征保留在核音[-ɛ̃]上。例词"商店"在普米语桃巴话里读作 tshõ55khã55，在普米语箐花话里读作 tshiõ55stə55，[-õ]裂变成[-iõ]，产生前滑音[-i-]，同时它的鼻化特征保留在核音[-õ]上。

表 3-26　藏缅语群普米语方言鼻化元音裂变 ẽ>iẽ/õ>iõ/õ>iə/ũ>ãu/ã>ua

例词	普米语桃巴话	普米语箐花话
树	sẽ³⁵bõ³⁵	siẽ¹³sbõ⁵⁵
商店	tshõ⁵⁵khã⁵⁵	tshiõ⁵⁵stə⁵⁵
钱	nũ⁵⁵	ŋãu⁵⁵
药	m̩ĩ⁵⁵	m̩iẽ⁵⁵
睁开	thə³⁵tã⁵⁵	tə⁵⁵tʂua⁵⁵
闻	xə³⁵ŋ̩õ³⁵	xə¹³ŋiə⁵⁵
拿	də³⁵xĩ⁵³	də¹³skiẽ⁵⁵

　　鼻化元音的特征在于单元音裂变成鼻化复合元音后它的鼻化特征会发生转移，这种转移往往有三种情况：第一种情况是裂变后鼻化特征保留在原来的核音元音上。发生这种变化的条件是鼻化单元音不是高元音，不具有滑音特征，裂变之后在复合元音里依然作核音。例如，例词"树"，[ẽ]裂变成[iẽ]后，核音仍然是[ẽ]，鼻化特征保留在原来的单元音[ẽ]上（[ẽ]又低化变成了[ɛ̃]）。第二种情况是鼻化特征发生转移，由滑音转移到核音上。这种变化条件是鼻化单元音往往是高元音，在产生新的核音之后退到滑音的地位上。例如，例词中的"钱"，鼻化高元音[ũ]裂变成[ãu]后，产生新的前核音[ã]，[ũ]就退到滑音的地位上，同时鼻化特征也转移到新的核音[ã]上。第三种情况是鼻化单元音裂变成复合元音之后，鼻化特征消失。例如，例词"睁开"，鼻化单元音[ã]裂变成[ua]之后，鼻化特征消失了。由此可见，单元音和复合元音的核音往往是鼻化特征的承载单位。

3.3　音节的演化与复合元音的产生

3.3.1　双音节合并产生复合元音

　　双音节合并是构成真性复合元音的主要途径，关于藏语阿里方言和拉萨方言真性复合元音产生的原因，前期学者已经作了详细的阐述（江荻，1990，2002d；瞿霭堂和谭克让，1983）。瞿霭堂和谭克让（1983：45-46）研究了卫藏方言非鼻化复合元音/iu/、/ia/、/ea/、/oa/、/ua/、/ao/、/au/的产生过程：/iu/来自词根元音[ʔe]或[ʔi]与构词后缀[ɦu]的合并；/ia/、/ea/来自词根元音[ʔe]或[ʔi]与构词后缀[ba]

的合并；/ɔa/主要来自词根元音[ʔo]与构词后缀[ba]的合并；/ua/主要来自词根元音[ʔu]与构词后缀[ba]的合并；/ao/来自词根元音[ʔa]与构词后缀[bo]的合并；/au/来自词根元音[ʔa]与构词后缀[ɦu]的合并。江荻（2002d：194-195）讨论藏语各种方言的真性复合元音的时候，除了讨论音节合并是造成真性复合元音产生的内部成因之外，主要把真性复合元音语音性质的构成过程与外部社会系统状态关联起来，他认为真性复合元音是一种语言系统处于动态变化过程中产生的现象，是通过双音节相关音素在系统状态的交替变换过程中发生脱落、缀合产生的。

也有少量假性复合元音源自双音节合并。例如，藏缅语群彝语次语群的怒苏语，词尾 aɹ和助词 aↆ与高元音 i、u、ɯ 作主要元音的音节连接时会发生音节合并现象，同时声调发生改变。例如，kɹiↆ与 aɹ合并成 kɹiaↆ（"油漆"），siↆtsiↆ与 aɹ合并成 siↆtsiaↇ（"讨厌"），thuↆ与 aɹ合并成 thuaↆ（"密的"）　mɯↆ与 aɹ合并成 mɯaↇ（"天"）。

在藏语群的某些语言里，常常出现双音节合并构成单音节的情况，在合并的过程中，两个核音合并构成假性复合元音韵母。这种情况在门巴藏语中很常见，我们观察表 3-27 中门巴藏语双音节合并的现象。

表 3-27　门巴藏语双音节合并构成复合元音

例词	麻玛土语	达旺土语	文浪土语	邦金土语
秧子	tɕhɔu⁵³	tɕhau⁵³	dzaŋ³⁵ku⁵⁵	ɕzɛŋ³⁵ku⁵³
皮肤	phe⁵⁵khu⁵³	phe⁵⁵ku⁵³	phiu⁵⁵	ɸhi⁵⁵ku⁵³
刀	chau⁵³	chau⁵³	tɕhu⁵⁵bu⁵⁵	ɕhu⁵⁵pu⁵³
簸箕	tshɔu⁵³	tshau⁵³	tsha⁵⁵pu⁵⁵	ʂha⁵⁵pu⁵³
死	ɕi⁵⁵po⁵⁵	ɕi⁵⁵po⁵³	ɕiu⁵⁵	ɕiu⁵⁵
小	prɪu⁵³	priu⁵³	breu⁵⁵ɣu⁵⁵	ɔriu⁵³
硬	ʂa⁵⁵po⁵³	ʂa⁵⁵po⁵³	ʂau⁵⁵	ʂa⁵⁵po⁵³
便宜	che⁵⁵po⁵³	che⁵⁵po⁵³	kheu⁵⁵	ɕɬe⁵⁵po⁵³

表 3-27 显示，门巴藏语中的双音节发生了合并现象，第一个音节的韵尾和第二个音节的声母脱落，两个音节的核音合并构成复合元音作韵母。例词"秧子"、例词"刀"和例词"簸箕"在麻玛土语和达旺土语里的复合元音[-au]，例词"硬"在文浪土语的复合元音韵母[-au]，例词"皮肤"在文浪土语里的复合元音[-iu]，

例词"死"在文浪土语和邦金土语的复合元音韵母[-iu]，例词"小"在麻玛土语、文浪土语和邦金土语的复合元音韵母[-iu]，例词"便宜"在文浪土语里的复合元音韵母[-eu]都是通过这种变化方式构成的。

3.3.2　一个半音节与复合元音

Matisoff（1989：163）提出东南亚语言是"一个半音节"结构，他认为"一个半音节"是跨音位语音的减缩，是一种音位融合过程。在东南亚语言的复合词中，某个修饰性或者具有从属地位的音节在经历了语音简化过程后蜕变成中心语的前缀或者黏附词，这个前缀音节失去了重音和声调，变成了中心语前的小音节。在拉祜语中，动词后面的助动词很容易失去声母辅音，它的元音和声调就会与前面的中心语融合，从而产生出"一个半音节"结构。这种音位减缩过程需要经历三个历史发展阶段：第一个阶段是两个独立的音位复合；第二个阶段是两个独立的音位融合成一个半音节，但是保留着形位的界线；第三个阶段是进一步融合，形位的界线消失。

Michaud（2012：2）给出了"一个半音节"的音节结构：

$$C_p(V)-C_iV(C_f)/(T)$$

Michaud 认为单音节是能够支持一个词的基本结构的音系单位。在"一个半音节"内部，主要音节与单音节有同样的结构，包括辅音声母、主元音、辅音韵尾，而前面的次要音节没有重音，只包括有限的声母。Thomas（1992：206）认为"一个半音节"是重音转移到后面音节的结果，后面的音成为核心，非后音节的地位减弱，很容易与后面的音节发生音节融合。"一个半音节"处于单音节至双音节的中间的位置上。

"一个半音节"是双音节向单音节发展的过渡阶段。马提索夫（2015：11）总结了藏缅语音节结构类型之间相互联系的历史进程（图3-4）：

图3-4　音节结构历史演变的方向

　　从双音节复合词到一个半音节是汉藏语系极普遍的共时音韵程序（马提索夫，2015：10）。我们以景颇语为例，戴庆厦（2012：252）讨论过景颇语复合词前一个语素虚化的问题。他说，景颇语的复合词有一个其他亲属语言少有的特点。这就是有的复合词的前一语素，有一些变为弱化音节。弱化音节的声韵调特征，部分或全部发生音变，语义也随之虚化。变音和语义虚化使得复合词前一语素具有前缀的特点，反映了景颇语实语素向前缀方向演化的趋势。内容详见下面引文（戴庆厦，2012：252-253）：

ŋa³³"牛">wǎ［读wǔ⁵⁵］
wǎ⁵⁵khʒat³¹"生小牛的时间" wǎ⁵⁵kjip⁵⁵'瘦牛'
na³³"耳朵">lǎ⁵⁵［读lǎ⁵⁵］
lǎ⁵⁵kjo⁵¹"耳屎" lǎ³³pjiŋ³³"耳根"
mǎ³¹sin³¹"心脏">sǎ³¹［读sǎ³¹］
sǎ³¹kʒi³¹"胆" sǎ³¹te⁵⁵"肾脏"
wa⁵⁵"牙">wɛ̌⁵⁵［读wǔ⁵⁵］
wǎ⁵⁵tap⁵⁵"翘牙" wǎ⁵⁵kha³³"缺牙的人"

　　景颇语中有"半前缀"（戴庆厦，2012：260-261）。这类前缀处于实词和前缀之间，为半实半虚的语素。"半前缀"在双音节词中，有的来自前一个音节，有的来自后一个音节。有的半前缀的虚化程度很高，母语人在语感上已经感觉不到与原词的联系。例如，n⁵⁵lap⁵⁵"稻叶"、n⁵⁵phun⁵⁵"稻秆"、n³³li³³"谷种"、n⁵⁵tsit⁵⁵"青谷"、n⁵⁵ɔhʒo⁵¹"白谷"、n⁵⁵tat⁵⁵"春播"，这组词的前一个音节n⁵⁵都是由mam³³"稻子"虚化而来的。这个n⁵⁵已经处于半虚化的状态，正向着前缀的方向演变。

　　这些景颇语的复合词语素虚化和"半前缀"现象，从共时表现和历时发展及历史来源分析，都是一种"一个半音节"现象。

　　戴庆厦（2012：392）也在分析景颇语的韵律一节时，专节论述了"一个半音节"。他说："这种前强后弱的双音节词，又称'一个半音节'。其来源多种：有的由古代的复辅音声母的前一音节分立而成；有的由实语素虚化或半虚化而成；有的由单音节动词加表示使动态的前缀构成。……这种'一个半音节'的双音节词，实际读音是后一音节比一般的音节长，补足前一个半音节的不足。即一个半音节的总长度，与一般的双音节词相当。"

在景颇语复合词前一个语素虚化的例词中，弱化的前音节仍然保留着声母、韵母、声调这些构成音节的完整结构，而"半前缀"就已经失去了韵母，声调变得与主要音节一致，还残留辅音声母，变成了一种复杂的单音节。

我们在南亚语中①也找到了"一个半音节形式"，从中可以看出半个音节不同的声韵形式：①保留声母、韵母；②残留辅音；③残留元音。

在保留声母、韵母阶段，例如，在孟高棉语族的亲属语言双音节词中，半音节/si/、/ʔa/构成 CV，与后面的主要音节构成 CV-CV 结构，如表 3-28 所示：

表 3-28　孟高棉语族亲属语言一个半音节 CV-CV 结构

例词	马散	艾帅	硝厂沟	南虎	茶叶菁	胖品	孟贡
太阳	si ŋeiʔ	si ŋaiʔ	si ŋăi	si ŋǎi	si ŋăi⁵¹	—	—
星星	—	—	si măiŋ	si măn	si măn⁵¹	si mɣik⁵⁵	—
年	—	—	si nʌm	si năm	si năm⁵¹	—	—
天	si ŋeiʔ	si ŋaiʔ	si ŋai	si ŋǎi	si ŋǎi⁵¹	siʔ ŋi⁵¹	—
燕子	si vik	si vaik	—	—	—	—	—
蟋蟀	si krait	si grit	—	—	—	—	—
左	—	—	ʔa gaʔ	ʔa kaʔ	ʔa kaʔ⁵¹	ʔa ve⁵⁵	—
豹子	ʔa vi	—	—	—	—	ʔa vai⁵¹	ʔa vai
獭	—	—	—	—	—	ʔa ʔmo³¹	ʔa phi⁵¹
穿山甲	—	ʔa phluʔ	—	—	—	—	ʔa pi⁵⁵
鹌鹑	—	—	—	ʔa gut	—	ʔa ʔut³¹	ʔa khut

在孟高棉语族亲属语言的双音节组合中，后面主要音节的元音和半音节之间有喉塞音ʔ连接，构成 CVʔV 结构（表 3-29）。

表 3-29　孟高棉语族亲属语言一个半音节 CV-ʔV 结构

例词	马散	甘塘	硝厂沟	南虎	茶叶菁	曼俄	胖品	艾帅
狗	—	—	—	ʔaʔoʔ	ʔaʔoʔ⁵¹	—	—	—
岩	—	—	naʔaŋ	raʔaŋ	—	—	—	—
右	—	—	ʔaʔah	ʔaʔɑih	ʔaʔeh⁵¹	—	—	—
乌鸦	—	ʔak⁵⁵	—	kaʔɛʔ	kaʔaʔ⁵¹	—	ʔaʔak⁵¹	—
聋子	—	—	kaʔau	—	kaʔau⁵¹	—	—	—
橡子	siʔoʔ	—	—	—	—	—	—	siʔoʔ

① 资料来源：（1）颜其香，周植志. 1995. 中国孟高棉语族语言与南亚语系. 北京：中央民族大学出版社.（2）陈国庆. 2005. 克蔑语研究. 北京：民族出版社.

在南亚语的一个半音节里，还有辅音自成音节构成半音节的形式。例如，克蔑语中的 ṃ 常常构成某一类语义词（表 3-30）：

表 3-30 克蔑语中的 ṃ 构成某一类语义词

类别	克蔑语	例词
水果	ṃhuai³¹	苦瓜
	ṃpʰik³³nɔi³¹	蚵楸
	ṃkeŋ¹³tɕaŋ³³	泡果
	ṃkʰam⁵⁵	酸隹
	ṃkeŋ³⁵	菠萝
	ṃmǎi³⁵	橄榄
身体部位	ṃden⁵⁵	淋巴
	ṃtʰuh³³	乳房
	ṃfek³³tai³¹	腰
	ṃkiau³¹	肾
	ṃnum³⁵	尿
食物	ṃpʰɛŋ³⁵	油（总称）
	ṃtʰuh³¹mɔi³¹	牛奶
性状	ṃkʰem³¹	模糊
	ṃfuŋ⁵⁵	整齐
	ṃkǎŋ⁵⁵	闲
	ṃkʰet³	粗糙
	ṃŋek⁵³	大方
	ṃŋan³¹	谦虚
数量	ṃlǎʔ⁵³	一片叶
	ṃɕin¹³ɕeŋ³¹	一股（线）
	ṃiʔ⁵³	个（一个儿）
	ṃhaŋ³¹	一朵花
	ṃkʰɛn³¹	一月
	ṃpun³⁵	一份
	ṃkǎm³¹	一下

在南亚语言的一个半音节里，表 3-30 的 /si/、/ʔa/ 能看出完整的音节形式，声调已经脱落，如茶叶菁和胖品。表 3-30 主要音节与前面半音节元音间只有喉塞音 ʔ，构成了 CV.ʔVC 或者 CVʔ.VC，半个音节的重音已经脱落，这种结构未来是否

能发展出复合元音，这需要进一步观察。克蔑语的成音节辅音构成的半个音节ɱ̩与主要音节的辅音结合，未来是否能够发展成复辅音，也需要进一步讨论。

3.4　发声态影响产生复合元音

本节我们引用 Graham Thurgood（2014）的主要观点，来说明发声态是复合元音产生的因素之一。

Thurgood 总结出紧音声域（tense register）、典型声域（model register）、浊-气嗓音声域（breathy-voiced register）三种类型在东南亚语言中广泛分布的语音特征，如表 3-31 所示：

表 3-31　三种最普遍的声域复杂特征

特征类别	紧声	典型	气嗓音
声母起源	原始清音 （尤其是阻音）＞	浊音/清音	原始浊音 （尤其是阻音）＞
嗓音音质	嘎裂声、紧声、刺声	典型	气嗓音
元音音质	低（开）更前元音		高（闭）更后元音
复合元音	倾向于后滑音		倾向于前滑音
音长	更短		更长
音高区别	音高更高； 与-ʔ关联； 声带紧		音高更低； 与-h 关联； 声带松
声门状态	声带紧和/或声门抬高 （＝声门上腔缩短）		声带松和/或声门降低 （＝声门上腔拉长）

Thurgood 从这些复杂特征中，得出几项重要的历时规律：

（1）原始浊阻音可以发展成浊-气嗓音，原始清阻音可以发展成紧浊音，或者喉塞音韵尾可以发展成紧浊音。

（2）紧浊音与前-低元音关系显著；浊-气嗓音与后-高元音关系显著。

（3）紧浊音与复合元音的后滑音关系显著；气嗓音与复合元音的前滑音关系显著；紧元音倾向于更低、更前；元音气嗓音倾向于更高、更后。

从音理上解释，浊音气嗓音发音时，喉头下降导致声道拉长，元音共振峰 F1 降低，导致元音升高；紧浊音发音时，喉头升高导致声道缩短，元音共振峰 F1 升高，导致元音降低。

Huffman[①]观察到孟高棉语族的语言中长元音的元音音质和声母的浊音音质之间的关系：紧音特征导致中-高元音的起始段降低；松音特征导致低-中元音的起始段升高。

Huffman 假设了元音从原始语到声域系统重建的历时发展途径，如表 3-32 所示：

表 3-32　元音从原始语到声域系统重建的发展途径

声域	原始语	保留阶段	转换阶段	声域	重构阶段	（声调）
2nd	*\/gaa/	/gaa/	/k'aa/	/kàa/	/kia/	（/kàa/）
1st	*\/kaa/	/kaa/	/kaa/	/kaa/	/kaa/	（/káa/）

在原始语和保留阶段，1st （清音声母；紧元音特征）和 2nd （浊音声母；浊-气嗓音元音特征）两个声域保持着声母清/浊的对立；发展到转换阶段，2nd 声域的浊塞音声母发展出浊-气嗓音塞音声母，表现在浊音清化变成送气清音，同时长元音变成气嗓音；到了声域阶段，1st 和 2nd 产生气嗓音的对立：/kaa/与/kàa/，然后气嗓音造成前一个元音[a-]升高变成[i-]产生复合元音/kia/，从而与/kaa/音质不同，完成音域重构。

Huffman 也讨论了高棉语方言中后滑复合元音的发展：

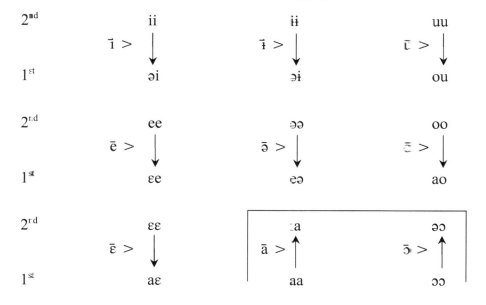

① Huffman 的观点引 Thurgood, G. 2014. Voice quality differences and the origin of diphthongs. *Proceedings of the Annual Meeting of the Berkeley Linguistics Society: General Session and Parasession on Aspect* : 295-303.

在 2nd 声域里的两个气嗓音长元音发展到 1st，元音的紧音特征造成前一个元音降低，两个低-高元音构成后滑复合元音，而/aa/和/ɔɔ/两个后低元音在气嗓音的影响下发展到 2nd 声域，受到气嗓音的影响发展成前滑高元音。

由此可以证明，复合元音的产生与元音的嗓音特征有着重要的关系：嗓音的紧音特征造成元音降低，构成后滑复合元音，元音的气嗓音特征造成元音升高构成前滑复合元音。

3.5 复合元音单元音化

在某些语言或方言里，复合元音会出现单元音化现象，单元音变成复合元音是总的发展趋势，复合元音单元音化就成为一种逆向演化方式，这种演化方式在汉藏语的现代语言或者现代方言中都能见到。在现有的文献中可以证实复合元音单元音化的证据出现在缅文和缅语仰光话之间的语音演变中，如表 3-33 所示：

表 3-33   缅文复合元音单元音化 ɑi > ɛ

例词	缅文	缅语仰光话
冰	re^2khai^3	je^2khe^{55}
沙子	$thai^3$	$tθe^{55}$
左边	wai	$bɛ^{22}bɛʔ^{44}$
庄稼	$kɔkpai^3thi^3hnam$	$kauʔ^{44}pɛ^{55}tθi^{55}ŋã^{22}$
唢呐	$hnai^3$	$ŋe^{55}$
犁	$htaj^2hto^3$	$hte^{22}hto^{55}$
劈	$khwai^3$	$khwɛ^{55}$
牵	$hswai^3$	$hswɛ^{55}$
剖	$khwai^3$	$khwɛ^{55}$

在缅文的各个例词中，复合元音[-ɑi]发展到现代仰光话，复合元音单元音化变成了[-ɛ]。缅文出现于 11 世纪，距离现代仰光话有 1000 年的时间，在这么短的时间内，缅文既发生了单元音复元音化又发生了复合元音单元音化，这两种演变方式几乎在同时进行着，只是在缅文资料里复合元音单元音化语料非常少，所以我们也仅能看到[-ɑi]这样一个比较成系统的例证。

此外，我们在藏缅语群的浪速语和载瓦语里还发现了一组复合元音单元音化的例词。这组例词可以依靠塞音韵尾的变化关系来判断复合元音变成了单元音，如表 3-34 所示：

表 3-34 藏缅语群亲属语言复合元音单元音化 auk＞uʔ/auk＞ik

例词	浪速语	载瓦语
喝	ʃauk^{55}	ʃuʔ^{55}
犁	phauk^{55}	phuʔ^{55}
砍	thau^{31}	tɹuʔ^{55}
蒡	pauk^{31}	tʃik^{21}
拾	kauk^{31}	kuʔ^{21}
搅	la̱u^{31}	lu̱^{51}
插	tsa̱uk^{55}	tshuʔ^{55}
剃（头）	ɣauk^{31}	vuʔ^{2}
遗失	lɔʔ^{55}phjauk^{55}	loʔ^{55}phjɹʔ^{55}

在浪速语里出现的例词，其音节韵母多数是由复合元音[-au-]加塞音韵尾[-k]构成；在载瓦语里，塞音韵尾[-k]变成了喉塞音[-ʔ]，同时复合元音[-au-]单元音化变成了[-u-]（少数变成了[-i-]），即韵母 auk 变成了 uʔ。

在汉语方言里，我们通过高本汉对中古时期的构拟与现代汉语方言读音的比较看到吴语温州方言复合元音单元音化的现象常有发生，表 3-35 显示出温州方言的复合元音从中古时期发展到现代的变化情况：

表 3-35 汉语温州方言复合元音单元音化

例词	北京	济南	成都	合肥	温州	长沙
享	꜂çiaŋ	꜂çiaŋ	꜂çiaŋ	꜂çiaŋ	꜂çi	꜂çian
馆	꜂kuan	꜂kuæ̃	꜂kuan	꜂kõ	꜂ky	꜂kõ
槽	꜁tsʰau	꜁tsʰɔ	꜁tsʰau	꜁tsʰɔ	꜁zɜ	꜁tsʰau
晒	ʂai꜄	ʂɛ꜄	sai꜄	ʂE꜄	sa꜄	sai꜄
野	꜂ie	꜂ie	꜂ie	꜂i	꜂i	꜂ie
沃	uo꜄	꜀uɤ	꜁o	uɐʔ꜆	o꜆	o꜇

“馆”在中古时期是山摄合口一等字，高本汉构拟成*kuɑn，到了现代，北京、济南、合肥方言的读音里仍然保留复合元音，温州方言里的复合元音[-uɑ-]单元音化，变成[-y-]。“槽”在中古时期是效摄开口一等字，高本汉构拟成*dzhɑu，

到了现代，北京、成都、长沙各方言的读音中仍然保留复合元音，在温州方言里复合元音韵母[-ɑu]单元音化变成[-ɜ]。"晒"在中古时期是止摄开口三等字，高本汉构拟成*ʂhiɐ̆，到了现代，北京、成都、长沙各方言的读音里仍然保留复合元音，温州方言的复合元音[-ɪɐ̆-]单元音化变成[-a-]。"野"在中古时期是通摄合口三等字，高本汉构拟成*zi̯ʷo，到了现代，北京、济南、成都、长沙各方言里仍然保留复合元音，在合肥方言和温州方言的读音里单元音化变成[-i-]。"沃"在中古时期是通摄合口一等字，高本汉构拟成*ʔuok，到了现代，北京、济南、合肥各方言的读音里仍然保留复合元音，在温州方言里前滑音[-u-]脱落，复合元音[-uo-]单元音化变成[-u-]。①

3.6　在汉语借词中产生的复合元音

我们在资料和文献中发现很多语言和方言的复合元音出现在汉语借词中，这种汉语借词在各个语群里都存在，我们以藏缅语群为例，讨论羌语麻窝话、羌语桃坪话、土家语、白语几种语言和方言从汉语借词里借用复合元音的情况。

表3-36的例词给出了羌语麻窝话和羌语桃坪话里的汉语借词情况。不同的借词在两种方言里借用的情况不同。羌语麻窝话从汉语里借用的词有 kau liaŋ（"高粱"）、χua sən（"花生"）、mian qhua（"棉花"）、kua（"瓜"）、qe kuə（"盖子"）、tʃan tau（"菜刀"）、thie lu（"铁路"）、kaŋ pi（"自来水笔"）。羌语桃坪话与麻窝话进行比较，相同的借词有 kau⁵⁵liaŋ³¹（"高粱"）、lo³³χua⁵⁵sən⁵⁵（"花生"）、kua⁵⁵（"瓜"）、tshai¹³ tau⁵⁵（"菜刀"）、ʂue⁵⁵ pie³³（"自来水笔"），没有"棉花""盖子""铁路"几个词。此外，桃坪话还有 mei³¹（"煤"）、y¹³thəu¹³（"芋头"）、tɕʌəu³¹（"球"）三个来自汉语的借词。

表3-36　羌语方言汉语借词中的复合元音

汉语借词	羌语麻窝话	羌语桃坪话
庄稼	—	tʂuaŋ⁵⁵tɕa⁵⁵
高粱	kau liaŋ	kau⁵⁵ liaŋ³¹
煤	ʁlu mdʑi	mei³¹
芋头	—	y¹³thəu¹³

① 查询了广韵查询系统（1.0正式版），该系统由上海师范大学语言研究所潘悟云开发。

续表

汉语借词	羌语麻窝话	羌语桃坪话
花生	χua sən	lo³³χua⁵ᵋsən⁵⁵
棉花	mian qhua	—
瓜	kua	kua⁵⁵
盖子	qe kuə	qu³¹ qɯ³³
菜刀	tʃan tau	tshai¹³tɑu⁵⁵
铁路	thie lu	ɕi⁵⁵ʁo³³dze³³
自来水笔	kaŋ pi	ʂue⁵⁵ pˑe³³
球	pau tan	tɕhəu²¹

在每一个借词中都有不同的复合元音出现，羌语主要方言都分布在四川省，受汉语西南官话的影响很深。麻窝话属于羌语北部方言，桃坪话属于羌语南部方言，北部方言语言发展相对较慢，虽然受西南官话影响，借来了一些有复合元音的词语，但是却没有产生声调，南部方言语言发展比较快，已经产生了声调。因此，汉语借词约声韵调都具备。

表 3-37 是白语的三个方言中来自汉语方言的一些借词。从这些借词在三个方言里的借用情况来看，白语大理话和白语剑川话的汉语借词比较多，白语碧江话相对少一些。大理话主要分布在云南省的中部大理白族自治州，剑川话主要分布在云南省南部洱海周围，碧江话主要分布在云南省北部澜沧江西岸，大理和洱海地区社会状态比较开放，与汉族接触交往比较深入，因此，在一些基本词汇中，有很多来自汉语的借词，在这些借词中有一些产生了复合元音。

表 3-37　白语方言汉语借词中的复合元音

汉语借词	白语大理话	白语剑川话	白语碧江话
雪	sue⁴⁴	suɯ⁴⁴	ʂue⁴⁴
尖	xui³³	xuɯ³³	fi³³
棉花	—	mi55ʁua⁵⁵	—
舵	tuo⁴²	tõ⁴²	to⁴²
搅	tɕao³¹	pɔ³¹	sɔ⁵⁵be⁴⁴
挂	kua⁴⁴	kuɯ⁴⁴	qo⁵⁵
飞	po³⁵	pɑɯ⁵⁵	po⁵⁵

表 3-38 是土家语中来自汉语方言的一些借词，这些借词中都有复合元音出现。土家语主要分布在湖南省湘西土家族苗族自治州，湖北省鄂西土家族苗族自治州，四川省酉阳土家族苗族自治州。这些地区与汉族长期接触融合，受湘方言、西南官话的影响，基本词的很大一部分借自汉语词汇，这些词汇中很多都产生了复合元音。

表 3-38　土家语汉语借词中的复合元音

汉语借词	土家语
泉	tɕhian²¹
边上	pian⁵⁵
春	tshuən⁵⁵
夏	ɕia³⁵
秋	tɕiu⁵⁵
毛驴	mau²¹li²¹
爪	tsau⁵⁵tsi²¹
庄稼	tsuan⁵⁵tɕia⁵⁵
玉米	pau⁵⁵ku⁵⁵
落花生	lo²¹xua²¹sən⁵⁵
棉花	mian²¹xua²¹

3.7　语言类型与历史演变

比较复合元音在汉藏语语群的语言类型，我们发现共时类型与历时演变之间存在着必然的联系。在元音的自身属性中，最灵活多变的是它的音长属性，音长决定了共时类型的标记特性，一种语言类型长元音特征明显，无标记特征性强，语言状态活跃，再生能力强，与汉语接触少，在语音空间里，它的周边性强，在历时音变过程中处于强势地位，最容易裂变成复合元音。鼻化特征、松紧特征、有标记形式都是标记性特征，在复合元音的历时构成过程中裂变能力弱，发生类型少。在音节里，复辅音与单元音的组合类型可以演变成单辅音与前滑复合元音的组合形式，单元音与辅音韵尾的组合类型可以演变成后滑复合元音，与汉语接触频繁的语言类型会产生来自汉语借词的复合元音音位。这些组合形式及接触关系相对音长属性来说，标记性特征强，再生能力不及长元音，因此发生类型少。

4 复合元音在汉藏语语言类型中的音变模式^①

汉藏语六个语群以复合元音的多少及复合元音的标记性特征为参项划分语言类型，在每种类型中，复合元音的性质不同，其产生的途径和发展规律也有差异。我们观察每个语群中复合元音的起源，以此挖掘划分汉族语语言类型的历史因素，建立语言类型的音变模式。

4.1 南岛语群中的复合元音

南岛语群的语言以双音节或者多音节为主要形式，在每一个音节里，元音都是音节的核心，如果两个元音连续出现，构成 VV 这样一种元音组合形式，将会有两种语音模式：一种是两个音节系列；另一种是一个音节内部两个元音复合。前一种模式不能构成复合元音，南岛语群的很多语言就是这类模式。例如，Madurese 语、Da'a 语、Uma 语里 VV 可以连续出现，构成了有两个元音核音的 V.V 音节。

在南岛语群里，有真正复合元音音位的语言包括布农语、噶玛兰语和回辉语，巴布亚新几内亚语群的 Nyindrou 语、Dami 语、Kilivila 语，大洋洲语群的 Samoan 语。复合元音及单元音在这些语言中的分布情况表 4-1 所示：

---

① 资料来源：（1）孙宏开.1998—2004. 中国少数民族语言方言研究丛书. 北京：民族出版社；成都：四川民族出版社.（2）欧阳觉亚，郑贻青.1983. 黎语调查研究. 北京：中国社会科学出版社.（3）北京大学中国语言文学系语言学教研室.2003. 汉语方音字汇. 北京：语文出版社.（4）江荻. 汉藏语同源词研究数据库系统//丁邦新，孙宏开.200?.汉藏语同源词研究（三）：汉藏语研究的方法论探索. 南宁：广西民族出版社.

表 4-1　南岛语群单元音与复合元音统计

语群	语言	复合元音总计/个	单元音总计/个
1. 巴布亚新几内亚次语群	Nyindrou 语	10	5
2. 台湾次语群	噶玛兰语	9	4
3. 台湾次语群	回辉语	9	7
4. 台湾次语群	布农语	6	3
5. 印度尼西亚次语群	Timngon Murut 语	6	4
6. 巴布亚新几内亚次语群	Dami 语	6	1
7. 巴布亚新几内亚次语群	Kilivila 语	6	5
8. 大洋洲次语群	Samoan 语	6	5
9. 马来波利尼西亚次语群	Minangkabau 语	5	5
10. 台湾次语群	Atayal 语	4	4
11. 印度尼西亚次语群	Indonesian 语	3	6

　　在南岛语群各个语言里，有 11 个语言的语音系统里产生了复合元音。这 11 个语言主要分布在中国台湾地区、东南亚的印度尼西亚和马来西亚、大洋洲的巴布亚新几内亚。复合元音最多的语言是巴布亚新几内亚语群的 Nyindrou 语，有 10 个复合元音。复合元音最少的语言是印度尼西亚语，只有 3 个复合元音。

　　董同龢（Tung，1964：25）在研究邹语的音系时，他发现，通过与邹语人的交流，发现在他们的语言中有一个明显的特征，当我们听到两个元音的时候，这两个元音通常构成两个独立的音节，不是一个音节。如果把/ai/、/au/与有降复合元音音位的英语、汉语等语言比较的话，邹语的这种元音系列更像法语的情况，法语就是两个音节的元音系列。如果两个元音系列有音高和重音的区别。例如，/aúski/（"报仇"）等，这两个元音的响度区别跟我们所熟悉的很多语言中的复合元音/au/的响度区别明显不同。因此，从语音和结构的观点来观察，这些元音系列不是复合元音。

　　董同龢的这段话也更说明了南岛语的 VV 结构的双音节特征，双音节是 VV 的主要结构特征，是一种成熟稳定的模式。即使产生了复合元音也不稳定，需要进一步观察其内部性质。

4.2 汉语群复合元音的音变模式

汉语方言音位系统中复合元音总数超过 14 个的有 26 个方言，这些方言的复合元音音位都超过了单元音音位。表 4-2 列出复合元音总数在 14～20 的 26 个方言的分布情况。

表 4-2 汉语群单元音与复合元音统计

方言片	方言	复合元音总计/个	单元音总计/个
1. 闽语	福州方言	20	9
2. 畲话/山哈话	浙江泰顺司前畲话	17	8
3. 湘语洋市片	湖南嘉禾土话	17	9
4. 闽语福宁片	福建省宁德方言	17	10
5. 吴语婺州片	金华方言	17	9
6. 赣语大通片	湖北阳新三溪赣语	16	10
7. 东北方言	黑龙江方言二屯话	16	8
8. 木格乡二白话	广西昭平方言	16	6
9. 湘语吉溆片	湖南泸溪方言	15	9
10. 湘语广发片	湖南嘉禾土话	15	7
11. 客家方言于桂片	于都方言	15	11
12. 江永城关的土话	湖南江永方言	15	6
13. 赣语	丰城方言	14	8
14. 湘语	湘乡翻江镇方言	14	9
15. 冀鲁官话沧惠片	山东临邑方言	14	9
16. 湘语石桥片	湖南嘉禾土话	14	8
17. 客家话	粤西廉江石角客家方言	14	4
18. 赣语吉茶片	赣语泰和方言	14	10
19. 吴语处衢片	江西广丰方言	14	9
20. 粤语方言	博白地佬话	14	5
21. 中原官话	山西汾城方言	14	8
22. 晋语	神木方言	14	9
23. 湘语	湘潭方言	14	9
24. 赣语	南昌县蒋巷方言	14	8
25. 闽语	建阳方言	14	7
26. 江淮方言	连云港市方言	14	9

表 4-2 显示，复合元音音位比较多的汉语方言主要分布在汉语方言区的北部、中部、南部、东部和东南部，西部和西南部很少。

4.2.1　单元音裂变

在汉语方言里，单元音裂变成复合元音是复合元音产生的主要途径。我们选择中部的南昌话、太原话、长沙话、湘乡话，南部的广州话、梅县话、海南话，东南部的温州话、苏州话、福州话、厦门话和西部的西安话作为代表方言，看各个例词在几种方言中的音变（表 4-3）。

表 4-3 显示，大部分汉语方言里的韵母是单元音[-a]或者[-o]，在太原话和西安话里裂变成复合元音[-ua]，产生一个前滑音[-u]。

表 4-4 显示，在温州话、广州话、海南话、厦门话、苏州话、福州话里都是单元音韵母[-a]，在南昌话、太原话、梅县话、湘乡话、西安话和长沙话里都裂变成复合元音[-au]，产生后滑音[-u]。

在表 4-5 中，以例词"烛"为例，研究"烛"在各个方言中的演变情况。在温州话、南昌话、广州话和梅县话里，"烛"是单元音形式[-ɔ]或者[-o]，在海南话里裂变成复合元音[-ue]，在太原话里[-ue]进一步变成[-uɤ]，在西安话里[-uɤ]又变成[-uo]，整个的变化过程可以写成 ɔ>o>ue>uɤ>uo。

表 4-6 显示，汉语温州话和汉语广州话多是单元音韵母[-i]，在其他汉语方言里裂变成复合元音[-ie]，产生后核音[-e]。例词"阶"在苏州话和温州话里是单元音韵母[kɒ]和[ka]，在长沙话、南昌话、广州话、厦门话和福州话里裂变成复合元音韵母[kai]，在梅县话里产生了一个前滑音[-i]，[kai]变成了[kiai]，然后声母[k-]进一步腭化，在北京话和太原话里变成[　tɕie]。

4.2.2　塞音韵尾变成元音

在汉语方言里，还有一些词的塞音韵尾[-t][-k]变成元音韵尾[-i]的情况，如表 4-7 所示。

表 4-7 显示，汉语南昌话、广州话、梅县话、海南话里多为单元音与辅音韵尾组合构成的[-at]、[-ɛt]、[-ak]、[-et]，在太原话、厦门话、苏州话和福州话里变成喉塞音结尾的[-ʔ]，在温州话、湘乡话、西安话和长沙话里又进一步变成复合元音韵母[-ei]或者[-ai]。

表4-3 汉语方言单元音首裂变 a>ua

例词	温州话	南昌话	广州话	太原话	海南话	梅县话	厦门话	苏州话	福州话	长沙话	湘乡话	西安话
胡从	—	—	tan³³	kuaʔ⁷	ta³⁵	—	—	—	phaʔ²³	fa²⁴	xua³³	kua²¹
剐	guu³¹	kuaʔ⁵⁵	kwɐt³³	kʉnʔ⁷	kʉt⁵⁵	—	kuaʔ²¹²	kuaʔ⁵⁵	kɒuʔ²¹	kua²⁴	kua²³	kua²¹
挂	ko⁴²	kua³⁵	kwa³³	kua⁴⁵	xua³⁸	kua⁵⁵	kua²¹	ko⁴¹²	kuaʔ²¹²	kua⁵⁵	ko⁴⁵	kua⁴⁴
花	ho⁴⁴	fa⁴²	fa⁵⁵	xua¹¹	huɐ²¹³	fa⁴⁴	hue⁴⁴	ho⁴⁴	xua⁴⁴	fa³³	xo⁵⁵	xua²¹
斑驳	ho⁴¹	fa⁴²	fa⁵³	xua¹¹	huɐ³³niɐu²¹³	faʔ³⁵ kaʔ³¹	hueʔ⁴⁴.e	ho⁴⁴	xua⁴⁴	fa³³	xo⁵⁵	xua²¹
滑	ho²¹²ʔjəu⁴⁴	liu⁴²ʔuat²²	sim³³	xuaʔ⁵⁴	kʉt³	vat⁴	kʉt⁴	fiua²³	kouʔ⁵	ua⁵⁵	ua⁴⁵	xua²⁴
绘画	fio²²	faʔ¹¹	waʔ²²	xua⁴⁵	liəu²¹³	faʔ⁵³	ui²²	fio³¹	uaʔ²⁴²	faʔ¹¹	yo²²	xua⁴⁴
划	fio³¹	fa³⁵	wa⁵³	xuaʔ⁷	fie²¹³	phaʔ¹¹	koʔ²¹	fio²²³	paʔ⁵²	faʔ¹³	yo²³	xua²⁴
语言	fio²²	ua¹¹	wa²²	xua⁴⁵	ueʔ²¹³	faʔ⁵³	ueʔ²²	fie²²fio⁴⁴	uaʔ²⁴²	faʔ¹¹	o²²	xua⁴⁴
挖掘	dzɿai²¹²	uat⁵⁵	kwɐt²²	vaʔ¹¹	kʉt³	—	kʉt⁴	dzyoʔ²³	kʉʔ⁵	ua²⁴	tua²³	ua²¹
棉花	mi²²ʔho⁴⁴.fa	mien³⁵.fa	min²¹fa⁵⁵	mie¹¹xua¹¹	ka³³ʔbua⁵⁵mi³³³	mien¹¹fa³³	biʔ²² hue⁴⁴	mi¹²² ho⁴⁴	mieŋ⁴⁴ŋua⁴⁴	mie¹³ fa³³	mi²²³ xo⁵⁵	mia²⁴ .xua

表4-4 汉语方言单元音首裂变 a>au

例词	温州话	南昌话	广州话	太原话	海南话	梅县话	厦门话	苏州话	福州话	湘乡话	西安话	长沙话
朦胧	sɿ²²phau⁴⁴	nieu¹¹phau⁴²	niu²²pou⁵⁵	niau⁴⁵ʔphau¹¹	zio³³fa²¹³	njau⁵⁵thoi²¹	lio²¹phau⁴⁴	bɔ²²ʔkuɐ⁴⁴	liŋ⁴⁴pha⁴⁴	niao⁴⁴ʔphau	niau⁴⁴ʔphau	niau¹¹phau⁴¹
饱	puɔ⁴⁵	pau²¹⁴	pau²⁵	pau⁵³	ʔba²¹³	pau³¹	pa⁵³	pɐ⁵²	pa³¹	pao⁷¹	pau⁵³	pau⁴¹
抱，怀	dəu³¹	phau¹¹	lam²⁵	pau⁴⁵	lam³²⁵	mam³¹	pho²²	bɐ²³¹	po²⁴²	bao⁴⁴	pau⁴⁴	pau¹¹
菜刀	za²²tɕɿ⁴⁵	tshai²⁴.fo tau⁴²	tshai²¹tou⁵⁵	khɛ⁵³tau¹¹	kau³³ʔdo²¹³	tau³⁵ʔma¹¹	tsha²²to¹¹	phiaʔ⁵⁵zɒ³⁴tɐ²¹	tsha⁴⁴to⁴⁴	dza²³ʔtao³⁵	khã⁵¹tau²¹	tsai¹³tau³³
炒菜	tshuɔ⁴⁵	tshau²¹⁴	tshau²⁵	tshau⁵³	sa³²⁵	tshau³¹	tsha⁵³	tshɐ⁵²	tsha³¹	tshao²¹	tshau⁵³	tshau⁴¹
倒塌	tha⁴⁴	tau²¹⁴	tɐm³³	tau⁵³	ʔbua³³	o⁴⁴	to⁵³	tɐ⁵²	to³¹	tao⁷¹	tau⁵³	tau⁴¹

表 4-5　汉语方言单元音裂变 o>ua

例词	温州话	南昌话	广州话	太原话	梅县话	厦门话	海南话	苏州话	福州话	湘乡话	西安话	长沙话
复活	$dz\eta^{22}$	uot^{22}	$sa\eta^{53}$	$xua\eta^{54}$	$sa\eta^{44}$	$ua\eta^4$	$t\epsilon^{213}$	$\hbar u\jmath^{23}$	$ua\eta^5$	$xuai^{23}$	xuo^{24}	xo^{24}
烛	fu^{45}	$f\jmath^{214}$	$f\jmath^{25}$	$xu\gamma^{53}$	fo^{31}	he^{53}	$\hbar ue^{325}$	—	—	xo^{21}	xuo^{53}	xo^{41}
火把	$da\eta^{22}la^{53}$	$f\jmath^{35}pa^{25}$	$f\jmath^{25}pa^{25}$	$xu\gamma^{11}pa^{53}$	$fo^{31}pa^{31}$	$he^{44}pe^{53}$	$\hbar ue^{32}kau^{325}$	$hau^{41}po^{34}$	$xu\jmath i^{24}\beta a\eta^{31}$	$x\jmath^{21}po^{21}$	$xuo^{53}\cdot pa$	$xo^{41}pa\eta^{41}$
火钳	$fu^{42}dz\eta^{31}$	$f\jmath^{214}.t\varphi hien$	$f\jmath^{25}khim^{25}$	$xu\gamma^{53}khuai^{45}.ts\vartheta$	$fo^{31}khiam^{11}$	$he^{44}khi\eta^{24}$	$\hbar ue^{32}xi\jmath m^{31}$	$hau^{41}ka\eta^{34}$	$xu\jmath i^{21}\eta i\eta^{52}$	$ka^{21}gii^{21}$	$xuo^{53}t\varphi hi\tilde{a}^{24}\cdot t$	$ka^{214}t\varphi\epsilon l\epsilon^{13}$
火石	$tie^4fu^{45}zei^{212}$		$f\jmath^{25}sek^{22}$	$xu\gamma^{53}s\vartheta\eta^{54}$	$fo^{31}sak^5$	$he^{44}tsio^{24}$	$\hbar ue^{32}tsio^{33}$	$hau^{41}z\alpha\eta^{34}$	$xie\eta^{21}suo\eta^5$	$ta\eta^{21}xo^{21}\eta\eta^{45}$	$xuo^{53}\eta\eta^{224}$	$ta\eta^{41}xo\eta^{41}\eta\eta^{24}$
火药	$fu^{45}jia^{212}$	$f\jmath^{214}i\jmath\eta^{55}$	$f\jmath^{25}j\mathrm{u}k^{22}$	$xu\gamma^{53}i\jmath\eta^{22}$	$fo^{31}iok^5$	$he^{44}io\eta^4$	io^{33}	$hau^{41}\hbar ia\jmath\eta^{34}$	$sei\eta^{212}$	$xo^{21}i\jmath^{45}$	$xuo^{53}\cdot yo$	$xo^{41}io^{24}$

表 4-6　汉语方言单元音裂变 i>ie

例词	北京话	温州话	苏州话	太原话	梅县话	南昌话	长沙话	广州话	厦门话	福州话
撇	$_˗p^hie$	p^hl_2	$p^hi\eta_2$	$p^hie\eta_2$	p^het_2	p^hiet_2	p^hie	p^hit_2	p^huat_2	$p^hie\eta_2$
灭	$mie_˗$	mi_2	$mi\eta_2$	$mie\eta_2$	met_2	$miet_2$	mie_2	mit_2	$biet_2$	$mie\eta_2$
蝶	$_˗tie$	di_2	$di\eta_2$	$tie\eta_2$	t^hiap_2	$t^hie^2t_2$	t^hie_2	tip_2	$tiap^2$	$tie\eta_2$
捏	$_,nie$	nia_2	$nia\eta_2$	$nie\eta_2$	t^hiet_2	$niet_2$	nie_2	$t^hi\eta t_2$	$t^hi\eta_2$	$nie\eta_2$
裂	$lie_˗$	li_2	$li\eta_2$	$lie\eta_2$	$liet_2$	$liet_2$	lie_2	lit_2	$le\eta_2$	$lie\eta_2$
阶	$_,t\varphi ie$	$_,ka$	$_,ko$	$_,t\varphi ie$	$_,kiai$	$_,kai$	$_,kai$	$_,kai$	$_,kai$	$_,kai$

表 4-7　汉语方言韵尾变化 at、εt、ak、et>ei

例词	温州话	南昌话	广州话	大原话	梅县话	海南话	湘乡话	厦门话	苏州话	福州话	西安话	长沙话
贼	ze²¹²	tshet²²	tshak²²lou²⁵	tsei¹¹	tshet⁵	sat³	bo²³tsʅ²¹ɕiei²¹	tshat³²a⁵³	zəʔ²³	tshei²³¹kiaŋ³¹	tsei²⁴	tsei²⁴lau⁴¹kõ
小麦	ɕie⁴⁵ma²¹²	maʔ²⁵⁵·tsʅ	—	miəʔ²·tsəʔ	mak⁵·e	—	miã²³tsʅ²¹	sio⁴¹beʔ⁴	siɛ⁴¹məʔ³⁴	maʔ⁵	ɕiau⁵³mei²¹	siau⁴¹mə²⁴
天黑	thi⁴⁴ʔo⁴²lo²¹²	thien⁴²het⁵⁵	thin⁵⁵hak⁵⁵	thie¹¹xəʔ²	thon³⁵ia⁵³	fii³³am³⁵	thiʅ⁵⁵ɕia²³	thi⁴⁴am²¹·a	thiʅ⁵⁵həʔ²¹	thieŋ⁴⁴aŋ²¹²	thiã²⁴xei²¹	thiɛ³³xə²⁴
虱子	sai³²³	sɛt⁵⁵	sɐt⁵⁵na²⁵	səʔ²·tsəʔ	sɛt¹ma¹¹	tat⁵vo³²⁵	ɕia²³boʅ²³tsʅ²¹	sat⁴bu⁵³	səʔ⁵⁵	sei²³mo³¹	sei²¹	sə²⁴po¹³
拔衣	phei⁴⁴	phi⁴²	leu⁵³	phi¹¹	phoi¹¹	mua²¹³	phi⁵⁵	phi⁴⁴	phi⁴⁴	kia⁵²	phei²¹	phi³³
蟑螂	bai³¹	phi²⁴	phui²¹	phei¹¹	—	ʔbue³¹tio³²⁵	bai²³	puɛ²²ɕiɔŋ⁵³	bɛ²²³	muai⁵²	phei²⁴	pei¹³
墨汁	mai²¹²	met⁵⁵	mɐk²²	miəʔ²	mɛt⁵	vak³	mii²³	bak⁴	məʔ²³	moyʔ⁵	mei²⁴	mə²⁴
妹妹	ʔa³²³mai⁴⁴	mi¹¹·tsʅ	mui²⁵	mei⁴⁵mei¹¹	lau³¹moi⁵³	kɔu³³xiaŋ³¹	mai²²	sio⁴⁴beʔ²²	mɛ²²mɛ⁴⁴	i⁵²muoiʔ²¹²	—	mei⁵⁵mei⁵⁵

通过以上讨论，可以了解到汉语群里复合元音在各个方言里的发生类型，主要包括两种：一种是单元音裂变产生复合元音，另外一种是塞音韵尾变成元音韵尾。

4.3 藏缅语群复合元音的音变模式

藏缅语群一共统计了 76 种语言和方言，包括藏语次语群、缅语次语群、彝语次语群、景颇语次语群、羌语次语群五个次语群，其中产生复合元音的有 70 种语言和方言，占语言总数的 92.1%，没有产生复合元音的有六种语言和方言，占语言总数的 7.9%。在藏缅语群中没有产生复合元音的语言主要分布在藏语次语群，如藏语玛曲话、藏语北部安多方言夏河话[①]、藏语中部卫藏方言巴松话、藏语东部康方言德格话、藏语西部方言达拉克话和巴尔提话，此外，还有缅语群缅甸语东友方言和缅彝语木达话也没有产生复合元音。复合元音出现比较多的语言和方言集中分布在羌语次语群、彝语次语群和景颇次语群里，这三个次语群语音系统里复合元音的产生数量往往超过单元音的数量。表 4-8 列出复合元音音位总数在 7～13 个的 23 种语言和方言。

表 4-8　藏缅语群 23 种语言和方言的单元音与复合元音统计

语群	语言（方言）	单元音/个	复合元音/个
1. 羌语次语群	尔龚语	13	24
2. 羌语次语群	普米语箐花土语	13	23
3. 羌语次语群	普米语左所土语	15	22
4. 羌语次语群	羌语蒲溪话	8	21
5. 羌语次语群	普米语桃巴土语	13	21
6. 彝语次语群	怒苏语	12	20
7. 羌语次语群	普米语拖七土语	13	20
8. 羌语次语群	史兴语	11	20
9. 羌语次语群	普米语新营盘土语	10	18
10. 羌语次语群	扎坝语	13	18
11. 彝语次语群	柔若语	10	17
12. 羌语次语群	羌语桃坪话	9	17
13. 藏语次语群	白马语	13	17
14. 景颇语次语群	苏龙语	9	16
15. 羌语次语群	尔苏语	9	16

---

① 王双成（2005：50）调查藏语安多方言的牧区话里已经产生了假性复合元音。

续表

语群	语言（方言）	单元音/个	复合元音/个
16. 羌语次语群	纳木依语	9	16
17. 羌语次语群	普米语鲁甸土语	12	15
18. 景颇语次语群	达让语	6	14
19. 景颇语次语群	阿侬语	10	14
20. 景颇语次语群	义都语	6	13
21. 藏语次语群	门巴语邦金土语	9	12
22. 彝语次语群	土家语	6	12
23. 景颇语次语群	崩如语	7	12

表 4-8 显示，复合元音产生比较多的语言和方言集中分布在羌语次语群和景颇语次语群里。

4.3.1　汉语借词中的复合元音

在地理分布上，藏缅语群复合元音产生比较多的语言和方言主要分布在四川省，四川省是藏缅语群与汉语群交汇的省区之一，是少数民族与汉族杂居的地区，主要有羌族、藏族、彝族、傣族等，这些民族在与汉族接触和融合的过程中，这些民族的语言深受西南官话的影响，一些汉语借词的复合元音进入了民族语言的语音系统。以普米语为例，研究普米语各个方言从西南官话词汇中的借用情况（表 4-9）：

表 4-9　普米语方言汉语借词中复合元音出现情况

例词	箐花土语	鲁甸土语	新营盘土语	桃巴土语	拖七土语	左所土语	三岩龙土语
提高	thi¹³kɑu⁵⁵	thi¹³kʌu⁵⁵	thi¹³kʌu⁵⁵	tə⁵⁵ɣue³⁵	thi¹³kʌu⁵⁵	thi¹³kʌu⁵⁵	thi¹³kʌu⁵⁵
团结	thuã¹³tɕe¹³	thuʌ¹³tɕe⁵⁵	thue³¹³tɕe⁵⁵	thue³⁵thue³⁵	thue¹³tɕe⁵⁵	thue¹³tɕe⁵⁵	thue¹³tɕe⁵⁵
开会	khe⁵⁵xue⁵⁵	khʌi⁵⁵xue⁵⁵	khe¹³hue⁵⁵	khe⁵⁵xue³⁵	khɛ⁵⁵xue⁵³	khe⁵⁵xue⁵⁵	khe⁵⁵xue⁵⁵
领导	lə⁵⁵tau⁵⁵	lə⁵⁵tʌu⁵⁵	lə⁵⁵tau⁵⁵	gu⁵⁵tʂhi⁵³	lə⁵⁵tʌu⁵⁵	lə⁵⁵tʌu⁵⁵	lə⁵⁵tʌu⁵⁵
号召	xau¹³tsau⁵⁵	xuʌ⁵⁵sʌu⁵⁵	hau¹³tsau⁵⁵	xau³⁵tʂʌu⁵⁵	xʌu¹³tʂʌu⁵⁵	xʌu¹³tʂʌu⁵⁵	xʌu¹³tʂʌu⁵⁵
表扬	piau⁵⁵iã¹³	piʌu⁵⁵jã¹³	piau⁵⁵jã¹³	piau⁵⁵jã³⁵	piʌu⁵⁵jã¹³	piʌu⁵⁵jã¹³	piʌu⁵⁵jã¹³
光荣	kuã⁵⁵ʒũ¹³	kuã⁵⁵iũ¹³	kuãjõ¹³	khã⁵⁵jõ¹³	khã⁵⁵jõ¹³	khã⁵⁵jũ⁵⁵	khã⁵⁵jũ⁵⁵
落后	lo¹³xɐu³	lo¹³xəu⁵⁵	lo¹³həu⁵⁵	lo³⁵xəu⁵⁵	lo¹³xəu¹³	lo¹³xəu¹³	lo¹³xəu¹³
地位	ti⁵⁵uei⁵⁵	ti⁵⁵wei⁵⁵	ti⁵⁵wei⁵⁵	ti⁵⁵wei⁵⁵	ti⁵⁵wei⁵⁵	ti⁵⁵wei⁵⁵	ti⁵⁵wei⁵⁵

从普米语的词汇借用情况中可以看出来，大量的借词都是文化词，这些文化词多是 1949 年以后产生出来的新词，有很强的时代特色，随着借词数量的增加，一些借词的复合元音音位就进入了普米语音系中。

4.3.2　辅音韵尾的影响

除了与汉语接触之外，在语言历史演变过程中，单元音韵母受韵尾影响而产生复合元音的现象在藏缅语中也很普遍。鼻音韵尾和塞音韵尾脱落对前面的核音产生影响，使得核音在增加韵尾的鼻音特征或者保留塞音特征的同时，发生裂化变成复合元音。以缅语为例，观察表 4-10 一组词的演变情况。

表 4-10　缅语复合元音及韵尾变化

例词	缅文	缅语	例词	缅文	缅语
辣椒	mrɔŋ³	mjaũ	沟	ŋa¹rup	ŋa⁵³jouʔ⁴⁴
天花	toŋ²	taũ	山	kjɔk	tɕauʔ⁴⁴
男人	hnam²koŋ²	ŋã²²kaũ²²	蚱蜢	jɔk kja³	jauʔ⁴⁴tɕa
学生	aˀ¹pok	a pauʔ⁴⁴	窟窿	kjɔŋ³tha³	tɕaũ⁵⁵tθa⁵⁵
柱子	kjɔk	tɕauʔ⁴⁴	石头	toŋ²	taĩ
庙	mjɔk	mjauʔ⁴⁴	猴子	bhu¹ra³kjɔŋ³	bu⁵³ja⁵⁵tɕaũ⁵⁵

11 世纪缅文的资料显示，韵尾是鼻辅音 [-ŋ] 和塞音 [-k] 的韵母，在现代缅语仰光话中，韵尾脱落，主元音变成复合元音，同时保留鼻化和喉塞特征。鼻音韵尾和塞音韵尾脱落的同时，韵尾的音长稳定段加在核音稳定段之上，导致核音稳定段变长，因此，核音在增长音长的同时，也与韵尾音质之间产生某种相互作用的力，从而导致核音发生裂变，分裂成两个元音音质，即 ɔŋ > aũ，ɔk > auʔ。

在藏缅语群的其他亲属语言中也有韵尾脱落、核音裂变成复合元音的情况，表 4-11 是一组亲属语言韵尾脱落的情况。

表 4-11　藏缅语群亲属语言中"银子"的韵尾变化

例词	藏文	藏语拉萨话	藏语德格话	藏语夏河话	藏语泽库话	羌语桃坪话	扎巴语	尔苏语	彝语南华话	阿昌语	怒语
银子	dŋul	ŋy⁵⁵	ŋu⁵⁵	hŋu	rŋu	χŋu⁵⁵	ŋui⁵⁵	ŋuaɿ⁵⁵	phiu³³	ŋui⁵⁵	ŋui³⁵aʔ⁵⁵

在这些亲属语言中，古藏文的 dŋul（"银子"），发展到现代藏语各方言，流音韵尾 [-l] 脱落了，元音变成了单元音韵母 [y] 或 [u]，如拉萨话、德格话、夏

河话和泾库话的单元音韵母；同时，韵尾[-l]的音长稳定段加在了元音的上面，单元音韵母的音长变长，导致裂变产生，构成复合元音。例如，在羌语麻窝话中，单元音[ɿ]裂变构成复合元音[uə]，在扎巴语、阿昌语和怒语中裂变成复合元音[ui]，在彝语南华话中裂变成复合元音[iu]。

4.3.3　辅音韵尾变成元音

某些塞音韵尾和鼻音韵尾在语音演化过程中可以变成元音韵尾，元音韵尾与核音组合也可以构成复合元音。这种情况在门巴藏语中出现得比较多，表 4-12 显示出门巴藏语韵尾变成元音的情况。

表 4-12　门巴藏语韵尾变化

例词	麻玛土语	达旺土语	文浪土语	邦金土语
劈（柴）	çak⁵³	çak⁵³	tçheu⁵⁵	çak⁵³
剖鱼	çak⁵³	çak⁵³	tçheu⁵⁵	çak⁵³
牵	khriʔ⁵³	khriʔ⁵³	khriu⁵⁵	khrik⁵³
寻找	tsheʔ⁵³	tsheʔ⁵³	tsheu⁵⁵	tshet⁵³
去	ceʔ³⁵	ceʔ³⁵	gai³⁵	gai³⁵
买	ɲer³⁵	ɲer³⁵	ɲeu⁵⁵	ɲiu³⁵
烤火	phɔr⁵⁵	Phɔr⁵⁵	grøu³⁵	phɔr⁵⁵

表 4-12 显示，例词"劈（柴）"和例词"剖鱼"在麻玛土语、达旺土语和邦金土语中的塞音韵尾[-k]变成了元音韵尾[-u]，即 ak>eu；例词"牵""寻找"和"去"在邦金土语中的塞音韵尾首先变成了喉塞音韵尾，即 k、t>-ʔ，然后喉塞音韵尾-ʔ又变成了元音韵尾，即ʔ>u, ʔ>i。例词"买"的流音韵尾 -r 在麻玛土语、达旺土语，例词"烤火"的流音韵尾 -r 在邦金土语中都变成了元音韵尾 -u，即 er>eʊ>iu。

格曼语收[-p]、[-k]等韵尾的部分词能够自由变读为[-u]、[-ɯ]，例如：

jɯp³⁵>jɯɯ⁵⁵　　　　　　　　"舅舅"

kap⁵¹sal³⁵ > kau³¹sal³⁵　　　"红的"

răp⁵³ > rău⁵³　　　　　　　　"手"

lak⁵³>laɯ⁵³　　　　　　　　"万"

mɯ⁵¹thak⁵³>mɯ³¹thaɯ⁵³　　"仍然"

4.3.4 单元音裂变

单元音裂变成复合元音也是藏缅语群复合元音的主要来源之一，现仍以普米语各个方言为例，研究普米语方言里单元音裂变产生复合元音的各种类型（表4-13~表4-18）：

表 4-13　普米语方言单元音裂变 e>ei/ε>εi/i>ei

例词	箐花土语	鲁甸土语	新营盘土语	桃巴土语	拖七土语	左所土语	三岩龙土语
跳蚤	ɬɑ⁵⁵	ɬɑ̃⁵⁵	ɬei⁵⁵	ɬe⁵³	ɬei⁵³	ɬei⁵³	ɬei⁵³
种子	lɑ¹³	lʌ¹³	lʌ¹³	le³⁵	lei¹³	le¹³	lɛi¹³
血	sɑ¹³	sʌ̃¹³	sei¹³	se³⁵	sei¹³	sei¹³	sei¹³
屎	sqɑ⁵⁵	kei⁵⁵	kei⁵⁵	xe⁵³	kei⁵³	kei⁵³	kei⁵³
戒指	ʒε¹³bzʐ̩¹³	zɤ¹³bzɤ̃⁵⁵	ʑɤ¹³bzʑ̩⁵⁵	ʑɤ⁵³bzʑ⁵³	ʐʌ¹³dzei¹³	ʑʌ¹³bzei¹³	ʑɤ¹³bzei⁵³
锅	zɑ⁵⁵	rei⁵⁵	rei⁵⁵	re⁵³	rei⁵³	rei⁵³	rei⁵³
公路	zuɐ⁵⁵tɑ⁵⁵	ruə⁵⁵tʌ⁵⁵	ruə⁵⁵tei⁵⁵	ruɐ⁵⁵te⁵³	ruə⁵⁵tei⁵³	ruɐ⁵⁵tei⁵³	ruɐ⁵⁵tei⁵³
骑	nə¹³dzɑ̃⁵⁵	nə¹³dzʌ̃⁵⁵	nə¹³dzei⁵⁵	nə³⁵dze³⁵	nə¹³dzei⁵⁵	nə¹³dzei⁵⁵	nə¹³dzei⁵³
粗糙	bə̃⁵⁵tʂɑ⁵⁵	bə̃⁵⁵ti⁵⁵	bĩ⁵⁵tei⁵⁵	bõtʂʌ⁵³	bõ⁵⁵tei⁵⁵	bõ⁵⁵tei⁵⁵	bĩ⁵⁵tʂɑ⁵⁵
漂浮	tə⁵⁵sdĩ⁵⁵	tə⁵⁵tĩ⁵⁵	tə⁵⁵tĩ⁵⁵	tə⁵⁵tei⁵⁵	tə⁵⁵tei⁵⁵	tə⁵⁵tei⁵⁵	tə⁵⁵tei⁵⁵

观察表4-13的例词，可以看到普米语箐花土语、鲁甸土语、桃巴土语多为单元音韵母[ʌ]、[ɑ]、[e]、[ε]、[i]，普米语拖七土语、左所土语、三岩龙土语多为后滑复合元音韵母[εi]、[ei]，普米语新营盘土语中既有单元音韵母也有复合元音韵母。在这些例词中会出现复合元音单元音化的逆向演化，像"血""屎""公路"这样的复合元音多、单元音少的例词很可能就是一种单元音化的特例。

表 4-14　普米语方言单元音裂变 e>ie/i>ie

例词	箐花土语	鲁甸土语	新营盘土语	桃巴土语	拖七土语	左所土语	三岩龙土语
舌头	ɬie⁵⁵qho⁵⁵	ɬe⁵⁵	ɬe⁵⁵	ɬie⁵³	ɬe⁵³	ɬe⁵³	ɬe⁵³
倒塌	nə¹³bie⁵⁵	nə¹³by⁵⁵	nə¹³bi⁵⁵	nə³⁵bɛ⁵³	nə¹³bi⁵³	nə¹³bi⁵³	nə¹³be⁵³
熟（肉）	mie⁵⁵	mĩ⁵⁵mĩ⁵⁵	mie⁵⁵nõ⁵⁵	mĩ⁵⁵mə⁵³	mĩ⁵⁵mə⁵³	mĩ⁵⁵mə⁵³	mĩ⁵⁵mi⁵³
慢慢	tie¹³tie¹³	te¹³te¹³	tie¹³tie¹³	tie³⁵tie³⁵	tie¹³tie¹³	tie¹³tie¹³	tie¹³tie¹³
木水桶	siɛ̃¹³pu⁵⁵	sẽ¹³pu⁵⁵	tʃɑ¹³pu⁵⁵	sẽ¹³pu⁵³	sẽ¹³pu⁵³	sẽ¹³pu⁵³	sẽ¹³pu⁵³
扁担	siɛ̃¹³mɑ⁵⁵	sẽ¹³mʌ⁵⁵	sẽ¹³nə⁵⁵	sẽ¹³pi⁵⁵	sẽ¹³lʌ⁵³	sẽ¹³pe⁵³	sẽ¹³pi⁵³
补	xə¹³sphε¹³	xə¹³phε¹³	hə¹³phε⁵⁵	xə³⁵phiε³⁵	xə¹³phε¹³	xə¹³phε¹³	xə¹³phε¹³
放	thə¹³xie⁵⁵	thə¹³xe⁵⁵	thə¹³he⁵⁵	thə³⁵xie⁵³	thə¹³xe⁵³	thə¹³xe⁵³	khə¹³xe⁵³

　　表 4-14 里的例词显示的是单元音 i 和 e 裂变构成前滑复合元音[-ie]的情况，这种裂变大多数发生在普米语箐花土语里。例词"慢慢"只有在鲁甸土语里是单元音[-e]，在其他土语里都是复合元音[-ie]，有复合元音[-ie]变成单元音[-e]的趋势。

表 4-15　普米语方言单元音裂变 o>io/u>iu

例词	箐花土语	鲁甸土语	新营盘土语	桃巴土语	拖七土语	左所土语	三岩龙土语
年	κo⁵⁵	ko⁵⁵	kio⁵⁵	ko³⁵	kəu⁵³	kəu⁵³	ko¹³
胡子	a¹³stiãu⁵⁵	xe¹³tõ⁵⁵	ʔʌ¹³tiõ⁵³	ʔʌ³⁵sõ⁵³	ʔʌ¹³tiõ⁵³	ʔʌ¹³tiõ⁵³	ʔʌ⁵⁵siõ⁵³
窗户	tʃhã⁵⁵xʅ⁵⁵	kõ¹³li⁵⁵	kiõ¹³tsu⁵⁵	kiã³⁵tsə³⁵	kõ¹³tsu⁵³	kõ¹³tsu⁵³	kiõ¹³tsi⁵³
扛	tə⁵⁵tu⁵⁵	tə⁵⁵tu⁵⁵	tə⁵⁵thiu⁵⁵	nə³⁵tu⁵⁵	nə¹³tu⁵³	tə⁵⁵tu⁵³	nə¹³tu⁵³
旋转	nə¹³skiu⁵⁵	nə¹³ku⁵⁵	nə¹³ku⁵⁵	xu⁵⁵	ku⁵⁵ku⁵³	ku⁵³	ku⁵³
火灾	mɐ¹³diu⁵⁵	mɐ¹³dzʌ⁵⁵	mø¹³diu⁵⁵	mɐ³⁵gõ⁵³	mɐ¹³diu⁵³	mɐ¹³ku⁵³	mɐ¹³gõ⁵³
嗓子（鸡）	diu¹³lũ⁵⁵	diu¹³	du¹³ru⁵⁵	kã⁵⁵ru⁵³	kã⁵⁵ru⁵³	ki⁵⁵ru⁵³	kã⁵³ru¹³
劳累	kɑ⁵⁵nũ⁵⁵	kʌ⁵⁵nũ⁵⁵	kʌ⁵⁵le⁵⁵	kʌ⁵⁵diu⁵³	kʌ⁵⁵du⁵³	kʌ⁴⁴diu⁵³	kʌ⁵⁵diu⁵³
短	tsiõ⁵⁵	tshũ⁵⁵	tshõ⁵⁵nõ⁵⁵	tshiõ⁵⁵mə⁵³	tshõ⁵³mə⁵³	tshõ¹³tshõ⁵³	tshõ¹³tshõ⁵³
山坡	sɢo³⁵thio⁵⁵	tɕ̃¹³	thio¹³	thiu³⁵	thiu¹³	thiu⁵³	thiu¹³
天空	mɣ⁵⁵khiõ⁵⁵	mø¹³tʂõ⁵⁵	mø⁵⁵kiõ⁵⁵	mə³⁵n̠i⁵⁵khõ⁵³	mø⁵⁵ɣu⁵⁵	mu¹³n̠i⁵⁵ʔu¹³	mə¹³xu⁵⁵
生命	zõ¹³	xõ¹³	khõ¹³	khiõ⁵⁵	khõ¹³	khõ¹³	khiõ⁵⁵
等待	tɕhɔ¹³lɛ̃⁵⁵	tɕhõ¹³lõ⁵⁵	khə¹³tɕhõ⁵⁵	tɕhã⁵⁵liõ⁵³	xə¹³tɕhõ⁵⁵	xə¹³tɕhõ⁵⁵lõ⁵⁵	tɕhõ⁵⁵liõ⁵⁵
磨穿	xə³tio¹³	xə¹³tho¹³	hə¹³tio¹³	xə³⁵tio³⁵	xə¹³tiʌ¹³	xə¹³tio¹³	xə¹³tio¹³
合上	khə³dzu	xə¹³dzũ¹³	hə¹³dzõ¹³	xə³⁵dziã⁵³	xə¹³dziõ¹³	xə¹³dzõ⁵³	xə¹³dõ¹³
经商	tshõ⁵⁵py⁵⁵	tshõ⁵⁵py⁵⁵	tshõ⁵⁵py⁵⁵	tshiõ⁵⁵pʉ⁵³	tshõ⁵⁵pʉ⁵³	tshõ⁵⁵pʉ⁵³	tshõpʉ⁵³

　　表 4-15 显示的是单元音 o 和 u 裂变构成前滑复合元音[-io]和后滑复合元音[-iu]的情况。在箐花土语和鲁甸土语里，多是单元音韵母[-o]和[-u]，单元音裂变构成复合元音[-io]和[-iu]的情况多发生在新营盘土语、桃巴土语、拖七土语、左所土语和三岩龙土语里，例词"山坡""磨穿"有复合元音[-io][-iu]变成单元音[-o]和[-u]的趋势。

表 4-16　普米语方言单元音裂变 u＞əu/u＞uə

例词	箐花土语	鲁甸土语	新营盘土语	桃巴土语	拖七土语	左所土语	三岩龙土语
打（人）	tsɐ^{55}tsiɯɯ^{55}	tsɐ^{55}tsəu^{55}	tsɐ^{55}tsəu^{55}	tsə^{55}tsu^{53}	tsə^{55}tsəu^{53}	tsə^{55}tsəu^{53}	tsə^{55}tsəu^{53}
虫草	ʒɛ^{13}dʑu^{55}	tʂhũ^{13}tshʌu^{55}	zɐ^{13}dʑu^{55}	ze^{35}dʑu^{53}	ze^{13}dʑu^{53}	bu^{13}mə̃^{55}	ze^{13}dʑu^{53}
门扣	kãu^{13}zu^{55}	kõ^{13}dzəu^{55}	ke^{13}ru^{13}	ki^{35}zu^{53}	ke^{55}zu^{53}	ki^{55}zu^{53}	ki^{55}ru^{53}
螃蟹	ne^{55}tsui^{55}	mə^{13}kuɐ^{55}tʂhu^{55}	ne^{13}dzəu^{13}	ne^{35}dzəu^{53}	ne^{13}dzəu^{55}	phõ^{13}xʌi^{53}	jɐ^{13}zi^{53}
痕迹	tɕho^{13}	tɕhy^{13}	tɕho^{13}	tɕhu^{35}	tɕhəu^{13}	tɕho^{13}	tɕho^{13}
反刍	dzə^{13}ɣɯ^{55}	dzi^{55}ɣɯ^{55}	dzu^{13}ru^{13}	tə^{55}dzəu^{52}	tə^{55}dzəu^{53}	tə^{55}dzəu^{53}	tə^{55}dzəu^{53}
三角架	ʂə̃^{55}tso^{55}	ʂĩ^{55}tso^{55}	ɕẽ^{55}kzuə^{55}	çĩ^{55}tʂuə^{53}	çẽ^{55}tʂuɐ^{53}	çĩ^{55}tʂuɐ^{53}	çĩ^{55}tʂuɐ^{53}
伤心	skhyɐ^{55}du^{55}	se^{13}tɕhi^{13}	khye^{55}du^{55}	xuɐ^{55}du^{53}	khuə^{55}du^{53}	khuɐ^{55}tiu^{53}	xuɐ^{55}tiu^{53}
旧	vu^{55}	gu^{55}	gu^{55}mi^{55}	gu^{55}mə^{53}	guɐ^{55}mə^{53}	gu^{13}mə^{53}	gu^{13}mi^{53}

表 4-16 显示的是单元音 u 裂变构成后滑复合元音［-əu］和前滑复合元音［-uə］的情况。单元音韵母［-u］多数集中分布在箐花土语和左所土语里，复合元音韵母［əu］和［uə］多数分布在鲁甸土语、新营盘土语、桃巴土语、拖七土语和三岩龙土语里。例词"打（人）"在多数方言里为复合元音韵母［əu］，只有桃巴土语里为单元音韵母［-ə］，有复合元音变成单元音的趋势。

表 4-17　普米语方言单元音裂变 ε＞uɛ/ɑ＞uʌ

例词	箐花土语	鲁甸土语	新营盘土语	桃巴土语	拖七土语	左所土语	三岩龙土语
树枝	sɐ^{13}tʂua^{13}	sẽ^{13}kə^{55}le^{55}	sɐ^{13}tʂuɛ^{13}	sɐ^{13}tʂuɛ^{35}	sə^{13}tʂuɛ^{13}	sə^{13}tʂuɛ^{13}	sə^{13}tʂɛ^{13}
迟	ŋuɑ^{55}	ŋuʌ^{13}ti^{55}	ŋuə^{55}ti^{55}	ŋʌ̃^{55}mə^{53}	ŋʌ̃^{55}mə^{53}	ŋʌ̃^{55}mə^{53}	ŋ~^{13}ŋʌ̃^{53}
五	ɣuã^{55}	wʌ̃^{13}	ŋuʌ^{55}	ŋuɐ^{55}	ŋuɐ^{55}	ŋuɐ^{53}	ŋuə^{55}
背心	khãtɕẽ^{55}	khʌ̃^{55}tɕẽ^{55}	dzɛi^{55}nõ^{55}	khuʌ^{35}tʌ^{53}	khuʌ^{13}tʌ^{53}	khuʌ^{13}tʌ^{53}	khuʌ^{13}tʌ^{53}
喊叫	ko^{55}zʌ^{55}	ku^{55}zʌ^{55}	ko^{55}zʌ^{55}	ko^{55}zuʌ^{55}	ku^{55}zʌ^{55}	ku^{55}zʌ^{55}	ko^{55}zʌ^{55}
耐心	skhyɐ^{55}zuɑ^{55}	xye^{55}zuʌ^{55}	khye^{55}zuʌ^{55}	xuɐ^{55}zʌ^{55}	khuə^{55}zʌ^{55}	khuɐ^{55}zuʌ^{55}	xuə^{55}zʌ^{55}

表 4-17 显示的是单元音 ε 和 ɑ 在各个方言里裂变成复合元音［-uɛ］和［-uʌ］的情况。在鲁甸土语和箐花土语里多为单元音韵母，在新营盘土语、桃巴土语、拖七土语、左所土语和三岩龙土语里变为复合元音韵母。在某些例词里，从单元音向复合元音变化的过程中还经历了很多中间的过程。例如，"五"经历了 uə＞uɐ＞uʌ＞uɑ 这样一种变化过程。

表4-18   普米语方言单元音裂变 ə > əu/ə > uə

例词	箐花土语	鲁甸土语	新营盘土语	桃巴土语	拖七土语	左所土语	三岩龙土语
裹腿	şkhiãu¹⁻tşĩə⁺¹³	khə⁵⁵tʂ˞⁵⁵	khiəu¹³dzəu¹³	xiʌ³⁵tʂə⁵³	kho¹³dzəu¹³	khə¹³tɕo¹³	kõ⁵⁵tʂĩ⁵³
快（刀）	tɕhɛ⁵⁵	tɕhuə⁵⁵	tɕhe⁵⁵	tɕhe⁵⁵mə⁵³	tɕhe⁵⁵mə⁵³	tɕhʌ⁵⁵mə⁵³	tɕhe⁵⁵mi⁵³
牛皮绳	zɣ¹³bʐẽ⁻³	rə¹³dzuə⁵⁵	rə¹³bʐẽ¹³	rə³⁵bʐẽ⁵⁵	rə¹³bʐẽ⁵⁵	rə¹³bʐẽ⁵⁵	rə¹³bʐẽ⁵⁵

表 4-18 显示的是央元音 ə 在普米语的各个方言里的变化情况。例词"裹"在箐花土语、鲁甸土语、桃巴土语、左所土语和三岩龙土语里都是单元音韵母[-ə]，在新营盘土语和拖七土语里演变成复合元音韵母[-əu]，例词"快（刀）"和"牛皮绳"在鲁甸土语中全部演变成复合元音韵母，在其他土语里仍然是单元音韵母。

通过上述讨论，我们了解到藏缅语群里复合元音在各个次语群的发生类型和接触类型。这些类型包括汉语借词中产生复合元音、韵尾变化产生复合元音、单元音裂变产生复合元音几项。另外，我们在第 3 部分还论证了藏语双音节合并产生真性复合元音和假性复合元音的现象。

4.4   侗台语群复合元音的音变模式

侗台语群一共统计了 73 种语言和方言，包括黎语次语群、壮傣次语群、仡佬次语群、仡央次语群、侗水次语群、台次语群六个次语群。这 73 种语言和方言都产生了复合元音，其中，黎语次语群和壮傣次语群复合元音音位比较多，其他次语群复合元音数量不等。表 4-19 列出复合元音音位总数在 9～18 的 40 种语言和方言，以及与单元音音位比较情况。

表4-19   侗台语群语言和方言的复合元音与单元音统计

语群	语言	复合元音/个	单元音/个
1. 黎语次语群	黎语保城语	18	8
2. 黎语次语群	黎语加茂语	17	9
3. 仡佬次语群	普标语	17	11
4. 黎语次语群	黎语中沙语	16	6
5. 壮傣次语群	壮语文山语	16	10
6. 黎语次语群	黎语黑土语	15	6
7. 壮傣次语群	傣语德宏语	15	7

语群	语言	复合元音/个	单元音/个
8. 黎语次语群	村语	15	9
9. 仡佬次语群	拉基语	15	8
10. 黎语次语群	黎语通什话	14	6
11. 黎语次语群	黎语保定话	14	6
12. 黎语次语群	黎语堑对话	14	7
13. 壮傣次语群	傣语绿春骑马坝傣话	14	9
14. 壮傣次语群	傣语元江红河傣话	13	9
15. 黎语次语群	黎语白沙话	13	7
16. 壮傣次语群	壮语东兰（城厢）话	12	8
17. 台语次语群	临高语	12	7
18. 仡佬次语群	仡佬语	12	7
19. 壮傣次语群	壮语环江（城管）话	11	7
20. 壮傣次语群	壮语龙胜（日新）话	11	7
21. 壮傣次语群	壮语来宾南部（寺脚）话	11	6
22. 黎语次语群	黎语元门话	11	6
23. 壮傣次语群	壮语田林话	11	9
24. 壮傣次语群	壮语广南话	11	10
25. 壮傣次语群	壮语都安话	11	7
26. 壮傣次语群	壮语大新话	11	7
27. 壮傣次语群	傣语金平勐拉新勐傣话	11	9
28. 壮傣次语群	傣语马关木厂区傣话	11	6
29. 黎语次语群	黎语西方话	11	7
30. 壮傣次语群	蔡家话	11	8
31. 壮傣次语群	壮语河池（三区）话	10	8
32. 侗水次语群	茶洞语	10	9
33. 壮傣次语群	壮语武鸣话	10	7
34. 壮傣次语群	壮语上林话	10	6
35. 侗水次语群	拉珈语	10	7
36. 壮傣次语群	壮语邕宁北部话	9	6
37. 壮傣次语群	壮语凌乐话	9	9
38. 壮傣次语群	壮语丘北话	9	8
39. 壮傣次语群	壮语邕南话	9	6
40. 壮傣次语群	壮语隆安话	9	8

　　表 4-19 显示，黎语次语群和壮傣次语群的方言总数有 34 个，占总数的 85%；其中，黎语保城话的复合元音最多，有 18 个。表 4-19 中的语言和方言的复合元音音位都比单元音音位多。

4.4.1　汉语借词中的复合元音

　　黎语主要分布在海南岛上，是岛上黎族使用的一种语言，黎族位于海南岛的西南端，是岛上最早的先民，大约在唐朝末年，汉人南下到海南岛上，自此，黎人与汉人开始了长期接触和融合，黎语从汉语中借入了大量的词汇，并从汉语借词中吸收了许多复合元音的音位。由于汉黎两族接触的历史时间比较久远，因此很多借词的音位已经进入到了基本词汇，如表 4-20 所示。

表 4-20　黎语方言中的汉语借词（一）

例词	黎语保定话	黎语中沙话	黎语黑土舌	黎语西方话	黎语白沙话	黎语元门话	黎语通什话	黎语堑对话	黎语保城话	黎语加茂话
熬	ŋau²	ɻau³	ŋaːuˉ	ŋaːu²	bau³	ruan⁵	roːŋ²	lɔːŋ²	ŋoːuˉ	ŋaːu⁵
刨子	tsɯ²phaːu²	kɯˉphaːu²	kɯˉphaːuˉ	phaːu¹	phaːu⁵	phaːu⁵	phaːu²	khau¹doˉ	khau¹do¹	phaːu⁴
倒塌	thaːu²	thaːu⁴	thou⁴	thau²	thau⁴	thau⁵	thou¹	thoˉ⁵	thoˉ⁵	—
棺材	tshai koŋ²	tshaiˈkɯŋ²	tshaiˈkəŋ²	tshaiˈkoŋ²	kuanˈtshaːiˉ²	kuaⁿtshaiˉ²	tshaiˈkoŋ⁵	kuaˉtshaːiˉ²	kwaˉtshaːiˉ²	tsha⁴toˉ²
柜子	kɯi²	kɯui²	khuiˉ	kui³	kui²	kui²	kui⁵	kui⁵	kɯi⁵	kuːi⁵
黄牛	niu¹	ɻiu¹	niu¹	n̥iu¹	n̥eu⁴	n̥iːu⁴	n̥iu¹	niu⁴	n̥iu¹	nau¹
担保	baːu³	baːu³	baːu³	baːu²	baːu³	bo⁴	baːu³	bo²	bo²	bɔ²
豆子	tsɯ²jau¹	kɯɻ²hau¹	kɯ²thau²	deːu²	dou³	daːu¹	ʔɯ³zau¹	zau¹	kɯ²hjau³	mɯ²tshɯa⁵

　　新中国成立之后，还有一批新词被借入了黎语的词汇中，这批新词中也有复合元音音位如表 4-21 所示。

表 4-21　黎语方言中的汉语借词（二）

例词	黎语保定话	黎语中沙话	黎语黑土舌	黎语西方话	黎语白沙话	黎语元门话	黎语通什话	黎语堑对话	黎语保城话	黎语加茂话
保卫	bo³ˈui³	ɔ³ˈɔcˉ	baːu³vˉiˉ³	bo³ˈui¹	bau³vui²	bo⁴ˈuːi³	bo⁴ˈui⁵	bo⁴ˈui⁵	bo²ˈui³	bo²ˈui¹
报纸	bo²ɯa³	ɔɔ³tɯaˉ	bo²tua³	pau³tsi¹	bau¹tsi¹	bo³tua³	bo³tua⁴	bo³tua⁴	bo³tua²	bɔ¹tua²
表扬	biːu³za:ŋ	biau³zaŋ³	biau³zəŋ³	biau⁴zuaŋ²	biau⁴zaŋ⁴	biau⁴zaŋ⁴	biau⁴ziaŋ	biau²ziaŋ⁴	biau²ziaŋ⁴
部长	buˈtɯːiˉ³	buˉtˈsiarˉ	bu³tsiɛŋ³	biau³zaŋ³	phu³tsuaŋ³	bu⁵tsiaŋ⁴	bu⁵tsiaŋ⁴	bu⁵tsiaŋ⁴	bu⁵tsiaŋ²	bu⁵tsiaŋ⁴
代表	daːiˉ³ɔːiˉu³	daˉi³biau³	daːi³²biauˉ	tai³piau²	dai³biau¹	dai⁵biau⁴	thoˉiˉ⁶biau⁴	daːi³biau⁴	dai³biau⁴	dai¹biau²

　　进入基本词汇中的汉语借词是更早期的形式，新中国成立以后的汉语借词是比较晚起的形式。

　　傣语主要分布在广西壮族自治区和云南省，更靠近汉族居住区，与汉语接触的时间更长。从西晋永嘉年间开始，由于战乱，汉族开始大规模的南迁，大批汉人到了西南地区，傣族与汉族接触的历史久远，进入基本词的汉语借词也很多，如表 4-22 所示。

表 4-22　傣语方言中的汉语借词

例词	傣语芒市话	傣语孟连话	傣语景洪话	傣语金平话	傣语元阳话	傣语武定话	傣语元江话	傣语马关话	傣语绿春话
柜子	Kui¹	xui⁵	lim⁴	koi¹	ʔəpᵍxa¹	kui⁵	xem²	kho³	ʔəm⁵
刨子	thui⁶pau⁵	tɑu⁵le²	tau⁵le²	thui²pa:u⁵	thui⁵	—	thui⁵pau⁵	thui⁴pa:u⁵	thui⁴
盖子	ka:i¹	pha¹hom⁵	fa¹kom¹	fa¹ŋam²	fa¹hum⁵	kai¹mo³	fa¹	fa¹	fɒ¹
害人	xa:i⁵	xai⁵	tɐŋ³	xa:i⁵	ha:i⁵	xai⁵	xa:i⁵	xa:i⁵	xɒi⁵
淘（米）	thau⁴	tau²	soi⁶	ta:u²	khuŋ⁵	thɐu⁴	thau⁴	thau⁴	thau⁴
税	kɔk⁸xan¹,soi	sui⁵	xɔn⁵	sui⁵	sui⁵	sui⁵	ɕui⁵	sui⁵	—
煤	mui⁴	məi⁴	məi⁴	—	mui³tha:n⁵	me²	mui⁴tha:n⁵	mɯui³	me²
早	tsau⁴	tsɑu⁴	tsau⁴	tɕau⁴	tsau⁴	tɕɐu⁴	tsau⁴	tsau⁴	tsau⁴
斗	təu²	təu²	tu²	tu²	thuŋ²	tə¹	tu²	ta:u²	tu²
回	pɔk⁸	pɔk¹⁰	pɔk⁸	tə⁶	xui⁴	tʂhɔn²	xui³	xui⁴	xui⁴

　　汉语借词最多的是壮语，壮语中很大一部分复合元音都出现在汉语借词中。壮语主要分布在广西壮族自治区和云南省，除此之外，还分布在广东省和湖南省，在这些地区汉族与少数民族接触密切，融合时间长并且接触的程度深，汉语借词是复合元音构成的主要来源，如表 4-23 所示。

表 4-23　壮语方言中的汉语借词

例词	壮语武鸣话	壮话横县话	壮语邕北话	壮语平果话	壮语田东话	壮语田林话	壮语凌乐话	壮语柳江话
瓜	kwe¹	kwa¹	kwa¹	kwa¹	kwa¹	kwa¹	kwa¹	kwa¹
梁	tiən¹liəŋ²	li:ŋ²	ka⁵lɯŋ²	lɯəŋ²	liaŋ²	liaŋ²	liaŋ²	lja:ŋ⁶
窑	jiəu²	hi:u²	ji:u²	ȵiəu²	jiau²	ja:u²	ja:u²	ji:u²
猫	me:u⁵	me:u²	me:u²	me:u²	me:u⁵	me:u³	me:u³	me:u²
口袋	tai⁶	tai⁶	tai⁶	tai⁶	tai⁶	tai⁶	tai⁶	tai⁶

续表

例词	壮语武鸣话	壮语横县话	壮语邕北话	壮语平果话	壮语田东话	壮语田林话	壮语凌乐话	壮语柳江话
鞋	haːi²	ɦaːi²	haːi²	haːi²	haːi²	haːi²	haːi²	haːi²
帽子	maːu⁶	ɱaːu⁶	maːu⁶	maːu⁶	maːu⁶	maːu⁶	maːu⁶	maːu⁶
瓢	peːu²	ɱaːi¹	wa¹	roːk⁹	huak¹⁰	peːu²	piu²	peːu²
罐子	kuəŋ⁵	ɕui⁵	kuːn⁵	kuəŋ⁵	ka⁵	kuan⁴	mo³	ʔoŋ⁵
篦子	pai⁶	ɔai⁶	pai⁶	pai⁶	pai⁶	pai⁶	pai⁶	pi⁶
胶	kaːu¹	kaːu¹	keːu¹	kjaːu⁶	keːu⁵	tɕaːu¹	tɕaːu⁶	kjaːu⁵
刨子	ɔaːu⁶	ɽaːu⁶	paːu²	paːu⁶	paːu⁶	paːu⁶	paːu⁶	paːu⁶
街	kaːi¹	ɬaːi¹	kaːi¹	kaːi¹	kaːi¹	kaːi¹	kaːi¹	kaːi¹
面条	mɯən⁶tiəu²	min⁶tiːu²	miːn⁶	miən⁶	mian⁶	mian⁶	mian⁶	miːn⁶
糕	kaːu¹	kaːu¹	kaːu¹	kaːu¹	kaːu¹	kaːu¹	kaːu¹	kaːu¹
爱	ɕjai²	ɕlai²	ʔaːi⁵	kjai²	diaŋ⁹	tɕai²	tɕai²	ŋaːi⁵
改	kaːi³	ɬaːi³	kaːi³	kaːi³	kaːi³	kaːi³	kaːi³	kaːi³
乱	luən⁶	lɯːn⁶	luːn⁶	luən⁶	luan⁶	luan⁶	luan⁶	luːn⁶

这些汉语借词都是基本词汇，从词汇构成看都是晚期借词。

4.4.2 单元音裂变

除了由接触原因导致汉语借词中产生复合元音之外，在语音的历史演变过程中由单元音裂变成复合元音也是侗台语群复合元音产生的主要途径。从黎语方言、壮语方言同源词中看单元音与复合元音之间的演化关系（表4-24～表4-29）：

表4-24　壮语方言单元音裂变情况 i>ei

例词	壮语武鸣话	壮语横县话	壮语广南话	壮语田东话	壮语柳江话	壮语环江话	壮语龙胜话	壮语田林话	壮语河池话	壮语都安话
有	mi²	ɱei²	—	mi²	mi²	mei²	mei²	—	mei²	mei²
醋	—	ɱei⁵	m̩i⁵	mi⁵	—	mei⁵	—	mi⁵	mei⁵	mei⁵
腋下	laˀ³ʔai⁵	laˀ³ʔei⁵	ʔ⁵	laˀ³ʔi⁵	laˀ³ʔi⁵	laˀ³ʔei⁵	laˀ³ʔei⁵	laˀ³ʔi⁵	laˀ³ʔei⁵	laˀ³ʔei⁵
星	daˑu¹dai⁵	ləɬ⁸cei⁵	daːˑi¹di⁵	daːu¹di⁵	laːu⁶di⁵	daːu¹dei⁵	raːu¹	daːi¹di⁵	daːu⁵di⁵	daːu¹dei⁵
旱地	ɣai⁶	ɕei⁶	ð⁶	li⁶	hi⁶	rei⁶	ri⁶	li⁶	rei⁶	rei⁶
火	fai²	f̃ei²	f²	fi²	fi²	feːi²	fei²	fi²	fei²	fei²
年	pi¹	ɱei¹	p̩¹	pi¹	pi¹	pei¹	pei¹	pi¹	pei¹	pei¹
兄弟	pai⁴nuəŋ⁴	pei⁴nuːŋ⁴	pi⁴nuaŋ⁴θaːi¹	pi⁴nuan⁴	pi⁶nuːŋ⁴	pei⁴nuːŋ⁴	pei⁶noːŋ⁴	pi⁴nuaŋ	pei⁴nuːŋ⁴	pei⁴nuːŋ⁴

表 4-24 显示，壮语武鸣话、广南话、田东话、柳江话、田林话等方言里以单元音韵母[-i]为主，在壮语横县话、环江话、龙胜话、河池话里多变为复元音韵母[-ei]，产生前核音[-e-]。

壮语方言中单元音裂变成复合元音的情况目前只看到 i>ei 这一种类型。

我们在黎语各方言中又发现了若干种单元音裂变的情况（表 4-25）。

表 4-25　黎语方言单元音裂变 i>ia

例词	黎语保定话	黎语中沙话	黎语黑土话	黎语西方话	黎语白沙话	黎语通什话	黎语堑对话	黎语保城话	黎语加茂话	黎语元门话
杯子	tsi:ŋ³	tsi:ŋ³	tsi:ŋ²	tsoŋ³	tsoŋ³	tsiaŋ¹	tsiaŋ¹	tsiaŋ¹	di:n⁵	tsiaŋ⁴
扯破	ɳi:k	ʔi:ʔ⁷	ʔi:ʔ⁷	ɳɯt⁷	ɳit⁸	ɳiaʔ⁷	ŋiaʔ⁸	ɳiak⁶	ɳit⁷	ɳiʔ⁸
戴耳环	mi:ŋ¹	mi:ŋ¹	mi:ŋ¹	miŋ¹	riŋ³	miaŋ¹	miaŋ⁴	miaŋ¹	tuəi¹	miŋ⁴
扛	bi:k⁷	bi:ʔ⁷	bi:ʔ⁷	bik⁷	bit⁸	biaʔ⁷	biaʔ⁷	biak⁷	fi²	biʔ⁷
背（小孩）	fi:ŋ¹	fi:ŋ¹	pi:ŋ¹	fiŋ¹	fiŋ¹	fiaŋ¹	fiaŋ¹	fiaŋ¹	fe:ŋ²	fiŋ¹
扁担	tshai¹fi:k⁷	tshai¹fi:ʔ⁷	kɯ¹pi:ʔ⁹	tshai¹fik⁷	fit⁷	tshai¹fiaʔ⁷	fiaʔ⁷	fiak⁷	pia⁵	fiʔ⁷
车	tshia¹	tshia¹	tshia¹	tshi¹	tshi¹	tshia¹	tshia¹	tshia¹	tshia³	tshia¹
垫高	teŋ¹	thim²	thim³	tshen¹	tshen¹	thiam⁵	thiam⁵	thiam⁵	thiam⁵	thiam⁵

表 4-25 显示，在黎语保定话、中沙话、黑土话、西方话、白沙话里韵母多为长元音[-iː]，在黎语通什话、堑对话、保城话、加茂话和元门话里单元音韵母[-iː]裂变产生复合元音韵母[-ia]，产生一个后核音[-a]。

表 4-26　黎语方言单元音裂变 eː>ia

例词	黎语保定话	黎语中沙话	黎语黑土话	黎语西方话	黎语白沙话	黎语通什话	黎语堑对话	黎语保城话	黎语加茂话	黎语元门话
疮	ne:ŋ¹	ne:ŋ¹	ʔau	ne:ŋ¹	niaŋ¹	ne:ŋ¹	ne:ŋ⁴	ne:ŋ¹	na:i¹	niaŋ⁴
剥（牛皮）	de:ŋ³	de:ŋ³	da:ŋ³	de:ŋ³	diaŋ³	de:ŋ³	de:ŋ³	thak⁷	thak⁷	diaŋ³
边	fe:ŋ¹	fe:ŋ¹	phe:ŋ¹	fiaŋ¹	fiaŋ¹	fe:ŋ¹	fe:ŋ¹	fe:ŋ¹	fe:ŋ¹	fiaŋ¹
炒	ke:ŋ¹	ke:ŋ¹	ke:ŋ¹	ke:ŋ¹	kiaŋ¹	ke:ŋ¹	ke:ŋ¹	ke:ŋ¹	tsha²	kiaŋ¹
串	tse:ŋ¹	tse:ŋ¹	tse:ŋ¹	tse:ŋ¹	tsiaŋ¹	tse:ŋ¹	tshe:ŋ¹	tse:ŋ¹	tsi:ŋ²	tsiaŋ¹
疮	ne:ŋ¹	ne:ŋ¹	ne:ŋ¹	ne:ŋ¹	niaŋ¹	ne:ŋ¹	ne:ŋ⁴	ne:ŋ¹	na:i¹	niaŋ¹
稻穗	tse:ŋ¹	tse:ŋ¹	tse:ŋ¹	tse:ŋ¹	tsiaŋ¹	tse:ŋ⁴	tshe:ŋ⁴	tse:ŋ⁴	tsi:ŋ²	tsiaŋ¹
繁殖	the:ŋ¹	the:ŋ¹	the:ŋ¹	the:ŋ¹	thiaŋ¹	the:ŋ¹	the:ŋ¹	the:ŋ¹	the:ŋ¹	thiaŋ¹

　　表 4-26 显示，黎语保定话、中沙话、黑土话、西方话、通什话、堑对话和保城话等方言里各个例词的韵母多为单元音长元音[-eː]，在黎语白沙话和元门话里裂变成复合元音韵母[-ia]，产生了后核音[-a]。

表 4-27　黎语方言单元音裂变 u＞ua

例词	黎语保定话	黎语中沙话	黎语黑土话	黎语西方话	黎语白沙话	黎语元门话	黎语通什话	黎语堑对话	黎语保城话	黎语加茂话
爱	ʔoːpꜛ	ʔoːpꜛ	ʔoːꜛ	ʔoːpꜛ	ʔuapꜞ	ʔuapꜞ	ʔoːpꜛ	ʔoːpꜛ	ʔoꜛpꜛ	taːkᵍtsi
捕捉	roːmꜛ	roːm	raːꜛ	roːmꜛ	ruamꜛ	ruamꜛ	roːmꜝ	loːmꜝ	loːꜝ	tuiꜝ
钝	reːkꜜtshoːmꜛ	ʑeːꜛtshoːmꜛ	zaːʔꜛtsaamꜛ	tuꜝtshoːmꜛ	teꜝtshuamꜛ	tiaꜛtshuamꜛ	teːꜝtshoːmꜛ	vanꜝtshoːmꜛ	veiꜝtshoːmꜛ	ŋoꜛtshiamꜛ
尘土	fꜜŋꜝ	fuːꜛ	puːꜝŋꜝ	funꜝ	ŋuanꜛfanꜝ	foꜝfanꜝ	fuanꜝ	fuːꜛŋꜝ	puanꜝ	ŋunꜝfanꜝ
擦	tsnaːtꜞ	tshuakꜞ	tshɛtꜛ	tsheːtꜞ	tshuꜞ	tshuakꜛ	tshuaʔꜛ	tshuaʔꜛ	tshuaʔꜛ	tshuaꜝ
斧子	ɓuaꜝ	ɓuaꜝ	ɓuaꜝ	vuːkꜞ	buꜞ	buꜝ	buaꜝ	buaꜝ	buaꜝ	fɔꜝ
白头发	kuːkꜛ	kuːʔꜛ	ŋuːꜝ	kukꜛ	voꜝkhaːuꜛ	voꜝkhaːuꜛkhʔꜞ	kuːꜝ	khuaʔꜞ	kuːʔꜞ	kuaꜝ
白蚁	pluːk	luːʔꜛ	luːꜛ	plukꜛ	plukꜞ	pluʔ	pluːʔꜛ	puaʔꜛ	pluːʔꜛ	luaꜝ
懂	kɬuːŋꜛ	ɬhuːꜛ	khuːŋꜛ	khoŋꜛ	khuŋꜛ	khuŋꜛ	khuːŋꜛ	khuanꜛ	khuŋꜛ	minꜝtaiꜝ
洞	tshuːŋꜝ	tshuːŋꜝ	tshuːŋꜝ	tshuŋꜝ	tshuŋꜝ	tshuŋꜝ	tshuːŋꜝ	tshuanꜝ	tshuːŋꜝ	tshuaꜝ

　　表 4-27 显示，黎语保定话、黑土话、中沙话和西方话里多为单元音长元音韵母[-aː]、[-oː]、[-uː]，在黎语白沙话、元门话、通什话、堑对话、保城话和加茂话里[-oː]和[-uː]裂变成复合元音韵母[-ua]，产生后核音[-a]。

表 4-28　黎语方言单元音裂变 a＞ua

例词	黎语保定话	黎语中沙话	黎语黑土话	黎语西方话	黎语白沙话	黎语元门话	黎语通什话	黎语堑对话	黎语保城话	黎语加茂话
肠子	raːiꜛ	raːiꜛ	raːiꜛ	raːiꜛ	raːiꜛ	ruaiꜞ	raːiꜞ	laːiꜞ	laːiꜞ	luiꜝ
床垫	kaːnꜛ	kaːnꜛ	kaːn	kaːŋꜛ	kaːŋꜛ	kuanꜛ	kaːnꜛ	kaːnꜛ	kaːnꜛ	puaꜞtənꜛ
村庄	bouꜛ	bauꜛ	bauꜛ	ɣaːŋꜛ	faːŋꜛ	fuanꜛ	faːŋꜛ	faːnꜛ	faːnꜛ	fuənꜛ
放	taːnꜛ	taːnꜛ	taːnꜛ	saːnꜛ	tshaːŋꜛ	tshuanꜛ	taːnꜛ	taːnꜛ	taːnꜛ	ʔuŋꜛ
沸腾	daːnꜛ	caːnꜛ	daːnꜛ	daːnꜛ	daːŋꜛ	duanꜛ	daːnꜛ	daːnꜛ	daːnꜛ	puətꜞ

　　表 4-28 显示，黎语保定话、中沙话、黑土话、西方话、白沙话、通什话、堑对话、保城话和加茂话里都是长元音单元音韵母[aː]，在黎语元门话里变成复合元音韵母[-ua]，产生了前滑音[-u]。

在黎语各个方言里，也有复合元音单元音化现象发生，如表 4-29 所示。

表 4-29   黎语方言复合元音单元音化 au>o

例词	黎语保定话	黎语中沙话	黎语黑土话	黎语西方话	黎语白沙话	黎语元门话	黎语通什话	黎语堑对话	黎语保城话	黎语加茂话
刚刚	na:u³	nau³	na: u³	no³	no³	no⁶	no⁶	no⁶	nɔ³	kuɯ²tsa:t⁹
栖息	tsau³	tsau³	tsau³	tso³	tso³	to³	tso³	tso³	tsɔ³	ŋɔm²
才	nau³	nau³	nau³	no³	no³	na³	no³	na¹	nɔ³	na¹
出壳	tau²	tau²	tau²	so²	tsho²	tsho⁵	tau⁵	to⁵	tɔ⁵	dua?⁹
戴	ŋwou³	ŋau³	ŋau³	ŋo³	ŋo³	mo⁶	gwe:ŋ¹	ŋɔ⁶	ŋɔ³	ȵiau¹
跌倒	dau²	dau²	dau²	do²	do²	do⁵	do⁵	do⁵	dɔ⁵	da:u¹
堆	phou³	phau³	phau³	pho³	pho³	pho³	pho³	pho³	phɔ³	duən¹

表 4-29 显示，在黎语保定、中沙话和黑土话里都是复合元音 [a:u] 或者 [au]，黎语西方话、白沙话、元门话、通什话、堑对话、保城话和加茂话里多单元音化变成单元音韵母 [o]、[ɔ] 或者 [a]。

4.4.3   辅音声母变成半元音

在壮语方言里，还有复辅音 [pl] 的后置辅音 [-l] 变成半元音 [-j] 的现象如表 4-30 所示。

表 4-30   壮语方言复辅音后置辅音变化 pl>pj

例词	壮语武鸣话	壮语横县话	壮语平果话	壮语田林话	壮语凌乐话	壮语广南话	壮语柳江话	壮语环江话
雷	pla³ɣai²	pla³	pla³	pja³	pja³	pja³	pja¹	pja³
蔬菜	plak⁷	plak⁷	plak⁷	piak⁷	pjak⁷	pjak⁷	pjak⁷	pjak⁷
额头	na³pla:k⁹	na³pla:k⁹	na³pla:k⁹	na³pja:k⁹	na³pja:k⁹	na³pja:k⁷	na³pja:k⁹	na³pja:k⁹
菜	plak⁷	plak⁷	plak⁷	piak⁹	pjak⁷	pjak⁷	pjak⁷	pjak⁷
走	pla:i³	pˑa:i³	pla:i³	pja:i³	pja:i³	pja:i³	pja:i³	ha:m³

表 4-30 显示，壮语武鸣话、横县话、平果话里复辅音声母 [pl-] 在壮语田林话、凌乐话、广南话、柳江话和环江话里多变为单辅音声母 [pj-]，复辅音后置辅音 [-l-] 变成半元音 [-j-]。

在傣语各亲属方言中，元音韵尾 [-ɯ] 及辅音韵尾 [-t]、[-k] 变成复合元音后滑音的现象比较普遍，如表 4-31 所示。

表 4-31　傣语方言韵尾的变化

韵尾变化	例词	傣酉芒市话	傣语孟连话	傣语景洪话	傣语金平话	傣语绿春话	傣语元阳话	傣语武定话	傣语元江话	傣语马关话
-ɯ>-i	鸡笼	taɯ⁶	tɑ*	tai¹	tau¹	tai²,pueŋ²	tauɯ¹	tɐi¹,pun¹	tauɯ¹	tauɯ¹
-k>-u	根	haːɫ⁸	hak¹⁰	haːk⁸	ha²	hauɯ²	haːk⁸	hak⁷	haːu⁶	hak¹⁰
-k>-ɯ	果子	⊓aːk	maːxɯ⁹	maːkɯ⁹	maːkɯ⁹	khɯ²	maːkɯ⁹	makɯ⁹	maːɯ⁵	makɯ⁹
-k>-ɯ	呕吐	haːɫ⁸	hak¹⁰	haːk⁸	haːk⁸	tsai²	tsauɯ¹	tɕɐi¹	tsauɯ¹	tsam¹
-t>-i	拔刀	tɔ⁹	thɔ⁹	thɔt⁹	tɕak⁸	ləu²pai⁴	luk⁸pauɯ⁴	luk⁷pɐi⁴	lou⁶pauɯ⁴	lok¹⁰pauɯ⁴
-ɯ>-i	心	tsauɯ⁶	tsɑ⁵	tsai¹	tɕauɯ¹	khui¹mai⁵	pauɯ¹mauɯ⁵	luk⁷nɛ⁵	lou⁶leŋ¹	lok¹⁰khui¹mauɯ⁵
-ɯ>-i	儿媳	luk³pauɯ⁴	luk¹⁰pɑ⁴	luk⁸pai⁴	luk⁸pauɯ⁴	hauɯ²	haːp⁸	hak⁷	haːu⁶	hak¹⁰
-ɯ>-i	新娘	luk⁸pɔuɯ⁻mɑ⁵	pɑ⁴mɑ	pai⁴mai⁵	pauɯ⁴mauɯ⁵	thuɛ¹	thon¹	thɔi¹	thui¹	tshi²

表 4-31 显示，傣语元音韵尾[-ɯ]多变为[-i]，辅音韵尾[-k]变成元音[-ɯ]或者[-u]。

通过以上讨论，我们了解到侗台语群里复合元音在各个次语群的发生类型和接触类型。这些类型包括在汉语借词中产生复合元音、单元音裂变产生复合元音、复辅音后置辅音变成半元音、辅音或元音韵尾变成后滑音等几种类型。

4.5　苗瑶语群复合元音的音变模式

苗瑶语群共收集了 45 种语言或方言，包括苗语次语群、瑶语次语群，这 45 种语言或方言都产生了复合元音。产生复合元音最少的方言是苗语湘西方言吉卫话，只有 2 个；产生复合元音最多的方言是瑶语群的勉语梁子话，有 13 个复合元音。表 4-32 列出复合元音在 9～13 个的语言或方言。

表 4-32　苗瑶语群各语言和方言复合元音与单元音统计

语群	语言	复合元音/个	单元音/个
1. 瑶语次语群	勉语梁子话	13	7
2. 苗语次语群	苗语滇东北次方言石门坎话	12	7
3. 苗语次语群	布努语巴马西山努努话	11	6
4. 瑶语次语群	勉语罗香话	11	8
5. 瑶语次语群	勉语大汇底话	10	8

续表

语群	语言	复合元音/个	单元音/个
6. 瑶语次语群	勉语大小河话	10	8
7. 瑶语次语群	勉语都龙话	10	5
8. 瑶语次语群	勉语甲江话	10	8
9. 瑶语次语群	勉语滩散话	10	6
10. 苗语次语群	苗语川黔滇方言枧槽话	10	10
11. 苗语次语群	布努语都安三只羊布诺话	9	7
12. 苗语次语群	布努语荔波洞塘冬孟话	9	6
13. 瑶语次语群	勉语览金话	9	6
14. 苗语次语群	苗语黔东方言养蒿话	9	7

苗瑶语群的 14 个语言或方言的复合元音音位都超过了单元音音位，集中出现在瑶语群的勉语里，个别出现在苗语群的布努语和苗语方言里。

4.5.1　汉语借词中的复合元音

瑶语次语群的勉语和苗语次语群的布努语多分布在广西壮族自治区、广东省、贵州省和海南省等。夏商周时期，苗蛮民族起源于长江中游和汉水流域，周以后，居住在长江中游地区的苗蛮，由于经济的发展，有一部分强大起来，称为荆蛮，即后来的楚，其他较为落后的苗蛮发展为后来以武陵蛮为主的民族群体。以苗蛮为主体的楚族，在春秋战国时期广泛地与周围各族及华夏族发生着联系；唐宋时期，苗、瑶分化，构成了两个民族；在元明清时期，苗族总体上呈从东向西迁移的势态，西至滇黔，东至湘桂，瑶族的聚居区最初和苗族一样，是在湘西、黔东连接地区，分化为两个民族之后，苗族在北，瑶族在南，在北的苗族向西移动而深入到云南省、贵州省、四川省，南边的瑶族向南部和西南部移动而深入广西壮族自治区、广东省、贵州省、云南省，大部分瑶族分布在广西壮族自治区（王文光，1999）。在秦汉与魏晋时期，大量的汉人开始为躲避战乱而进入到苗蛮地区，自西晋永嘉时期"八王之乱"始，经过唐末的安史之乱，到南宋靖康之乱为止，北方汉人经历了三次大规模的南迁高潮，汉人开始大规模进入广西壮族自治区、广州省、云南省、贵州省和海南省等地。因此，汉族和苗瑶民族在大杂居、小聚居的交往过程中，大量汉语借词已经深入基本词汇中。例如，布努语就有一些带复合元音的基本词汇来自汉语借词，详细内容见表4-33。

表 4-33　布努语方言中的汉语借词

例词	布努方言	包瑙方言	努茂方言
铜	lɔŋ²	tɔŋ²	tɕu²
煤	mei⁸	tei¹thou⁵	m̩ɑ⁶
木炭	tan⁵	thou⁵	tʰu⁵
东	həŋ¹ŋɔŋ¹ka⁶	tɔŋ³	tuŋ¹
南	həŋ¹kwen¹shu¹	tou⁶vɒ²ŋkɔ²	nɔ⁶
西	həŋ¹ŋɔŋ¹ka⁶	si³	ɕi¹
北	həŋ¹kwen¹shu¹	tə³vɒ²ɣou²	pe⁶
牛	n̠uŋ²	ȵau²	ȵɯ²
马	mɔ⁴	ljei²hɔn¹	mu⁴
羊	zɔŋ²	jɒ²	tɕau²
猫	mjɔ⁸	mi³	mjɔu⁴
兔子	tu²	mi³tẽ⁸	tɕi⁸
龙	ɣɔŋ²;luŋ²	ɣɒ²	ɣɔŋ²
狼	laŋ⁸	suɔ³sei³lẽ⁸	lɑŋ⁸
瓜	kwa³	kjwa¹	kuɑ¹
瓦	ŋwa⁴	ŋu⁴	ŋɒ⁴
庙	mjɔ⁶	ptse³tlei¹	mjɹu⁶
柜子	kwi⁶	kwei⁴	tɑɯ³
刀	tu¹	tau¹	tɤ¹
帽子	mɔ⁶	muɔ⁸	mɒɹ⁸
跪	kwai⁶	kwei⁶	tɕɤy³
喝	hu⁷	hau⁷	x̩⁷
一百	i¹pai⁵	i¹pai⁵	pɕi⁵
一万	i¹van⁶	i¹van³	fɒn⁴
第一	te⁴ze³	ti²i¹	ti²i¹

在布努语里，有些借词出现在一个或者两个方言里，有些借词在三个方言里都出现。例如，表示方向的"东、南、西、北"的汉语借词形式多出现在包瑙方言和努茂方言里，在布努方言里出现得比较少；表示数量的"一百、一万、第一"在布努方言、包瑙方言和努茂方言里都是汉语借词形式。

勉语中的复合元音基本都来自汉语借词，详细内容见表 4-34。

表 4-34　勉语各方言中的汉语借词

例词	勉语江底	勉语金门梁子	勉语标敏东山	勉语藻敏大坪	勉语庙子源	勉语长坪	勉语罗香	勉语滩散	勉语石口	勉语牛尾寨
新地	sjaŋ^{33}dei^{13}	gjaŋ^{44}bou^{44}	sjaŋ^{33}tɕi^{42}	sjaŋ^{44}ti^{22}	sjaŋ^{33}tei^{11}	θjaŋ^{33}tei^{22}	ɕaŋ^{31}tei^{11}	ɕaŋ^{33o}tei^{32}	ɕaŋ^{33}ti^{13}	saŋ^{33}ti^{31}
煤	mui^{31}	—	mui^{42}	mui^{53}tan^{24}	mei^{31}	mei^{31}	mui^{31}tham^{55}	mei^{335}	mwei^{55}ton^{44}	mwei^{53}tham^{435}
兔子	thou^{24}	tu^{21}	thou^{53}tsaŋ^{35}	tu^{42}tei^{42}	thu^{35}tsei	tu^{55}	tou^{55}	thu^{331}	theu^{44}dən^{33}	thu^{53}twan^{33}
公鸡	tɕai^{33}koŋ^{24}	tɕi^{35}koŋ^{33}	tɕi^{33}koŋ^{33}	kui^{44}bje^{24}	tɕai^{33}koŋ^{35}	kai^{33}koŋ^{31}	tɕai^{33}koŋ^{31}	tai^{35}koŋ^{33}	kai^{33}koŋ^{33}	kjai^{33}koŋ^{33}
狮子	si^{31}tsei^{52}	—	sai^{33}tsaŋ^{35}	si^{42}ti^{42}	sɿ^{31}tsei^{53}	tsi^{31}tsi^{53}	θu^{53}θu^{55}	dei^{33o}θei^{53}	sɿ^{233}tsɿ^{55}	—
豹子	tom^{31}sjen^{31}beu^{32}	gjam^{35}mjeu^{32}	pau^{24}hu^{42}	beu^{42}	bau^{35}tseʂ^{53}	dzjen^{31}miu^{31}	dzan^{31}	gjam^{33o}ʔpau^{335}	peŋ^{33}keu^{33}dən^{33}	—
蝲蝲	mau^{52}waŋ^{31}	kjam^{35}	mau^{53}waŋ^{31}	a^{44}bin^{42}	bja^{232}	mu^{31}vaŋ^{31}	ma^{11}vaŋ^{31}	mau^{33}vaŋ^{33}	biam^{44}	mau^{33}jaŋ^{31}
米	mɯ^{52}	mei^{43}	mɯ^{35}	a^{44}mei^{24}	mei^{53}	mai^{53}	mei^{53}	mei^{42}	mi^{35}	mi^{35}
稗子	pai^{13}	hou^{43}waŋ^{545}	pai^{42}	a^{44}pui^{22}	ba^{11}	vaŋ^{53}	pai^{11}	thu^{12}koŋ^{35}	ba^{55}pai^{13}	pai^{53}
荞麦	tɕou^{31}mɯ^{12}	tɔ^{42}mɯ^{42}	tɔ^{42}mɯ^{42}	san^{22}kou^{44}ma^{22}	tɕou^{31}mɯ^{21}	tɕou^{31}mɯ^{21}	θam^{31}ko^{53}mje^{21}	θam^{31}koŋ^{33}me^{32}	θam^{35}kak^{35}me^{32}	bou^{35}kloŋ^{33}ma^{55}
豆子	top^{12}	tap^{21}bei^{545}	ɬhan^{42}	a^{44}tup^{22}	tau^{21}	tap^{21}	top^{32}	ʔtop^{32}bei	tɔ^{22}	thwa^{53}
茶油	tsa^{31}jou^{31}	ɬa^{33}jou^{33}	ɬa^{31}jou^{31}	ta^{53}tei^{24}dziu^{53}	tsa^{31}jou^{31}	tsa^{31}jou^{31}	tɕa^{31}jeu^{31}	ɬa^{33}jou^{31}	tsa^{55}jcu^{55}	tsa^{53}jeu^{53}
米粉	mei^{52}bwan^{52}	mei^{43}vaŋ^{545}	m̩^{35}hwan^{35}	mei^{24}fun^{53}	mei^{53}bwaŋ^{53}	mai^{35}bən^{35}	mei^{35}bwən^{53}	mei^{42}bən^{55}	mi^{35}feŋ^{35}	mi^{35}feŋ^{35}
蜜粮	mwei^{231}toŋ^{31}	mei^{32}toŋ^{33}	mi^{42}taŋ^{31}	mui^{44}m̩^{24}	mwei^{232}toŋ^{31}	mui^{124}toŋ^{31}	mwei^{213}toŋ^{31}	mei^{31}toŋ^{33}	mou^{35}duŋ^{55}	mwei^{433}twan^{33}taŋ^{53}
腰	tsui^{31}	tui^{33}	tsau^{24}	a^{44}tau^{24}	tsau^{35}	tei^{31}tsui^{31}	tɕui^{31}	tui^{33}	kha^{33}	tsau^{44}
帽子	mwo^{13}	mou^{22}	mu^{42}mau^{22}	a^{44}mu^{22}	mau^{35}	mau^{22}	mou^{11}	mou^{32}	mu^{13}	mu^{53}
手套	—	pu^{32}mat^{42}	ɕiu^{53}tau^{24}	pu^{44}mat^{22}	sou^{53}thau^{35}	sou^{53}thau^{55}	pu^{213}lap^{43}	ʔpu^{31}mat^{32}	pou^{31}thou^{35}	—
柜子	kwei^{13}	gwai^{22}	loŋ^{42}	ki^{42}kui^{24}	kui^{11}	kwei^{22}	kwai^{11}	gwai^{32}	loŋ^{31}	loŋ^{433}

续表

例词	勉语江底	勉语金门梁子	勉语标敏东山	勉语藻敏大坪	勉语庙子源	勉语长坪	勉语罗香	勉语滩散	勉语石口	勉语牛尾寨
灯心	taŋ³³fim³³	toŋ³⁵tθin⁴⁴	tən³³ɕin³³	daŋ⁴⁴hum⁴⁴	taŋ³³fiŋ³³	taŋ³³θim³³	taŋ³³θim³³	ʔtɔŋ³⁵θin³⁵	doŋ³³sjen³³	to³³sin³³
阴囊	thjuu⁰¹kɐn⁷²	djuu⁰¹kun⁴⁴	djau¹²kɔn³³	kɪu³³kaŋ⁶³	thjuu¹¹kəŋ¹¹	phjau¹¹kən¹¹	tɕi¹¹kaŋ⁴⁴	bjɛu¹³kɛːŋ¹¹	thjau⁰¹kəm²³	thjau¹³kən³³
锥子	tswei³³	tθun⁴⁴	tsui²⁴tsaŋ³⁵	tsui⁴⁴	dzuŋ³⁵	tswei³⁵	nwei⁵³	nuːi³⁵	tɕi³³	tɕy³³
梯子	thei³³	tei³¹	thɔi³³	a⁴⁴hai⁴⁴	thei³³	thei³³	⁺hɔi³³	thei¹³	thi³³	thi³³
句	pɐu⁶³	ɲiou³⁵	ɲjau³³	bɔŋ⁴⁴	pei³³	——	⁺³³	ʔɲiŋ³⁵	ɲivŋ³³	pjɐ³³
摆（设）	pjaːi⁵²	paːi⁵⁴⁵	twɔn²⁴	boŋ⁴²	pa⁵³	paːi⁵³	paːi⁵⁵	baːi⁴⁴	paːi⁴⁴	paːi⁴⁴

在勉语的资料里，汉语借词的数量非常大，其中带复合元音的词汇也非常丰富，由于民族融合和语言接触而产生的复合元音是勉语复合元音产生的主要途径。苗语方言和瑶语方言与汉语接触比较深入，但是，与藏缅语群和侗台语群比较起来，进入语音系统中的借词复合元音却比较少，我们推测在历史发展过程中，由于汉语与苗瑶语长时期的深入接触，相当一部分借词的复合元音都已经深入基本词汇，变成了基本词汇的音位，不再以借词音位的形式出现在语音系统里。

4.5.2　单元音裂变

单元音裂变构成复合元音是苗瑶语群复合元音产生的另外一个途径，这种产生途径在布努语里表现得比较明显，详细内容见表 4-35。

表 4-35　布努语各方言单元音裂变 e＞ei/i＞ei/a＞ei

例词	布努方言	包瑙方言	努茂方言
洞	khi³	kə³khẽ³	khei³
土	ka³te¹	kə³tei¹	ta¹
石头	fa³ɣe³	ɣei¹	ɣei¹
菌子	pi³ntɕe¹	n̺tɕe¹	n̺tɕei¹
妻子	ve³	vei³	mɑi⁸
姐妹	tɕau³e³	tɕaə³ei³	tɕy³ɑ³
姐姐	e³	ei³	mphɑ⁷
草房	pje³ŋko¹	ptse³ŋu⁴	pjei³ŋku¹
打（枪）	pi³	pẽ³	pei³
答	te¹	tei¹	ta¹
扫	tɕhe¹	tɕhe¹	tɕhei¹
钩（住）	ŋke⁵	ŋkei⁵	ŋkɑ⁵
舌头	n̺ɬa⁸	ntlja⁸	ntljei⁸
苦胆	si¹	sei¹	tsi¹
祖母	za⁸;ve³	vei³	va³
烤（火）	nte⁵	ntei⁵	nta⁵
母亲	mi⁸	mei⁸	mɑi⁸
锋利	ntse⁵	ntsei⁵	ntsei⁵
近	ɣe⁵	ɣei⁵	ɣei⁵

表 4-35 显示，布努语中布努方言例词里多为单元音韵母[-a]，[-e]或者[-i]，

在包瑙方言和努茂方言主单元音裂变成复合元音韵母[-ei]，在有的例词中，例如"妻子"和"母亲"[-ei]的核音继续低化变成[-ai]。

表 4-36 显示，布笑语的布努方言和努茂方言多为单元音韵母[-o][-ɔ]或者[-u]，在包瑙方言里裂变成复合元音韵母[-ou]，在某些例词中，如例词"站"，核音继续低化变成[-ɑu]。

表 4-36 布努语单元音裂变 o＞ou/ɔ＞ou/u＞ou

例词	布努方言	包瑙方言	努茂方言
田	to²	tou²	tʋ²
月	ɬo⁵	lhou⁵	ɭo
初八	θhəŋ¹zo⁸	tθhɒ¹jou⁸	san ja⁸
人	no²	nou²	nʋ²
富人	ɿo²məŋ²	nou²ɳou³	nʋ²fɹei⁵
父亲	po³	pou³	pɒ³
哥哥	to²	tou²	tɒ²
兄弟	tɕau³to²	tɕaə³tou²	tɕyʔo²
站	sho³	shou³	sɑu⁶
织（布）	ntɔ⁷	ntuɔ⁷	ntɑɹ⁷
抢（东西）	lo⁸	lou⁸	lo³
下（去）	ŋko⁴	ŋkəu⁴	ŋkɒ⁴
熏（眼睛）	ntɕhɔ⁵	n̩tɕhuɔ⁵	n̩tɕhəu⁵
过（河）	to⁸	tou⁸	to³
开（门）	po⁷	pou⁷	pɒ⁷

在表 4-37 里，在布笑语的布努方言和努茂方言里，韵母多为单元音[-u]或者[-ɤ]，个别例词为[-ɑ]，如"鼻涕"一词，在包瑙方言里这些单元音裂变成复合元音[-au]，产生前核音[-a]。

表 4-37 布努语方言单元音裂变 u＞au

例词	布努方言	包瑙方言	努茂方言
初六	θhəŋ¹tu⁵	tθhɒ¹tɕau⁵	sɐn¹tjɤ⁵
黄豆	tu⁸pa³	tau⁸pja³	ɤ⁸lo⁴
鼻涕	ka³mpjau⁶	kuɔ³mptsə⁶	kɑu³mpy⁶
盖（瓦）	phu⁵	phau⁵	ɔhɤ⁵
九	tɕu²	tɕau²	tɕɤ²

4.5.3 辅音韵尾变成元音

在布努语的方言中还有带韵尾-ŋ 的单元音[-aŋ]、[-ɔŋ]，这两个鼻音尾韵母可以转化成复合元音[-ou]，具体内容如表 4-38 所示。

表 4-38　布努语鼻音韵母的变化 aŋ、ɔŋ＞ou

例词	布努方言	包瑙方言	努茂方言
地	laŋ⁵	lɔŋ⁵	lou⁵
铜	lɔŋ²	tɔŋ²	tou²
树	ntaŋ⁵	ntɔŋ⁵	ntou⁵
种子	n̥aŋ¹	n̥ɔŋ¹	n̥au¹

表 4-38 显示，布努语布努方言和包瑙方言中的鼻音韵尾[-ŋ]在努茂方言里都变成了后滑音[-u]，例词"地""树"的[-aŋ]变成了[-ɔŋ]之后又变成了[-ou]，即 aŋ＞ɔŋ＞ou。

通过以上讨论，我们了解到苗瑶语群里复合元音在各个次语群的发生类型和接触类型，包括大量汉语借词中产生复合元音，单元音裂变成复合元音，鼻音韵尾[-ŋ]变成后滑音[-u]等几种形式。

4.6　南亚语群复合元音的音变模式

南亚语群主要包括孟高棉次语群，我们一共收集了 21 种语言或方言，其中复合元音产生最多的方言是佤语阿佤方言马散话，有 21 个，复合元音产生最少的语言是克蔑语，有 7 个，其中复合元音的总数超过单元音总数（包括相等）的语言或方言有 20 个。这 20 个语言或方言的单元音与复合元音的数量如表 4-39 所示。

表 4-39　南亚语群单元音与复合元音统计

语群	语言	复合元音总计/个	单元音总计/个
1. 孟高棉次语群	佤语阿佤方言马散话	21	9
2. 孟高棉次语群	德昂语	21	9
3. 孟高棉次语群	佤语阿佤方言阿瓦来话	18	9
4. 越芒次语群	布芒语	17	9
5. 孟高棉次语群	佤语阿佤方言大芒糯话	16	11

语群	语言	复合元音总计/个	单元音总计/个
6. 孟高棉次语群	佤语巴饶克方言班洪话	16	9
7. 孟高棉次语群	京语	15	9
8. 孟高棉次语群	佤语阿佤方言岩城话	14	8
9. 孟高棉次语群	佤语巴饶克方言艾帅话	14	8
10. 孟高棉次语群	布朗语	14	9
11. 孟高棉次语群	佤语岩帅话	13	9
12. 孟高棉次语群	佤语巴饶克方言大寨话	13	9
13. 孟高棉次语群	佤语佤方言勐汞话	12	10
14. 孟高棉次语群	莽语	12	12
15. 孟高棉次语群	佤语阿佤方言岳宋话	11	8
16. 孟高棉次语群	佤语巴饶克方言完冷话	11	9
17. 孟高棉次语群	布兴语	11	11
18. 孟高棉次语群	佤语阿瓦方言细允话	10	9
19. 孟高棉次语群	克木语	10	9
20. 孟高棉次语群	徕语	9	9

通过观察表 4-39 的数据，我们可以看出复合元音出现较多的语言和方言多集中在佤语的各个方言里。

佤语各个方言主要分布在云南省，个别方言分布在境外的缅甸。这些方言与汉语接触的情况比较少见。在南亚语群的元音系统里，没有出现因接触原因产生复合元音借词音位的现象。

因单元音裂变而构成复合元音的现象在南亚语群中比较常见，是南亚语群复合元音产生的主要途径。以佤语方言为例，研究佤语方言中单元音与复合元音之间的演化关系（表 4-40～表 4-43）：

表 4-40 显示，佤语中课话、大寨话、岩城话、完冷话多为单元音韵母[-e]、[-ɛ]、[-a]或者[-i]，在佤语阿瓦来话、瓦语艾帅话、瓦语班洪话里单元音韵母多变为复合元音韵母[-ai]，在佤语马散话、细允话、关双话和勐汞话里多为单元音韵母或者复合元音韵母[-ɛi]、[-ei]的混合出现，体现了从单元音韵母裂变为[-ai]的中间过程。整个裂变过程可以写成 ɛ>e>i>ɛi>ai。

表 4-40 南亚语群单元音音裂变 i>ai

例词	佤语马散话	佤语细允话	佤语阿瓦来话	佤语大芒糯话	佤语中课话	佤语岩城话	佤语艾帅话	佤语班洪话	佤语大寨话	佤语完冷话	佤语关双话	佤语勐来话
天气	phreiʔ	dzeʔ¹¹	phriʔ	pa phriʔ	phreʔ	phreʔ	praiʔ	preiʔ	preʔ⁵¹	phɣeʔ	pɹeʔ¹	bɑ
天、日	si ŋeiʔ	dzeʔ¹¹	ra ŋiʔ	ŋiʔ	si ŋeʔ	ŋeʔ	ŋaiʔ	ŋaiʔ	ŋeʔ¹¹	naiʔ	ŋˠeʔ²	gʌiʔ
月份	kheʔ	khiʔ⁵⁵	kheiʔ	kheʔ	kheʔ	kheʔ	khiʔ	tchi	khiʔ⁵⁵	kheʔ	khiʔ¹	khiʔ
虱子	seiʔ	siʔ⁵⁵	seʔ	seiʔ	seʔ	seʔ	siʔ	siʔ	siʔ⁵⁵	—	siʔ¹	ʔa siʔ
虹	grɛik	gɣeik³³	ŋrik	ŋrit	grɛik	grek	grɛik	grɛik	—	bɑm	gɛk²	grʌik
青苔	ʔeinʔiak	ga¹¹	ʔainʔak	ʔɛnʔak	lhaʔvɣʔ	ŋˠr	gai	gai	—	gˠi	—	tauʔhʌk
柴火	kheʔ	khiʔ⁵⁵	kheʔ	kheiʔ	kheʔ	kheʔ	khiʔ	tchiʔ	khiʔ⁵⁵	kheʔ	—	khiʔpha
手	teʔ	teʔ³³	taiʔ	teʔ	teʔ	teʔ	taiʔ	taiʔ⁵⁵	—	teʔ	taiʔ¹	teʔ
刀	vik	vaik¹¹	vik	vuet	guan	namʔoi	vaik	vaik	gɔn⁵¹	vvik	aiʔŋoŋ¹	goŋ
箭子	dzheik	sek⁵⁵	saik	tʃhet	dzheik	dzhek	dzhaik	dzhaik	si¹¹sɣik⁵⁵	—	—	sʌik
铁三脚	bhaiʔ	phɣɣʔ⁵⁵	khiaŋ	phrɣʔ	rhiam bhaiʔ	bhaiʔiam	phauʔ	tcɣaŋ	phaiʔ⁵⁵	phɣʔ	bhɣʔ¹	phaiʔ
集市	lah	lah¹¹	laih	lɔh	las	las	laih	laih	laih¹¹	lah	aiʔlalh²	laih
锤子	deʔ	tˠ³³tɛm³³	kem	tɛʔtiam	deʔ	deʔ	daiʔ	daiʔ	—	deʔ	dɔiʔdeam¹	khɔn

表4-41　佤语方言单元音裂变 o>ua

例词	佤语马散话	佤语细允话	佤语阿瓦来话	佤语大芒糯话	佤语大寨话	佤语完冷话	佤语关双话	佤语勐汞话	佤语中课话	佤语岩城话	佤语艾帅话	佤语班洪话
山	ghoŋ	khoŋ^{11}	ka thua	khoŋ	goŋ^{11}	goŋ	goŋ^2	khoŋ	ghuoŋ	goŋ	goŋ	guaŋ
玉米	voŋ	soŋ^{11}voŋ^{11}	voŋ	voŋ	si^{11}voŋ^{51}	voŋ	lj^2	ʔa ŋoŋ	vuoŋ	voŋ	si voŋ	si voŋ
茅草	ploŋ	pluaŋ^{33}	ploŋ	ploŋ	ploŋ^{51}	ploŋ	ploŋ^1	do ploŋ	ploŋ	pluaŋ	ploŋ	ploŋ
脖子	si ŋck	ʔaŋ^{33}ŋuak^{11}	si ŋuak	—	ŋok^{55}	ŋok	ŋok^2	gok	si ŋok	si ŋok	ɹok	ŋuak
吃饭	—	soŋ^{55}	sam	sam	soŋ^{55}	suam	pɹa^2	soŋ	—	soŋ	soŋ	soŋ
坐	ŋoŋ	goŋ^{11}	ŋuam	ŋom	ŋoŋ^{51}	ŋom	ot^1	tʃoʔ	ŋoŋ	ŋoŋ	ŋpm	ŋuam

表4-41 显示，佤语马散话、大芒糯话、中课话、艾帅话、大寨话和关双话、勐汞话里多为单元音韵母[-ɔ]或者[-o]，在佤语细允话、阿瓦来话、岩城话、班洪话、完冷话里单元音韵母裂变成前滑复合元音韵母[-ua]，产生后核音[-a]。

表4-42 显示，在佤语马散话、细允话、关双话和勐汞话里多为单元音韵母[-ɔ]或者[-o]，个别为[-a]，在佤语阿瓦来话、大芒糯话、中课话、岩城话、艾帅话、班洪话和完冷话里单元音韵母裂变成后滑复合元音韵母[-au]或者[-aɯ]，产生了前滑音[-a]。

表4-43 显示，在佤语细允话、佤语大寨话、佤语完冷话、佤语关双话和佤语勐汞话里韵母多是单元音[-a]或者[-i]，在佤语马散话、阿瓦来话、中课话、岩城话、艾帅话、班洪话里单元音韵母多裂变成复合元音韵母[-ia]。以例词"根"为例，"根"在细允话、大寨话、完冷话、关双话、勐汞话里为单元音韵母[-a]、[-ɛ]、[-e]，在佤语阿瓦来话单元音韵母和韵尾之间里产生一个混元音[-ə]，在大芒糯话、岩城话和艾帅话里[-ə]进一步演化变成后核音[-a]，[-a]、[-ɛ]、[-e]则进一步高化变成滑音[-i]，另外一种裂变方式是在单元音韵母和声母之间产生一个[-ɤ]。例如，佤语班洪话里的情况，[-ɤ]进一步发展变成单元音[-i]，通过这两种方式方言单元音裂变产生了前滑复合元音[-ia]。

通过以上讨论，我们了解到南亚语群里复合元音在佤语次语群的发生类型，以单元音裂变成复合元音为主，在第3部分里我们还了解到南亚语群的一个半音节、气嗓音都可以产生复合元音。

表 4-42　佤语方言单元音裂变 o>au/o>auɯ

例词	佤语马散话	佤语细允话	佤语阿瓦来话	佤语大芒糯话	佤语中课话	佤语岩城话	佤语艾帅话	佤语班洪话	佤语大寨话	佤语完冷话	佤语关双话	佤语勐来话
上边	plak lɔŋ	kha^{11}lɔŋ^{33}	ka	plak lɔŋ	plak klauŋ	plak lɔŋ	plak lauŋ	lhauŋ	pak^{55}lɤŋ^{11}	lauŋ	koat^{1}lɔŋ^{2}	kʌ lʌŋ
蜈蚣	ʔak saʔ	kha^{11}lɔŋ^{33}	ka	ʔak sauʔ	ʔak sɔʔ	ʔak sɔʔ	ʔak tɕhɔʔ	ʔak tɕhɔʔ	ʔak^{55}sɔʔ^{255}	ʔak sɔʔ	goak^{2}soʔ^{1}	ʔak tʃhɔʔ
树	khɔʔ	kho^{255}	khauʔ	khauʔ	khauʔ	khauʔ	khauʔ	khauʔ	khauʔ^{255}	khauʔ	khauʔ^{1}	khauʔ
稻子	ŋɔʔ	go^{255}	ŋauʔ	ŋauʔ	ŋhoʔ	ŋoʔ	ŋhoʔ	ŋheuʔ	ŋoʔ^{255}	ŋoʔ	ŋhoʔ^{1}	goʔ
芋头	krɔʔ	kyoʔ^{33}	krauʔ	krauʔ	kraoʔ	krauʔ	krauʔ	krauʔ	krauʔ^{255}	qkrauʔ	kɪau^{2}	kʌɪŋʔa-krɐuʔ
舅父	pɔʔ	poʔ^{33}	pauʔ	pauʔ	pauʔ	pauʔ	pauʔ	pauʔ	teu^{55}thiŋ^{11}	pauʔ	tiŋʔnɔi^{2}	pɔ na
肺	ka nɔ	nu^{55}	no	ɲɤm	ka ŋau	ŋau	nhau	nhau	ka^{11}thɤp^{55}	no	bhɤp^{1}	thɔp
伸手	nat	dzat^{33}	nat	lauh	nat	nat	tauŋ	tauŋ	tɔŋ^{51}	nɤt	tɔŋ^{2}	tʌŋ

表 4-43　佤语方言单元音裂变 a>ia/i>ia

例句	佤语马散话	佤语细允话	佤语阿瓦来话	佤语大芒糯话	佤语大寨话	佤语完冷话	佤语关双话	佤语勐来话	佤语中课话	佤语文帅话	佤语岩城话	佤语班洪话
老鼠	khuaŋ	khaŋ^{11}	khaŋ	khɔŋ	khaŋ^{51}	khian	kaŋ^{2}	khaŋ	khʌaŋ	kiaŋ	khuʌʔŋ	tɕʌaŋ
蛙	khiat	khiet	khiat	kɔŋ	khiet^{55}	lʌ	—	ʔa ɟɛik	khiat	viak	gɔŋ	khet
跳蚤	tiap	tɛp^{33}	tɛp	tiap	tiep	tiap	dep^{1}	baʔʔatɛp	tiap	diap	tiap	tʃɤap
姜	si giaŋ	tɕiuŋ^{33}	si keaŋ	kiŋ	si^{11}kiŋ^{51}	biʔmoi	si^{1}kiŋ^{3}	kiŋ; khrʌkŋ hŋ	si kiaŋ	sɩ giŋ	si kiaŋ	si keiŋ
根	riuh	yah^{11}	rieh	riah	reh^{55}	ʀes	ɲial^{2}	reh,reh	res	riah	ʔa rias	ʀɤah
脉、筋	si nuak	nak^{11}	si nial	nɔk	si^{11}nak^{11}	su sih	ŋak^{2}	dak	reh,reh	si niak	si nuɤk	si niak
房屋	nɤyʔ	naʔ^{11}	si naʔ	nɔʔ	naʔ^{211}	luak	naʔ^{22}	dʒaʔ	naʔ^{2}	nɤyaʔ	nuʌyʔ	niaʔ
家	nɤyʔ	naʔ^{11}	niaʔ	nɔʔ	naʔ^{21}	nɔyʔ	naʔ^{22}	dʒaʔ	naʔ^{2}	niɛʔ	nuʌyʔ	niaʔ
墙壁	diaŋ	tiuŋ^{33}	tɛŋ	tieŋ	saŋ^{51}	diaŋ	diŋ^{1}	saŋ	diaŋ	diŋ	diaŋ	dɤiŋ
舔	let	lɛt^{11}	lit	liet	liat^{11}	let	leŋ^{1}	let	bliat	let	liet	let

4.7 汉藏语中复合元音的音变模式

通过对汉藏语六个语群内部复合元音历史构成类型的分析，可以得出结论：南岛语群的双元音系列构成双音节，藏缅语群、侗台语群和苗瑶语群都有因接触关系产生的复合元音；侗台语群和苗瑶语群比较多，主要来自汉语借词。每一个语群复合元音在历史产生过程中最重要的发生途径是单元音裂变成复合元音。此外，藏缅语群、侗台语群、苗瑶语群和汉语群都有辅音韵尾变化产生后滑复合元音的发生类型。藏缅语群和南亚语群还有音节合并构成复合元音的发生类型，侗台语群有复辅音后置辅音变成半元音的发生类型，南亚语群有发声态产生复合元音的类型。把六个语群复合元音起源的途径如表 4-44 所示。

表 4-44 汉藏语语群复合元音起源的基本途径

语群	汉语群	藏缅语群	侗台语群	苗瑶语群	南亚语群	南岛语群
辅音声母			+			
韵尾	+	+	+	+		
单元音裂变	+	+	+	+	+	
音节合并		+			+	
发声态					+	
语言接触		+	+	+		
双音节						+

注："+"标记为"有"

由此，关于复合元音的产生可以得出如下音变模式：

（1）单元音裂变是复合元音产生的主要模式；

（2）韵尾产生后滑音，后滑音与核音结合构成的后滑复合元音是复合元音的主要类型；

（3）语言接触，尤其是汉语接触是复合元音产生的重要来源。

语言类型与复合元音的起源之间的关系是：复合元音标记性强的语言类型，例如，南亚语群、藏缅语群中复合元音发生的途径比较特殊，如一个半音节构成复合元音、双音节合并成真性复合元音、发声态产生复合元音。复合元音标记性弱的语言类型，例如，苗瑶语群、侗台语群、汉语群中复合元音发生的途径比较普遍，如单元音裂变产生复合元音、韵尾变成后滑音。

5 汉藏语数据与东亚人类的渊源

近年来，人类基因组计划（Human Genome Project，HGP）描绘出全新的有关东亚人类发生、发展的图景，这幅图景与语言族群地理分布是如此吻合，进一步鼓舞和推动了语言学者探索汉藏语的渊源问题。生物进化论告诉我们，地球上的所有生物都有着同一渊源，处在同一棵生物进化大树的枝枝蔓蔓上（潘悟云，1995：113-114），语言也是如此，现代人类的语言也起源于共同的原始共同语。历史语言学的任务就是要构拟出人类语言的原始共同语，并且从原始共同语这棵人类语言的树根开始，描绘出语言进化的谱系大树。人类学者的研究证明，人类在其发展的历史长河中自发地发展成共同语言族群关系，人类遗传学者也证实了人类基因的地域分布和人类语言的地域分布之间有着惊人的相似性（徐文堪，2000），因此，可以通过探索语族的族谱关系来寻找人类的起源及发展和变迁。

5.1 计算机技术采集语言数据

汉藏语系的分布地域覆盖了东亚地区，集聚了数百种语言，使用人口十几亿。研究汉藏语系的族谱关系及发展历史对探寻东亚人类的起源及变迁和发展具有非常重要的意义。措绘出汉藏语系的族谱关系在很大程度上依赖于语言集团之间同源关系的认定，我们要对大量的语言基因进行定性和定量的分析与比较，从中寻找同源词，区别和排除借词，以此来鉴定语言之间的同源关系，依据同源关系来划分语族和人类的种群。这项工作需要大量的语料，还要对不同民族语言的语料进行处理，统计出研究需要的数据，数据是研究和获取结论的重要事实依据。在数据库技术发展之前，语言数据的统计和提取要依靠人工力量，制卡片，分类，再人工统计，头绪繁多，杂乱无章，缺乏有序的工作程序，人力统计出来的数字耗费时间长，准确性差，科学性大打折扣。有了计算机数据库技术以后，电子化数据的启动和开发给语言学的研究带来飞跃式的发展，成千上百万的数据通过计算机的技术在顷刻之间完成，人们可以查阅检索，其方便程度和科学性与手工作坊不可相提并论，电子数据化的发展是汉藏语言学发展的一次工具革命。

5.2　汉藏语分类与人类史前迁移

研究方法的革新势必也会给理论的发展带来新的契机。汉藏语言学和东亚人类遗传学之间的关系一直是语言学和人类遗传生物学及考古学和民族学几大学科关注的焦点之一，语言是随着人类的产生而产生的，它是人类思维和表情达意的工具，因此研究人类的发展史是不能脱离开语言的发展演变的历史的。东亚人类的语言就是汉藏语系系统中的各种分支语言，研究东亚人类的历史就是要研究汉藏语言的历史。目前人类遗传学的分子生物技术鉴定的结果认定东亚人类的种族和语言的语族是基本一致的，就是说有相同遗传基因的人也具有相同的语言基因。复旦大学人类遗传学分子生物学专家金力教授及其专业小组在用 DNA 分子生物技术支持关于人类起源的非洲起源学说的时候，他们非常重视东亚地区人群的语系问题。关系到东非的现代人类走出非洲以后进入东亚地区的细节问题时，通常以语族作为东亚人类分化的基本种族单位。例如，李辉，宋秀峰，金力（2002：104）在《人类谱系的基因解读》一文中就谈到，遗传学研究人类谱系达到较精细的程度，就会又发现复杂的人类群体很难找到头绪。语言学研究以其翔实的材料和客观、严谨的方法把人群进行了系统分类，为遗传学研究提供了最理想的线索。东亚地区人群主要分为汉藏语系、阿尔泰语系、侗台语系、苗瑶语系、南亚语系及南岛语系六个系统，其中汉藏语系无疑是很重要的。特别是关于汉藏语系的起源，以及汉语族与藏缅语族的关系问题，引起学术各界的广泛关注。他在文章中介绍了钱亚屏和宿兵等在 2000 年对于汉藏语系不同语群的遗传学研究结果，该研究结果表明，汉藏语群体的祖先最初来源于东亚的南部，在约 2 万～4 万年前，一个携带 Y 染色体 M122 突变的群体最终到达了黄河中上游盆地，约 1 万年前在这里发展起了新石器文化。在约 5000～6000 年前出现了两个语族的分野。其中一个亚群向西、向南迁徙，在喜马拉雅山脉南北居住下来，这就是前藏缅语族；其中景颇语支一直向南，穿过喜马拉雅山脉到达今天的缅甸、不丹、尼泊尔、印度东北及中国云南省的北部，在与一支来自中亚或西南西伯利亚带有 YAP 突变的群体发生大范围混合后，藏语支向喜马拉雅进发并最终扩散到整个西藏。缅彝及克伦语支向南到达云南西北部，最后到达越南、老挝及泰国。在 5000 年中，另一个语族，即汉语族向东、向南扩增，最后在中国各地区居住下来。南岛语系的人群分布在整个太平洋和印度洋群岛和大陆边缘，它的起源问题也是学术界和大众关心的问题。根据复旦大学现代人类学中心李辉的研究，这六个系统之间的亲疏关系很有可能符合图 5-1 的结构（李辉，宋秀峰，金力，2002：105）。

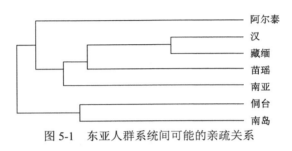

图 5-1　东亚人群系统间可能的亲疏关系

　　以上分子生物遗传学的研究结果表明了不同语族的种族人群的起源和迁徙的精细的过程，但是，这仅仅是利用 DNA 分子 Y 染色体遗传技术对大量的人体基因采样调查而得出的结论，其结论是否真正揭示了东亚人类种族及语族的发展和迁徙的真相，还需要语言学界运用历史语言学的方法，利用计算机技术收集和统计相当数量的语料数据，寻找同源词和语音之间的对应关系来进一步加以确认。关于东亚人类的起源问题，现在人类遗传学界和考古学界还存有争议，人类遗传学运用 DNA 分子 Y 染色体遗传标记证明东亚的现代人具有共同的非洲起源，最早的一批走出非洲的现代人进入东亚的南部，随着东亚的冰川期结束，逐渐北进，进入东亚大陆；另一支迁移的路线从东亚大陆开始，向东逐渐进入太平洋群岛。考古学利用出土的化石为依据论证多地区起源学说，认为世界各地的人类是独立起源，即由各地的非洲直力人、海德堡人、尼安德特人、东亚直立人各自独立进化的现代人类的几大人种。费孝通先生提出"中华民族多元一体格局"时指出："在中华大地上已陆续发现了人类从直立人（猿人）、早期智人（古人）、晚期智人（新人）各进化阶段的人体化石，可以建立较完整的序列。这说明了中国这片大陆应是人类起源的中心之一。"（单纯，2002：142）考古学者和历史学者认为中国人种起源是以一元为主体的，中国是人类起源的中心之一。两个学科的争议各执一词，究竟东亚人类是非洲现代人迁徙而来还是本土现代人进化而来，也许语言学还可以从历史语言学的立场来做出一个选择。

　　无我（2015：16）在"跨喜马拉雅语系"观点下考察民族史前史层次，他认为历史语言学所能触及之时间纵深远比其他学科可探知之史前时间浅短，依据考古学、基因学和历史学预测：远在以语言学方法可拟测的过去时代，必定有人群向东、向北迁入东亚，其中或许包括现代藏缅语社群的祖先，随后在不同时间点一定发生过几波向不同方向进行之扩散：冰川时期过后向北迁徙的一波人群；部分古藏缅族群向东北迁徙至假设的"汉－藏语支"早期居住地；多个古藏缅群体在广大喜马拉雅地区逐步扩散；"汉－藏语支族群"（包括汉语支族群）向南扩散，与古苗-瑶族群、早期南亚族群、南岛族群及若干其他藏缅族群发生接触；藏语支族群穿越西藏高原扩散并且渗入喜马拉雅地区；汉族迁徙过程中可能不断同化非藏缅群体及其他藏缅群体；操藏语之群体在西藏高原之扩散。

　　总之，语言学、分子生物学、人类遗传学、考古学几大学科构成的交汇提供了更丰富的关于东亚人群渊源的信息，挑战了人们传统的观念。相互的争论和彼此的印证正是推动学科发展的契机和动力，可以相信，随着汉藏语数据资源的开发和应用，汉藏语言学对东亚人类的起源将会有令人满意的贡献。在这个意义上说，建立更大规模的东亚人群语言数据资源系统，采用先进语言数据处理技术，并结合其他学科研究成果极有可能使该领域研究获得前所未有的突破。为此，可以确切地说，汉藏语数据资源系统将成为语言学家全面深入揭示东亚人类发生发展面貌和东亚语言渊源之谜的共同技术平台。

参 考 文 献

一、论著类

鲍怀翘，徐昂，陈嘉猷. 1992. 藏语拉萨话语音声学参数数据库. 民族语文，（5）：10-20.

[美]伯纳德·科姆里. 1989. 语言共性和语言类型. 沈家煊译. 北京：华夏出版社.

薄文泽. 1994. 傣语的短元音高化现象分析. 语言研究，（1）：197-200.

曹剑芬，杨顺安. 1984. 北京话复合元音的实验研究//曹剑芬. 2007. 现代语音研究与探索. 北京：
　　商务印书馆：74-89.

戴庆厦. 1979. 我国藏缅语族松紧元音来源初探. 民族语文，（1）：31-39.

戴庆厦. 1998. 二十世纪的中国少数民族语言研究. 太原：书海出版社.

戴庆厦. 2012. 景颇语参考语法. 北京：中国社会科学出版社.

[英]戴维·克里斯特尔. 2002. 现代语言学词典. 沈家煊译. 北京：商务印书馆.

丁邦新，孙宏开. 2000. 汉藏语同源词研究（一）——汉藏语研究的历史回顾. 南宁：广西民族
　　出版社.

董同龢. 2001. 汉语音韵学. 北京：中华书局.

董颖红. 1999. 藏语真性复合元音声学特征分析//吕士楠，初敏，贺琳，冯勇强. 现代语音学论
　　文集. 北京：金城出版社.

范玉春. 2005. 移民与中国文化. 桂林：广西师范大学出版社.

盖兴之. 1994. 藏缅语的松紧元音. 民族语文，（5）：49-53.

[瑞典]高本汉. 2003. 中国音韵学研究. 北京：商务印书馆.

国际语音学会. 2008. 国际语音学会手册——国际音标使用指南. 江荻译. 上海：上海教育出
　　版社.

[德]哈杜默德·布斯曼. 2003. 语言学词典. 陈慧瑛，等编译. 北京：商务印书馆.

胡方. 2007. 论宁波方言和苏州方言前高元音的区别特征——兼谈高元音继续高化现象. 中国
　　语文，（5）：455-465.

黄行. 1998. 语言的系统状态和语言类型. 民族语文，（3）：28-34.

黄树先. 2002. 汉缅语的音节结构. 民族语文，（3）：14-20.

黄树先. 2002. 汉缅语长短元音比较. 南阳师范学院学报，1（5）：24-27，.

黄雪贞. 1986. 西南官话的分区（稿）. 方言，（4）：262-272.

江荻. 1990. 藏语合音现象的词汇扩散分析. 民族语文, (2): 71-76.

江荻. 1996. 谈谈又藏系语言的音位类. 中央民族大学学报 (哲学社会科学版), (1): 87-91.

江荻. 2001. 藏缅语言元音的上移和下移演化. 民族语文, (5): 14-27.

江荻. 2002a. 汉语语音的历史认知过程与声韵音位//戴庆厦. 中国民族语言文学研究论集 (第二集). 北京: 民族出版社.

江荻. 2002b. 缅彝语复合元音的来源. 民族语文, (3): 21-31.

江荻. 2002c. 汉藏语言演化的历史音变模型——历史语言学的理论和方法探索. 北京: 民族出版社.

江荻. 2002d. 藏语语音史研究. 北京: 民族出版社.

李方桂. 2003. 上古音研究. 北京: 商务印书馆.

李辉, 吴秀峰, 金力. 2002. 人类谱系的基因解读. 二十一世纪, (71): 99-108.

李锦芳. 1995. 汉藏语言语音实验学研究及其理论贡献. 西藏民族学院学报: 哲学社会科学版, (1): 66-69.

李蓝. 1997. 六十年来西南官话的调查与研究. 方言, (4): 249-257.

李龙. 2007. 武鸣壮语长短元音声学表现及其性. 民族语文, (5): 63-69.

李龙, 王建华. 2007. 武鸣壮语长短元音声学表现及其性质. 民族语文, (5): 63-69.

李如龙. 2008. 汉语方言的接触与融合. 汉藏语学报, (2): 66-75.

梁敏, 张均如. 1996. 侗台语族概论. 北京: 中国社会科学出版社.

林焘, 王理嘉. 1992. 语音学教程. 北京: 北京大学出版社.

刘叔新, 刘艺. 2000. 介音 u 是广州话的语言事实. 方言, (1): 30-35.

刘镇发. 2006. 温州方言在过去一世纪的元音推移. 语言研究, (2): 32-35.

陆俭明. 2010. 不断考察、挖掘语言事实是语言研究的基础 积极进行理论思考与创新是语言科学得以发展的关键. 汉藏语学报, (4).

罗常培, 王均. 1957. 普通话语音学纲要. 北京: 科学出版社.

罗美珍. 1984. 傣语长短元音和辅音韵尾的变化. 民族语文, (6): 20-25.

马提索夫 2015. 藏缅语前缀的动态演化: 澄清一些误解. 孙天心, 田阡子译. 云南师范大学学报 (哲学社会科学版), (2): 1-12.

马学良. 2003. 汉藏语概论. 北京: 民族出版社.

麦耘. 1993. 广州话介音问题商榷. 中山大学学报 (社会科学版), (4): 66-71.

麦耘. 2004. 汉语声介系统的历史演变//石锋, 沈钟伟. 乐在其中——王士元教授七十华诞庆祝文集. 天津: 南开大学出版社.

麦耘. 2008. 广西八步鹅塘 "八都话" 音系. 方言, (1): 18-33.

[美] 米尔斯·斯特列克. 1987. 黔东苗语中复合元音化音节结构和 "高舌位性" 特征. 民族语文, (4): 34-40.

潘悟云. 1995. 对华澳语系假设的若干支持材料//王士元. 中国语言学报增刊,（8）: 113-144.

潘悟云. 2006. 汉语的音节描写. 语言科学, 5（2）: 39-43.

钱乃荣. 1992. 当代吴语研究. 上海: 上海教育出版社.

桥本万太郎. 2008. 语言地理类型学. 北京: 世界图书出版公司.

瞿霭堂. 1991. 藏语韵母研究. 西宁: 青海民族出版社.

瞿霭堂, 劲松. 2003. 论汉藏语言的共性和类型. 民族语文,（4）: 33-42.

瞿霭堂, 谭克让. 1983. 阿里藏语. 北京: 中国社会科学出版社.

沙加尔, 徐世璇. 2002. 哈尼语中汉语借词的历史层次. 中国语文,（1）: 55-65.

单纯. 2002. 论中华民族的主体开放特征. 浙江社会科学,（1）: 141-148.

石锋, 刘艺. 2005. 广州话元音的再分析. 方言,（1）: 1-8.

石锋, 周德才. 2005. 南部彝语松紧元音的声学表现. 语言研究,（1）: 60-65.

孙宏开. 1982. 藏缅语若干音变探源.中国语言学报, 创刊号: 269-298.

孙宏开. 1997—2014. 中国新发现语言研究丛书. 上海: 上海远东出版社; 北京: 中央民族大学
　　出版社, 民族出版社.

孙宏开. 2001a. 原始汉藏语辅音系统中的一些问题——关于原始汉藏语音节结构构拟的理论思
　　考之二. 民族语文,（1）: 1-11.

孙宏开. 2001b. 原始汉藏语中的介音问题——关于原始汉藏语音节结构构拟的理论思考之三.
　　民族语文,（6）: 1-12.

孙宏开. 1989. 原始藏缅语构拟中的一些问题——以"马"为例. 民族语文,（6）: 12-25.

孙宏开. 1998. 二十世纪中国少数民族语言文字研究//刘坚. 二十世纪的中国语言学. 北京: 北京
　　大学出版社.

孙景涛. 2006. 介音在音节中的地位. 语言科学, 5（2）: 44-52.

覃晓航. 1989. 壮语元音的长短在方言中与声、韵母的关系. 贵州民族研究,（1）: 75-78.

覃晓航. 2004. 南丹话单元音复化的条件. 民族语文,（2）: 61-64.

覃远雄. 2001. 桂南平话的主元音及韵母格局. 方言,（2）: 119-132.

谭克让. 1980. 阿里藏语的复元音. 民族语文,（3）: 32-40.

谭克让, 孔江平. 1991. 藏语拉萨话元音、韵母的长短及其与声调的关系. 民族语文,（2）: 12-21.

特拉斯克. 2000. 语音学和音系学词典. 《语音学和音系学词典》编译组译. 北京: 语文出版社.

田阡子. 2012. 汉藏语言复合元音的几种历史形成原因及演化规则. 汉藏语学报,（5）: 188-205.

田阡子. 2015. 复合元音在汉藏语中的语言类型. 汉藏语学报,（5）: 43-50.

田阡子, 孙宏开, 江荻. 2007.汉藏语数据与东亚人类的渊源. 西南民族大学学报（人文社科版）,
　　11（195）: 38-42.

王福堂. 2008. 广州方言韵母中长短元音和介音的问题. 汉藏语学报,（2）: 76-94.

王辅世, 毛宗武. 1995. 苗瑶语古音构拟. 北京: 中国社会科学出版社.

王洪君. 2006. 文白异读、音韵尾次与历史语言学. 北京大学学报（哲学社会科学版），（2）：22-26.

王力. 1980. 汉语史稿. 北京：中华书局.

王萍. 2008. 北京话二合元音_ai_au_ia_ua_韵腹_a_的听感实验研究. 语言文字应用，（3）：98-107.

王荣德. 1993. 天峻藏语里的元音和韵母. 青海民族学院学报（社会科学版），（2）：52-58.

王双成. 2004. 安多藏语复元音韵母的特点. 民族语文，（3）：34-37.

王文光. 1999. 中国南方民族史. 北京：民族出版社.

无我（George van Driem）. 2015. "跨喜马拉雅语系"兼论本谱系说对史前人群迁移之启发. 孙天心，田阡子译. 汉藏语概论，（8）：10-17. 北京：商务印书馆.

吴宗济. 1986. 汉语普通话单音节语图册. 北京：中国社会科学出版社.

邢凯. 2000. 关于汉语和侗台语的介音问题. 民族语文，（2）：45-55.

徐世梁. 2007. 从乐都方言看元音对声母的影响. 青海民族学院学报（社会科学版），33（4）：132-135.

徐世梁. 2007. 从音变过程看上古汉语与藏语的元音对应. 南开语言学刊，（1）：36-45.

徐文堪. 2000. 基因语言和民族起源. 辞海知识，（5）.

薛才德. 2004. 藏文后置辅音 j 和中古汉语*_i_的来源. 民族语文，（3）：27-33.

杨焕典. 1991. 从汉西语的紧松元音对立看汉藏语系语音发展轨迹. 民族语文，（1）：57-61.

杨将领. 2000. 独龙语的长元音. 民族语文，（2）：38-44.

杨诎人. 2005. 语音的物理表现与心理感知. 解放军外国语学院学报，28（5）：15-18.

杨顺安. 1986. 复合元音的指数动态模型及其在合成中的应用. 语言研究，（2）：1-8.

杨顺安. 1994. 面向声学语音学的普通话语音合成技术. 北京：社会科学文献出版社.

杨顺安，曹剑芬. 1984. 普通话二合元音的动态特性. 语言研究，（1）：15-22.

《藏缅语语音和词汇》编写组. 1991. 藏缅语语音和词汇. 北京：中国社会科学出版社.

曾晓渝. 2004. 汉语水语关系论. 北京：商务印书馆.

张家騄，齐士钤. 1984. 汉语语音的动态频普. 声学学报，（4）：263.

张建民. 2001. 二等韵介音研究综述. 兰州大学学报，29（3）：79-84.

赵日新. 2005. 徽语中的长元音. 中国语文，（1）：75-78.

郑张尚芳. 2003. 上古音系. 上海：上海教育出版社.

钟智翔. 2002. 论古缅语长短元音的构成与发展. 解放军外国语学院学报，25（2）：56-60.

周德才. 2005. 彝语方言松紧元音比较研究. 云南民族大学学报（哲学社会科学版），22（5）：152-155.

朱晓农. 2004. 汉语元音的高顶出位. 中国语文，（5）：440-451.

朱晓农. 2005. 元音大转移和元音高化链移. 民族语文，（1）：1-6.

朱晓农. 2006. 历史音系学的新视野. 语言研究，（4）：31-42.

朱晓农. 2008. 说元音. 语言科学，（5）：459-482.

Clark. J. & Yallop, C. 2000. 语音学与音系学入门. 北京：外语教学与研究出版社.

[美]Keating，P. A. 1998. 音系学与语音学的接面. 王嘉龄译. 当代语言学，（2）：53-57.

Ladefoged，P. 2002. 语音学与音系学的若干接面. 宫齐摘译. 暨南学报（哲学社会科学），24（6）：94-99.

Ohala, J. J. 1992. 语音学和音系学的总合. 石锋译. 当代语言学，（2）：1-11.

Andersen，H. 1972. *Diphthongization*. Language, 48(1):N/A.

Andersen，H. 1972. *Diphthongization*. Linguistic Society of America：11-50.

Benedict，P. K. 1972. *Sino-Tibetan A Conspectus*. Cambridge: Cambridge University Press.

Campbell，L. 1999. *Historical Linguistics: An Introduction*. Cambridge: MIT Press.

Comrie，B. 2011. *The World's Major Languages*. London & Sydney: Croom Helm.

Kadooka，Ken-Ichi. 1996. Typology on the Vowel Systems. *Ryukoku Studies in English Language and Literature*. 15(1)：84-103

Labov，W. 1994. *Principles of Linguistic Change,Volume1:Internal Factors*. Oxford(UK) & Cambridge (USA)：Blackwell：145-146.

Labov，W. 1997. Principles of linguistic change, Volume 1: Internal factors. *Studies in Language*, (1)：228-236.

Ladefoged，P. & Maddieson, I. 1998. The sounds of the world's languages, *Journal of Phonetics*, 26：411-421.

Ladefoged，P. 2001. Vowels and consonants: An introduction to the sounds of languages. *Phonetica*, 58(3): 211-212.

Maddieson，I. 1984. *Patterns of Sounds*. Cambridge: Cambridge University Press.

Matisoff，J. A. 1989. The bulging monosyllable, or the mora the merrier: Echo-vowel adverbialization in Lahu. In J.H.C.S.Davidison (Ed.)，*Southeast Asian linguistics: essays in honour of Engénie JA. Henderson*. London：School of Orientaland and African Studies: 163-197.

Michaud，A. 2012. Monosyllabicization：Patterns of evolution in Asian languages. IN N. Nau，T. Stolz，C. Stroh (Eds.)，*Monosyllables: From Phonology to Typology*. Berlin：Akademie Verlag：115-130.

Miret，F. S. 1998. Some Reflections on the notion of diphthong. *Papers and Studies in Contrastive Linguistics*，(34): 27-51.

Ohala，J. J. & Jaeger，J. J. 1986. *Experimental Phonology*. Orlando：Academic Press.

On Sequisyllabic Structure.

Thomas，D. D. 1992. On sesquisyllabic Strcture. *Mon-Khmer Studies*：206-210.

Thurgood，G. 2014. Voice quality differences and the origin of diphthongs. *Proceedings of the Annual Meeting of the Berkeley Linguistics Society: General Session and Parasession on*

Aspect: 295-303.

Tung，T'ung-ho. 1964. A Descriptive Study of The Tsou Language, Formosa. *Institute of History and Philology Academia Sinica. Special Publications*，No. 48.

Wolfe, P. M. 1972. *Linguistic Change and the Great Vowel Shift in English.* Berkeley & Los Angeles: University of California Press.

二、数据库类

北京大学中国语言文学系语言学教研室. 2003. 汉语方音字汇. 北京：语文出版社.

国家民委，等. 2009. 中国少数民族语言简志丛书. 北京：民族出版社.

欧阳觉亚，郑贻青. 1983. 黎语调查研究. 北京：中国社会科学出版社.

孙宏开，胡增益，黄行. 2007. 中国的语言. 北京：商务印书馆.

孙宏开. 1997—2015. 中国新发现语言研究丛书. 上海：上海远东出版社；北京：中央民族大学出版社，民族出版社.

孙宏开，狄乐伦. 1998—2004. 中国少数民族语言方言研究丛书. 北京：民族出版社；成都：四川民族出版社.

中国社会科学院民族学与人类学研究所. 民族语文. 1979—2008. 北京：商务印书馆.

中国社会科学院语言研究所. 方言. 1979—2008. 北京：商务印书馆.

中央民族学院苗瑶语研究室. 1987. 苗瑶语方言词汇集. 北京：中央民族学院出版社.

附　　录

附　录　1

附表　汉藏语复合元音分布表

语群	复合元音	分布情况
藏缅 语群	/ua/	藏语次语群卫藏方言阿里话、噶尔话，南部方言夏尔巴话、宗卡语、仓洛语、白马语、门巴藏语；景颇次语群的景颇语、格曼语、达让语、阿侬语、义都语、苏龙语、崩如语；缅语次语群的阿昌语、载瓦语；彝语次语群的彝语苦村话、拉祜语苦聪话、彝语他留话、彝语水田话、彝语仆拉话、小白彝语、傈僳语福贡话、拉祜语、哈尼语绿春大寨话、基诺语、纳西语丽江坝纳西话、纳西语丽江坝土语、纳西语大研镇土语、纳西语宝山州土语、纳西语永宁坝土语、纳西语北渠坝土语、纳西语瓜别土语、堂郎语、卡卓语、柔若语、怒苏语、白语；羌语次语群的羌语桃坪话、羌语蒲溪话、普米语箐花土语、普米语鲁甸土语、尔龚语、纳木依语、拉坞戎语，却域语、嘉戎语卓克基话、木雅语、史兴语、扎坝语、贵琼语
	/ia/	藏语次语群卫藏方言的噶尔话、康方言巴塘话、藏语阿里方言、门巴藏语、白马语；彝语次语群的彝语水田话、彝语仆拉话、小白彝语、傈僳语福贡话、拉祜语、拉祜语苦聪话、纳西语丽江坝纳西话、纳西语大研镇土语、卡卓语、柔若语、怒苏语、土家语、白语、西山白话；景颇次语群的格曼语、达让语、阿侬语、义都语、崩如语；羌语次语群的羌语桃坪话、普米语箐花土语、尔龚语、尔苏语、史兴语、扎坝语、拉坞戎语
	/ui/	藏语次语群西部方言桑噶尔话和门巴藏语；彝语次语群的业隆话、他留话、米必苏语、彝语苦村话、小白彝语、傈僳语福贡话、拉祜语、基诺语、堂郎语、末昂语、毕苏语、卡卓语、柔若语、怒苏语、白语；景颇次语群的格曼语、达让语、阿侬语、义都语、苏龙语、崩尼-博嘎尔语；缅语次语群的阿昌语，载瓦语；羌语次语群的羌语蒲溪话、普米语箐花土语（南部方言）、普米语鲁甸土语（南部方言）、普米语桃坪土语、普米语拖七土语（北部方言）、普米语左所土语（北部方言）、普米语三岩龙土语（北部方言）、嘉戎语上寨话、纳木依语、史兴语、拉坞戎语
	/au/	藏语次语群的卫藏方言阿里话、卫藏方言的噶尔话、南部方言夏尔巴话、宗卡语、仓洛语、门巴藏语和白马语；景颇次语群的景颇语、格曼语、达让语、阿侬语、义都语、苏龙语、崩如语；缅语次语群的阿昌语、载瓦语、浪速语、仙岛语、波拉语、勒期语；彝语次语群的彝语苦村话、拉祜语苦聪话、末昂语、桑孔语、毕苏语；羌语次语群的羌语桃坪话、羌语蒲溪话、普米语箐花土语、普米语鲁甸土语、尔龚语、纳木依语、拉坞戎语、却域语、普米语新营盘土语，普米语桃巴土语，普米语拖七土语、普米语左所土语，普米语三岩龙土语，尔苏语
	/ai/	藏语次语群的藏语南部方言夏尔巴话、藏南部方言宗卡话、阿里藏语改则话、门巴藏语、仓洛语；彝语次语群的业隆话、米必苏语、彝语苦村话、拉祜语、基诺语、桑孔语、毕苏语、柔若语；景颇次语群的格曼语、达让语、阿侬语、义都语、崩如语、景颇语、独龙语；缅语次语群的阿昌语、载瓦语、浪速语、仙岛语、波拉语、勒期语；羌语次语群的羌语桃坪话、普米语箐花土语、尔龚语、尔苏语、纳木依语、羌语蒲溪话、普米语鲁甸土语（南部方言）、普米语拖七土语（北部方言）、普米语左所土语（北部方言）、普米语三岩龙土语（北部方言）、嘉戎语上寨话

语群	复合元音	分布情况
藏缅语群	/ui/	藏语西部方言桑噶尔话和门巴藏语；彝语次语群的业隆话、他留话、米必苏语、彝语苦村话、小白彝语、傈僳语福贡话、拉祜语、基诺语、堂郎语、末昂语、毕苏语、卡卓语、柔若语、怒苏语、白语；景颇次语群的格曼语、达让语、阿侬语、义都吾、苏龙语、景颇语杜连话、独龙语；缅语次语群的阿昌语、载瓦语、浪速语、仙岛语、波拉话、勒期语；羌语次语群的羌语蒲溪话、普米语箐花土语（南部方言）、普米语鲁甸土语（南部方言）、普米语桃巴土语、普米语拖七土语（北部方言）、普米语左所土语（北部方言）、普米语三岩龙土语（北部方言）、嘉戎语上寨话、纳木依语、史兴语、拉坞戎语、嘉戎语卓克基话、木雅语、尔龚语、尔苏语、扎坝语、贵琼语、却域语
侗台语群	/ua/	壮傣次语群的黑末话、壮语田东话、壮语田林话、壮语凌乐话、壮语文山话、傣语德宏芒市傣话、傣语马关木厂区傣话、傣语绿春骑马坝傣话；台次语群的临高语；侗水次语群的茶洞语；黎语次语群里的黎语那斗话、黎语坡春话、黎语保定话、黎语中沙话、黎语黑土话、黎语西方话、黎语白沙话、黎语元门话、黎语通什话、黎语堑对话、黎语保城话、黎语加茂话、村语；仡央次语群的蔡家话、比贡仡佬语、三冲仡佬语、普标语、拉基语、布干语
	/ia/	壮傣次语群的黑末话、壮语田东话、壮语田林话、壮语凌乐话、壮语文山话、傣语德宏芒市傣话、傣语马关木厂区傣话；台语群的临高语；侗水次语群的标话　黎语次语群的黎语那斗话、黎语坡春话、黎语保定话（侾方言罗活土语）、黎语中沙话（侾方言侾炎土语）、黎语黑土话（侾方言抱显土语）、黎语西方话（美孚方言）、黎语白沙话（本地方言白沙土语）、黎语元门话（本地方言元门土语）、黎语通什话（屺方言通什土语）、黎语堑对话（屺方言堑对土语）、黎语保城话（屺方言保城土语）、黎语加茂话（加茂方言）、村语；仡央次语群的巴哈布央语、比贡仡佬语、普标语、拉基语、布干语、蔡家话
	/ui/	壮傣次语群的傣拉话、黑末话、五龙壮语、壮语武鸣话、壮语横县北（那旭）话、壮语邕宁北部（五塘）话、壮语田东（合恒）话、壮语田林（利周）话、壮语凌乐（泗城）话、壮语柳江（百朋）话、壮语宜山（洛东）话、壮语环江（城管）话、壮语龙胜（日新）话、壮语河池（三区）话、壮语东兰（城厢）话、壮语都安（六里）话、壮语上林（大丰）话、壮语来宾南部（寺脚）话、壮语贵港（山北）话、壮语连山（小三江）话、壮语钦州（那河乡）话、壮语邕南（下楞乡）话、壮语隆安（小林乡）话、壮语扶绥中部（大塘乡）话、壮语崇左（福鹿乡）话、壮语宁明（凤璜乡）话、壮语龙州（彬桥乡）话、壮语大新（后益乡）话、壮语德保（原第二区）话、壮语靖西（新和乡）话、壮语砚山（夸西乡）话、壮语文山（黑末乡大寨）话、金平傣语、傣语德宏芒市傣话、傣语孟连城关区傣话、傣语西双版纳景洪傣话、傣语金平勐拉新勐傣话、傣语元阳南沙傣话、傣语武定东坡所所卡傣话、傣语元江红河傣话、傣语马关木厂区傣话、傣语绿春骑马坝傣话；台语次语群的临高语；侗水次语群的侗语下坎话、标话、侗语、水语、仫佬语、毛南语、莫语、佯黄语、拉珈语、茶洞语；黎语次语群的黎语那斗话、黎语坡春话、黎语保定话（侾方言罗活土语）、黎语中沙话（侾方言侾炎土语）、黎语黑土话（侾方言抱显土语）、黎语西方话（美孚方言）、黎语白沙话（本地方言白沙土语）、黎语元门话（本地方言元门土语）、黎语通什话（屺方言通什土语）、黎语堑对话（屺方言堑对土语）、黎语保城话（屺方言保城土语）、黎语加茂话（加茂方言）、村语；仡央次语群的巴哈布央语、比贡仡佬语、三冲仡佬语、普标语、拉基语、布干语、木佬语、蔡家话
	/au /	壮傣次语群的黑末话、壮语田东话、壮语田林话、壮语凌乐话、壮语文山话、傣语德宏芒市傣话、傣语马关木厂区傣话、傣语绿春骑马坝傣话、傣拉话、阿豪姆语、五龙壮语、壮语武鸣话、壮语横县北（那旭）话、壮语邕宁北部（五塘）话、壮语田果（新圩）话、壮语广南话、壮语丘北话、壮语柳江话、壮语宜山话、壮语环江话、壮语融安话、壮语龙胜话、壮语河池话、壮语南丹话、壮语东兰话、壮语都安话、壮语上林话、壮语来宾南部寺脚话、壮语贵港话、壮语连山话、壮语钦州话、壮语邕南话、壮语隆安话、壮语扶绥中部话、壮语上思话、壮语崇左话、壮语宁明话、壮语龙州话、壮语大新话、壮语德保话、壮语靖西话、壮语广南话、壮语砚山话、布依语、金平傣语、傣语孟连城关区傣话、傣语西双版纳景洪傣话、傣语金平勐拉新勐傣话、傣语元阳南沙傣话、傣语武宁

续表

语群	复合元音	分布情况
侗台语群	/au/	东坡所所卡傣话、傣语元江红河傣话、傣语马关木厂区傣话、傣语绿春骑马坝傣话；台次语群里的临高语；侗水次语群里的茶洞语、标话、侗语、水语、仫佬语、毛南语、莫语、佯黄语、拉珈语；在黎语次语群的黎语那斗话、黎语坡春话、黎语中沙话、黎语黑土话、黎语西方话、黎语白沙话、黎语元门话、黎语通什话、黎语堑对话、黎语保城话、黎语加茂话、村语；仡央次语群的蔡家话、比贡仡佬语、三冲仡佬语、普标语、拉基语、布干语、巴哈布央语、木佬语
	/ai/	壮傣次语群的傣拉话、黑末话、阿豪姆语、壮语五龙话、壮语武鸣话、壮语横县北话、壮语邕宁北部话、壮语平果话、壮语田东话、壮语田林话、壮语凌乐话、壮语广南话、壮语丘北话、壮语柳江话、壮语宜山话、壮语环江话、壮语融安话、壮语龙胜话、壮语河池话、壮语南丹话、壮语东兰话、壮语都安话、壮语上林话、壮语来宾南部寺脚话、壮语贵港话、壮语连山话、壮语钦州话、壮语邕南话、壮语隆安话、壮语扶绥中部大塘乡话、壮语上思叫丁乡话、壮语崇左（福鹿乡）话、壮语宁明（凤璜乡）话、壮语龙州（彬桥乡）话、壮语大新（后益乡）话、壮语德保（原第二区）话、壮语靖西（新和乡）话、壮语广南（小广南乡）话、壮语砚山（夸西乡）话、壮语文山（黑末乡大寨）话、布依语、金平傣语、傣语德宏芒市傣话、傣语孟连城关区傣话、傣语西双版纳景洪傣话、傣语金平勐拉新勐傣话、傣语元阳南沙傣话、傣语武定东坡所所卡傣话、傣语元江红河傣话、傣语马关木厂区傣话、傣语绿春骑马坝傣话；台语群的临高语；侗水次语群的标话、侗语、水语、仫佬语、毛南语、莫语、佯黄语、拉珈语、茶洞语；黎语群的黎语那斗话、黎语坡春话、黎语保定话（侾方言罗活土语）、黎语中沙话（侾方言侾炎土语）、黎语黑土话（侾方言抱显土语）、黎语西方话（美孚方言）、黎语白沙话（本地方言白沙土语）、黎语元门话（本地方言元门土语）、黎语通什话（杞方言通什土语）、黎语堑对话（杞方言堑对土语）、黎语保城话（杞方言保城土语）、黎语加茂话（加茂方言）、村语；仡央次语群的巴哈布央语、比贡仡佬语、普标语、拉基语、布干语、蔡家话
	/ui/	壮傣次语群的傣拉话、黑末话、五龙壮话、壮语武鸣话、壮语横县北（那旭）话、壮语邕宁北部（五塘）话、壮语田东（合恒）话、壮语田林（利周）话、壮语凌乐（泗城）话、壮语柳江（百朋）话、壮语宜山（洛东）话、壮语环江（城管）话、壮语龙胜（日新）话、壮语河池（三区）话、壮语东兰（城厢）话、壮语都安（六里）话、壮语上林（大丰）话、壮语来宾南部（寺脚）话、壮语贵港（山北）话、壮语连山（小三江）话、壮语钦州（那河乡）话、壮语邕南（下楞乡）话、壮语隆安（小林乡）话、壮语扶绥中部（大塘乡）话、壮语崇左（福鹿乡）话、壮语宁明（凤璜乡）话、壮语龙州（彬桥乡）话、壮语大新（后益乡）话、壮语德保（原第二区）话、壮语靖西（新和乡）话、壮语砚山（夸西乡）话、壮语文山（黑末乡大寨）话、金平傣语、傣语德宏芒市傣话、傣语孟连城关区傣话、傣语西双版纳景洪傣话、傣语金平勐拉新勐傣话、傣语元阳南沙傣话、傣语武定东坡所所卡傣话、傣语元江红河傣话、傣语马关木厂区傣话、傣语绿春骑马坝傣话；台语群的临高语；侗水次语群的侗语下坎话、标话、侗语、水语、仫佬语、毛南语、莫语、佯黄语、拉珈语、茶洞语；黎语次语群的黎语那斗话、黎语坡春话、黎语保定话（侾方言罗活土语）、黎语中沙话（侾方言侾炎土语）、黎语黑土话（侾方言抱显土语）、黎语西方话（美孚方言）、黎语白沙话（本地方言白沙土语）、黎语元门话（本地方言元门土语）、黎语通什话（杞方言通什土语）、黎语堑对话（杞方言堑对土语）、黎语保城话（杞方言保城土语）、黎语加茂话（加茂方言）、村语；仡央次语群的巴哈布央语、比贡仡佬语、三冲仡佬语、布央语、普标语、拉基语、布干语、木佬语、蔡家话
苗瑶语群	/ua/	苗语次语群里的苗语川黔滇方言枧槽话、苗语铁石话、苗话大山脚话、苗语咸宁话、苗语西家话、布努语巴马西山努努话、布努语荔波瑶麓努茂话、布努语荔波洞塘冬孟话；瑶语次语群的瑶语标敏方言东山乡话、三江史门勉语
	/ia/	苗语次语群的苗语黔东方言养蒿话、苗语滇东北次方言石门坎话、咸宁苗语、瑶语标敏方言东山乡话、柘山勉话、布努语巴马西山努努话

续表

语群	复合元音	分布情况
苗瑶语群	/ui/	苗语次语群的苗语滇东北次方言石门坎话、海南苗族保亭话、铁石苗语、优诺语、瑶语标敏方言东山乡话、布努语巴马西山努努话、苗语黔东方言养蒿话、咸宁苗语、西家苗语、布努语大化弄京东努话、布努语富宁龙绍东努话、布努语凌云陶化努努话、布努语都安三只羊布诺话；瑶语次语群的瑶族勉语六冲标曼话、柘山勉话、三江史门勉语、勉语大江底话、勉语大小河话、勉语六定话、勉语盘石话、勉语公坑话、勉语两岔河话、勉语十里香话、勉语庙子源话、勉语棉花坪话、勉语罗香话、勉语长坪话、勉语梁子话、勉语都龙话、勉语梭山脚话、勉语览金话、勉语甲江话、勉语滩散话、勉语新安话、勉语东山话
	/au/	苗语次语群的苗语川黔滇方言枧槽话、铁石苗语、大山脚苗话、咸宁苗语、西家苗语、布努语巴马西山努努话、布努语荔波瑶麓努茂话、布努语荔波洞塘冬孟话；海南苗族保亭话、巴哼语、炯奈语、优诺语、布努语大化弄京东努话、布努语都安梅珠东努话、布努语富宁龙绍东努话、布努语凌云陶化努努话、布努语都安三只羊布诺话、布努语南丹里湖包瑙话；瑶语次语群的瑶语标敏方言东山乡话、三江史门勉语、瑶族勉语六冲标曼话、柘山勉话、勉语大江底话、勉语大小河话、勉语六定话、勉语盘石话、勉语公坑话、勉语两岔河话、勉语十里香话、勉语庙子源话、勉语棉花坪话、勉语罗香话、勉语长坪话、勉语梁子话、勉语都龙话、勉语梭山脚话、勉语览金话、勉语甲江话、勉语滩散话、勉语新安话、勉语东山话、勉语石口话、勉语牛尾寨话、勉语大坪话
	/ai/	苗语滇东北次方言石门坎话、咸宁苗语、布努语巴马西山努努话、苗语川黔滇方言枧槽话、苗语滇东北次方言石门坎话、海南苗族保亭话、大山脚苗话、苗语台江话、小陂流苗语、咸宁苗语、西家苗语、巴哼语、炯奈语、瑶语标敏方言东山乡话、布努语大化弄京东努话、布努语都安梅珠东努话、布努语富宁龙绍东努话、布努语凌云陶化努努话、布努语巴马西山努努话、布努语都安三只羊布诺话、布努语南丹里湖包瑙话、布努语荔波瑶麓努茂话、布努语荔波洞塘冬孟话、瑶族勉语六冲标曼话、柘山勉话、勉语三江史门话、勉语大江底话、勉语大小河话、勉语六定话、勉语盘石话、勉语公坑话、勉语两岔河话、勉语十里香话、勉语庙子源话、勉语棉花坪话、勉语罗香话、勉语长坪话、勉语梁子话、勉语都龙话、勉语梭山脚话、勉语览金话、勉语甲江话、勉语滩散话、勉语新安话、勉语东山话、勉语石口话、勉语牛尾寨话、勉语大坪话；畲语次语群的巴那语
	/ui/	苗语次语群的苗语滇东北次方言石门坎话、海南苗族保亭话、铁石苗语、优诺语、瑶语标敏方言东山乡话、布努语巴马西山努努话、苗语川黔滇方言枧槽话、小陂流苗语、炯奈语、布努语荔波瑶麓努茂话、布努语荔波洞塘冬孟话；瑶语次语群的瑶族勉语六冲标曼话、柘山勉话、三江史门勉语、勉语大江底话、勉语大小河话、勉语六定话、勉语盘石话、勉语公坑话、勉语两岔河话、勉语十里香话、勉语庙子源话、勉语棉花坪话、勉语罗香话、勉语长坪话、勉语梁子话、勉语都龙话、勉语梭山脚话、勉语览金话、勉语甲江话、勉语滩散话、勉语新安话、勉语东山话
南亚语群	/ua/	孟高棉次语群的户语、佤语岩帅话、佤语佤方言勐汞话、佤语阿佤方言马散话、佤语阿佤方言阿瓦来话、佤语阿佤方言大芒糯话、佤语阿佤方言岳宋话、佤语阿佤方言岩城话、佤语巴饶克方言艾帅话、佤语巴饶克方言班洪话、佤语巴饶克方言完冷话、佤语巴饶克方言大寨话、德昂语、布朗语、克木语、布兴语、徕语、布芒语、佤语阿佤方言细允话
	/ia/	佤语阿佤方言岩帅话、佤语阿佤方言马散话、佤语阿佤方言细允话、佤语阿佤方言阿瓦来话、佤语阿佤方言大芒糯话、佤语阿佤方言岩城话、佤语巴饶克方言艾帅话、佤语巴饶克方言班洪话、佤语巴饶克方言完冷话、佤语巴饶克方言大寨话、德昂语、布朗语、克木语、布兴语、布芒语
	/ui/	户语、佤语阿佤方言岩帅话、佤语佤方言勐汞话、佤语阿佤方言马散话、佤语巴饶克方言艾帅话、德昂语、布朗语、克木语、克蔑语、京语、布兴语、徕语、布芒语
	/au/	户语、佤语岩帅话、佤语佤方言勐汞话、佤语阿佤方言马散话、佤语阿佤方言阿瓦来话、佤语阿佤方言大芒糯话、佤语阿佤方言岳宋话、佤语阿佤方言岩城话、佤语巴饶克方言艾帅话、佤语巴饶克方言班洪话、佤语巴饶克方言完冷话、佤语巴饶克方言大寨话、德昂语、布朗语、克木语、布兴语、徕语、布芒语、克蔑语、京语、莽语

续表

语群	复合元音	分布情况
南亚语群	/ai/	佤语阿佤方言岩帅话、佤语阿佤方言马散话、佤语阿佤方言细允话、佤语阿佤方言阿瓦来话、佤语阿佤方言大芒糯话、佤语阿佤方言岩城话、佤语巴饶克方言艾帅话、佤语巴饶克方言班洪话、佤语巴饶克方言完冷话、佤语巴饶克方言大寨话、德昂语、布朗语、克木语、布兴语、布芒语、户语、佤语佤方言勐汞话、佤语阿佤方言岩宋话、克蔑语、京语、莽语
	/ui/	户语、佤语阿佤方言岩帅话、佤语佤方言勐汞话、佤语阿佤方言马散话、佤语巴饶克方言艾帅话、德昂语、布朗语、克木语、克蔑语、京语、布兴语、徕语、布芒语佤语阿佤方言细允话、佤语阿佤方言阿瓦来话、佤语阿佤方言大芒糯话、佤语阿佤方言岩宋话、佤语阿佤方言岩城话、佤语巴饶克方言班洪话、佤语巴饶克方言完冷话、佤语巴饶克方言大寨话
南岛语群	/ua/	布农语、噶玛兰语、回辉语
	/ia/	布农语、噶玛兰语、回辉语
	/ui/	布农语、噶玛兰语、回辉语、Nyindrou 语
	/au/	布农语、噶玛兰语、回辉语、巴布亚新几内亚次语群的 Nyindrou 语、Dami 语、Kilivila 语里、大洋洲次语群的 Samoan 语
	/ai/	布农语、噶玛兰语、回辉语、Nyindrou 语、Dami 语、Kilivila 语、Samoan 语
	/ui/	布农语、噶玛兰语、回辉语、Nyindrou 语
汉语群	/ua/	北方官话方言区的莒县方言、德州方言；胶东平度方言；兰银官话的乌鲁木齐方言、吉木萨尔方言；闽南潮汕方言区的潮阳方言、浙江泰顺可前畲话、广东省饶平黄冈方言；东北方言区的哈尔滨方言、黑龙江方言二屯话、黑龙江方言虎林话、黑龙江方言太平屯话；赣方言区的江西武宁礼溪话、安徽宿松方言、江西乐安万崇话、石城（龙岗）方言、湖南省攸县方言、湖南省耒阳方言、江西泰和方言、湖南安仁方言、南昌方言、南昌县蒋巷方言、丰城方言、安义方言、湖北阳新三溪赣语、南城方言、湖南嘉禾土话；徽语的屯溪方言、婺源方言；冀鲁官话区的平谷方言、山东明水方言、江淮官话区的团风方言、湖南江永方言、泰兴方言、宝应方言、连云港市方言、扬州话、泰兴方言、湖北安陆方言、安徽庐江方言、盐城方言、巢湖方言；晋语的伊盟方言、神木方言；客家方言区的广西容县客家方言、广东省惠东客家方言、于都方言、龙潭寺客家话、南雄（乌径）方言、梅县客家话、浙江金华珊瑚客家话、广东南塘客家话、广东省惠阳客家话、惠州话、乐昌（长来）方言；粤西廉江石角客家方言、饶平上饶方言、井冈山客家话、毛里求斯客家话、连城（新泉）方言、儋州中和军话；闽语区的福建兴田（城村）方言、漳州方言、云澳方言、海口方言、赣东北闽南方言、福州方言、万安方言、闽语莆田方言、邵武方言、龙岩方言、厦门方言、广东省海康方言、广东省中山市三乡闽语、粤西闽语海康雷城话、粤西闽语电白霞洞话、海南闽语府城小片、海南闽语崖县小片、海南闽语万宁小片、海南闽语文昌小片、海南省三亚市汉语方言、福建省顺昌县境内方言（东片方言洋口话）、福建省宁德方言、福建省福清方言、福建省安溪话、广西昭平方言、福建南平方言、河南商城（南司）方言；吴语区的宜兴方言、靖江老岸话、无锡方言、舟山方言、金华方言、苏州方言、鄞县方言、宁波方言、宜兴方言、上海方言、丹阳方言、江西广丰方言、萧山方言、太平（仙源）方言、西南官话的湖南安乡方言、宜都方言、湖南吉首方言、江津方言、成都方言，四川境内的老湖广话，遵义方言、襄樊方言、广西恭城直话、宁夏盐池方言，泌阳方言、赣榆（刘沟）方言；下江官话的安庆方言、靖江沙溪话、镇江方言；湘语区的长沙话、湘乡翻江镇方言，四川新湘语；安仁话，湖南城步话，湖南邵阳方言，湖南嘉禾土话，湖南汨罗长乐话，涟源（蓝田）方言；海南闽语的长流土话；粤东闽语的海丰方言；粤语区的广东省吴川白话、海南蛋家话、博白地佬话；中原官话区的甘肃省武都方言、开封方言，永济方言，彬县方言，赣榆方言

语群	复合元音	分布情况
汉语群	/ia/	北方官话的莒县方言，江淮官话的泰兴方言、宝应方言、扬州话、安徽庐江方言、盐城方言、巢湖方言，胶东方言的平度方言；闽南方言潮汕方言区的潮阳方言、广东省饶平黄冈方言；东北方言的哈尔滨方言、黑龙江方言二屯话、黑龙江方言虎林话、黑龙江方言太平屯话；赣方言的江西武宁礼溪话、安徽宿松方言、江西乐安县万崇话、石城（龙岗）方言、湖南省攸县方言、湖南省耒阳方言、湖北阳新三溪赣语、秦和方言、湖南安仁方言、南昌方言、南昌县蒋巷方言、丰城方言、安义方言、南昌方言、南城方言、安徽宿松方言、湖南嘉禾土话、广东电白旧时正话（华楼正话），晋语区的伊盟方言、儋州中和军话、神木方言，客家方言的五华方言、广东省惠东客家方言、广西容县客家方言、龙潭寺客家话、广东龙川县佗城客家方言、梅县客家话、广东省惠阳客家话、广东南塘客家话、乐昌（长来）方言、粤西廉江石角客家方言、广东新丰客家方言、惠州话、饶平上饶方言、广西贺县（莲塘）客家话、井冈山客家话、毛里求斯客家话、香港原居民客家话、连城（新泉）方言、江西于都方言、浙江金华珊瑚客家话、于都方言、南雄（乌径）方言；兰银官话区的乌鲁木齐方言，吉木萨尔方言；闽语的福建兴田(城村)方言、福建石陂方言、漳州方言、云澳方言、海口方言、赣东北闽南方言、福州方言、万安方言、建阳方言、闽语莆田方言、邵武方言、龙岩方言、厦门方言、广东省澙东方言、广东省中山市三乡闽语、粤西闽语海康雷城话、粤西闽语电白霞洞话、海南闽吾、海南省三亚市汉语方言、福建省顺昌县境内方言（东片方言洋口话）、福建省顺昌县境内方言（西片方言顺昌话）、福建省宁德方言、福建省福清方言、福建安溪话、广西昭平方言、福建南平方言；吴语区的宜兴方言、靖江老岸话、丹阳方言、江西广丰方言、无锡方言、宁波方言、萧山方言、长乐话、铜陵方言、太平（仙源）方言；徽语的屯溪方言，西南官话区的湖南安乡方言、宜都方言、江津方言、成都方言、四川境内的老湖广活、广西恭城直话、遵义方言，襄樊方言；湘语言区的长沙话、四川新湘语：安仁话、四川达县长沙话、湖南城步话、湖南邵阳方言、湖南嘉禾土话、湘乡翻江镇方言、四川老湘语：温塘话、湖南泸溪方言、涟源（蓝田）方言；粤方言区的海丰方言、泰国曼谷广府话、广东四邑方言台山话、博白地佬话；中原官话区的甘肃省武都方言、开封方言、永济方言、彬县方言、赣榆方言、河南商城（南司）方言、焉耆音系、泌阳方言、宁夏盐池方言、河西走廊的汉语方言。冀鲁官话的山东明水方言、山东临邑方言、赣榆（刘沟）方言，下江官话的镇江方言
	/ui/	闽南潮汕方言的潮阳方言、广东省饶平黄冈方言、赣方言区的江西乐安县万崇话、南昌方言、南昌县蒋巷方言、安义方言、赣语泰和方言、丰城方言、南城方言、江西武宁礼溪话、湖南省攸县方言、湖南省耒阳方言、安徽宿松方言、湖南安仁方言，江淮方言区的连云港市方言、巢湖方言、军话方言区的儋州中和军话、五华方言、客家方言区的广东省惠东客家方言、广西容县客家方言、于都方言、南雄（乌径）方言、广东龙川县佗城客家方言、梅县客家话、广东省惠阳客家话、广东南塘客家话、粤西廉江石角客家方言、广东新丰客家方言、饶平上饶方言、广西贺县（莲塘）客家话、井冈山客家话、毛里求斯客家话、香港原居民客家话、连城（新泉）方言闽语区的福建兴田城村方言、漳州方言、云澳方言、海口方言、赣东北闽南方言、建阳方言、闽语莆田方言、龙岩方言、厦门方言、广东省海康方言、广东省中山市三乡闽语、粤西闽语海康雷城话、粤西闽语电白霞洞话、海南闽语、海南省三亚市汉语方言、福建省顺昌县境内方言（东片方言洋口话）、福建省宁德方言、福建安溪话、广西昭平方言，吴语区的金华方言、江西广丰方言、四川老湘语：温塘话、宜兴方言，湘语区的湘乡翻江镇方言、涟源（蓝田）方言，粤语区的海丰方言、泰国曼谷广府话、广东四邑方言台山话、广东省吴川白话、东莞方言、广西平南白话、《广西瑶歌记音》、广西廉州方言、海南蛋家话、香港粤语、博白地佬话
	/au/	北方官话方言区的莒县方言；闽南潮汕方言区的潮阳方言、广东省饶平黄冈方言；东北方言区的哈尔滨方言、黑龙江方言二屯话、黑龙江方言虎林话、黑龙江方言太平屯话；赣方言区的江西武宁礼溪话、安徽宿松方言、江西乐安县万崇话、石城（龙岗）方言、湖南省攸县方言、南昌方言、南昌县蒋巷方言、丰城方言、安义方言、湖北阳新三溪赣语、南城方言、湖南嘉禾土话；徽语区的屯溪方言、婺源方言；冀鲁官话区的平谷方言、江淮官话区的团风方言、湖南江永方言；晋语区的伊盟方言、客家方言区的广西容县客家方言、龙潭寺客家话、南雄（乌径）方言、梅县客家话、广东南塘客家话、粤西廉江

续表

语群	复合元音	分布情况
汉语群	/au/	石角客家方言、饶平上饶方言、井冈山客家话、毛里求斯客家话、连城（新泉）方言、闽语区的福建兴田（城村）方言、漳州方言、云澳方言、海口方言、赣东北闽南方言、福州方言、万安方言、闽语莆田方言、邵武方言、龙岩方言、厦门方言、广东省海康方言、广东省中山市三乡闽语、粤西闽语海康雷城话、粤西闽语电白霞洞话、海南闽语府城小片、海南闽语崖县小片、海南闽语万宁小片、海南闽语文昌小片、海南省三亚市汉语方言、福建省顺昌县境内方言（东片方言洋口话）、福建省宁德方言、福建省福清方言、福建省安溪话、广西昭平方言、福建南平方言、河南商城（南司）方言、吴语区的宜兴方言、靖江老岸话、舟山方言、金华方言、湖南安乡方言、宜都方言、湖南吉首方言、江津方言、成都方言、四川境内的老湖广话、遵义方言、襄樊方言、下江官话的安庆方言、靖江西沙话；湘语区的长沙话、湘乡翻江镇方言、湖南城步话、湖南邵阳方言、湖南嘉禾土话；海南闽语的长流土话；粤东闽语的海丰话；粤语区的广东省吴川白话、海南蛋家话、博白地佬话；中原官话区的甘肃省武都方言、开封方言、永济方言、彬县方言、赣榆方言
	/ai/	北方官话的莒县方言、闽南方言潮汕方言区的潮阳方言、广东省饶平黄冈方言；东北方言区的哈尔滨方言、黑龙江方言二屯话、黑龙江方言虎林话、黑龙江方言太平屯话；赣方言区的江西武宁礼溪话、安徽宿松方言、江西乐安县万崇话、石城（龙岗）话、湖南省攸县方言、南昌方言、南昌县蒋巷方言、丰城方言、安义方言、南昌方言、南城方言、安徽宿松方言、湖南嘉禾土话、广东电白旧时正话（华楼正话）、晋语区的伊盟方言；军话方言区的儋州中和军话；客家方言区的五华方言、广东省惠东客家方言、广西容县客家方言、龙潭寺客家话、广东龙川县佗城客家方言、梅县客家话、广东省惠阳客家话、广东南塘客家话、乐昌（长来）方言、粤西廉江石角客家方言、广东新丰客家话、惠州话、饶平上饶方言、广西贺县（莲塘）客家话、井冈山客家话、毛里求斯客家话、香港原居民客家话、连城（新泉）方言；兰银官话区的乌鲁木齐方言、吉木萨尔方言等各方言里；闽语区的福建兴田(城村)方言、福建石陂方言、漳州方言、云澳方言、海口方言、赣东北闽南方言、福州方言、万安方言、建阳方言、闽语莆田方言、邵武方言、龙岩方言、厦门方言、广东省海康方言、广东省中山市三乡闽语、粤西闽语海康雷城话、粤西闽语电白霞洞话、海南闽语、海南省三亚市汉语方言、福建省顺昌县境内方言（西片方言顺昌话）、福建省宁德方言、福建省福清方言、福建安溪话、广西昭平方言、福建南平方言；吴语区的宜兴方言、靖江老岸话；西南官话区的湖南安乡方言、宜都方言、江津方言、成都方言、四川境内的老湖广话、遵义方言、襄樊方言；湘方言区的长沙话、四川新湘语；安仁话、四川达县长沙话、湖南城步话、湖南邵阳方言、湖南嘉禾土话；粤方言区的海丰方言、泰国曼谷广府话、广东四邑方言台山话；中原官话区的甘肃省武都方言、开封方言、永济方言、彬县方言、赣榆方言
	/ui/	闽南潮汕方言的潮阳方言、广东省饶平黄冈方言；赣方言区的江西乐安县万崇话、南昌方言、南昌县蒋巷方言、安义方言、赣语泰和方言；江淮方言区的连云港市方言、巢湖方言；军话方言区的儋州中和军话；客家方言区的五华方言、广东省惠东客家方言、广西容县客家方言、于都方言、南雄（乌径）方言、广东龙川县佗城客家话、梅县客家话、广东省惠阳客家话、广东南塘客家话、粤西廉江石角客家方言、广东新丰客家话、饶平上饶方言、广西贺县（莲塘）客家话、井冈山客家话、毛里求斯客家话、香港原居民客家话、连城（新泉）方言；闽语区的福建兴田(城村)方言、漳州方言、云澳方言、海口方言、赣东北闽南方言、建阳方言、闽语莆田方言、龙岩方言、厦门方言、广东省海康方言、广东省中山市三乡闽语、粤西闽语海康雷城话、粤西闽语电白霞洞话、海南闽语、海南省三亚市汉语方言、福建省顺昌县境内方言（东片方言洋口话）、福建省宁德方言、福建安溪话、广西昭平方言；吴语区的金华方言；湘语区的湘乡翻江镇方言；粤语区的海丰方言、泰国曼谷广府话、广东四邑方言台山话、广东省吴川白话、东莞方言、广西平南白话、《广西瑶歌记音》、海南蛋家话、香港粤语、博白地佬话

附　录　2

附表　汉藏语的语言/方言简表

语群	语言	资料出处
藏缅语群	阿昌语	中国的语言
藏缅语群	阿侬语	中国的语言
藏缅语群	白马语	中国的语言
藏缅语群	白语	中国的语言
藏缅语群	崩尼-博嘎尔语	中国的语言
藏缅语群	崩如语	中国的语言
藏缅语群	毕苏语	中国的语言
藏缅语群	波拉语	中国的语言
藏缅语群	仓洛语	中国的语言
藏缅语群	藏语北部安多方言道孚话	藏语语音史研究
藏缅语群	藏语北部安多方言夏河话	藏语语音史研究
藏缅语群	藏语东部康方言巴塘话	藏语语音史研究
藏缅语群	藏语东部康方言德格话	藏语语音史研究
藏缅语群	藏语南部方言夏尔巴话	藏语语音史研究
藏缅语群	藏语南部方言宗卡语	藏语语音史研究
藏缅语群	藏语卫藏方言巴松话	民族语文
藏缅语群	藏语西部方言巴尔提话	藏语语音史研究
藏缅语群	藏语西部方言拉达克话	藏语语音史研究
藏缅语群	藏语西部方言桑噶尔话	藏语语音史研究
藏缅语群	藏语中部卫藏方言噶尔话	藏语语音史研究
藏缅语群	藏语中部卫藏方言拉萨话	藏语语音史研究
藏缅语群	措勤话	阿里藏语
藏缅语群	达让语	中国的语言
藏缅语群	独龙语	中国的语言
藏缅语群	尔龚语	中国的语言
藏缅语群	尔苏语	中国的语言

续表

语群	语言	资料出处
藏缅语群	嘎苏语	民族语文
藏缅语群	噶尔话	阿里藏语
藏缅语群	改则话	阿里藏语
藏缅语群	革吉话	阿里藏语
藏缅语群	格曼语	中国的语言
藏缅语群	贵琼语	中国的语言
藏缅语群	哈尼语绿春大寨话	中国的语言
藏缅语群	基诺语	中国的语言
藏缅语群	嘉戎语上寨话	民族语文
藏缅语群	嘉戎语卓克基话	中国的语言
藏缅语群	景颇语	中国的语言
藏缅语群	景颇语杜连话	民族语文
藏缅语群	景颇族波拉话	民族语文
藏缅语群	卡卓语	中国的语言
藏缅语群	拉祜语	中国的语言
藏缅语群	拉祜语苦聪话	民族语文
藏缅语群	拉坞戎语	中国的语言
藏缅语群	浪速语	中国的语言
藏缅语群	勒期语	中国的语言
藏缅语群	傈僳语福贡话	中国的语言
藏缅语群	玛曲藏语	玛曲藏语研究/中国少数民族语言方言研究丛书
藏缅语群	门巴语北部方言邦金土语	门巴语方言研究/中国少数民族语言方言研究丛书
藏缅语群	门巴语北部方言文浪土语	门巴语方言研究/中国少数民族语言方言研究丛书
藏缅语群	门巴语南部方言达旺土语	门巴语方言研究/中国少数民族语言方言研究丛书
藏缅语群	门巴语南部方言麻玛土语	中国的语言
藏缅语群	米必苏语	民族语文
藏缅语群	缅甸语东友方言	民族语文
藏缅语群	缅彝语木达话	民族语文
藏缅语群	末昂语	中国的语言
藏缅语群	木雅语	中国的语言
藏缅语群	纳木依语	中国的语言
藏缅语群	纳西语宝山州土语	民族语文

续表

语群	语言	资料出处
藏缅语群	纳西语北渠坝土语	民族语文
藏缅语群	纳西语大研镇土语	民族语文
藏缅语群	纳西语瓜别土语	民族语文
藏缅语群	纳西语丽江坝纳西话	中国的语言
藏缅语群	纳西语丽江坝土语	民族语文
藏缅语群	纳西语永宁坝土语	民族语文
藏缅语群	怒苏语	中国的语言
藏缅语群	蒲溪羌语	蒲溪羌语研究/中国少数民族语言方言研究丛书
藏缅语群	普兰话	阿里藏语
藏缅语群	普米语鲁甸土语	普米语方言研究/中国少数民族语言方言研究丛书
藏缅语群	普米语箐花土语	中国的语言
藏缅语群	普米语三岩龙土语	普米语方言研究/中国少数民族语言方言研究丛书
藏缅语群	普米语桃巴土语	普米语方言研究/中国少数民族语言方言研究丛书
藏缅语群	普米语拖七土语	普米语方言研究/中国少数民族语言方言研究丛书
藏缅语群	普米语左所土语	普米语方言研究/中国少数民族语言方言研究丛书
藏缅语群	羌语	中国的语言
藏缅语群	却域语	中国的语言
藏缅语群	日土话	阿里藏语
藏缅语群	柔若语	中国的语言
藏缅语群	桑孔语	中国的语言
藏缅语群	史兴语	中国的语言
藏缅语群	苏龙语	中国的语言
藏缅语群	他留话	民族语文
藏缅语群	堂郎语	中国的语言
藏缅语群	土家语	中国的语言
藏缅语群	西山白语	民族语文
藏缅语群	仙岛语	中国的语言
藏缅语群	小白彝语	民族语文
藏缅语群	新营盘土语	普米语方言研究/中国少数民族语言方言研究丛书
藏缅语群	业隆话	民族语文
藏缅语群	彝语峨颇话	民族语文
藏缅语群	彝语苦村话	民族语文

续表

语群	语言	资料出处
藏缅语群	彝语仆拉话	民族语文
藏缅语群	彝语水田话	民族语文
藏缅语群	彝语喜德对乍话	中国的语言
藏缅语群	义都语	中国的语言
藏缅语群	载瓦语	中国的语言
藏缅语群	扎巴语	民族语文
藏缅语群	扎坝语	中国的语言
藏缅语群	札达话	阿里藏语
侗台语群	阿豪姆语	民族语文
侗台语群	巴哈布央语	民族语文
侗台语群	比贡仡佬语	民族语文
侗台语群	标话	中国的语言
侗台语群	布干语	中国的语言
侗台语群	布央语	中国的语言
侗台语群	布依语	中国的语言
侗台语群	蔡家话	中国的语言
侗台语群	茶洞语	中国的语言
侗台语群	村语	中国的语言
侗台语群	傣拉话	民族语文
侗台语群	傣语德宏芒市傣话	中国的语言
侗台语群	傣语金平勐拉新勐傣话	傣语方言研究/中国少数民族语言方言研究丛书
侗台语群	傣语绿春骑马坝傣话	傣语方言研究/中国少数民族语言方言研究丛书
侗台语群	傣语马关木厂区傣话	傣语方言研究/中国少数民族语言方言研究丛书
侗台语群	傣语孟连城关区傣话	傣语方言研究/中国少数民族语言方言研究丛书
侗台语群	傣语武定东坡所所卡傣话	傣语方言研究/中国少数民族语言方言研究丛书
侗台语群	傣语西双版纳景洪傣话	傣语方言研究/中国少数民族语言方言研究丛书
侗台语群	傣语元江红河傣话	傣语方言研究/中国少数民族语言方言研究丛书
侗台语群	傣语元阳南沙傣话	傣语方言研究/中国少数民族语言方言研究丛书
侗台语群	侗语	中国的语言
侗台语群	侗语下坎话	民族语文
侗台语群	洞口那溪话	民族语文
侗台语群	黑末话	民族语文

续表

语群	语言	资料出处
侗台语群	黄金镇仫佬语	民族语文
侗台语群	金平傣语	民族语文
侗台语群	拉基语	中国的语言
侗台语群	拉珈语	中国的语言
侗台语群	黎语白沙话	黎语调查研究
侗台语群	黎语保城话	黎语调查研究
侗台语群	黎语保定话	中国的语言
侗台语群	黎语黑土话	黎语调查研究
侗台语群	黎语加茂话	黎语调查研究
侗台语群	黎语那斗话	民族语文
侗台语群	黎语坡春话	民族语文
侗台语群	黎语堑对话	黎语调查研究
侗台语群	黎语通什话	黎语调查研究
侗台语群	黎语西方话	黎语调查研究
侗台语群	黎语元门话	黎语调查研究
侗台语群	黎语中沙话	黎语调查研究
侗台语群	临高语	中国的语言
侗台语群	毛南语	中国的语言
侗台语群	莫语	中国的语言
侗台语群	木佬语	中国的语言
侗台语群	仫佬语	中国的语言
侗台语群	普标语	中国的语言
侗台语群	三冲仡佬语	民族语文
侗台语群	水语	中国的语言
侗台语群	五龙壮语	民族语文
侗台语群	佯黄语	中国的语言
侗台语群	仡佬语	中国的语言
侗台语群	壮语崇左话	壮语方言研究/中国少数民族语言方言研究丛书
侗台语群	壮语大新话	壮语方言研究/中国少数民族语言方言研究丛书
侗台语群	壮语德保话	壮语方言研究/中国少数民族语言方言研究丛书
侗台语群	壮语东兰话	壮语方言研究/中国少数民族语言方言研究丛书
侗台语群	壮语都安话	壮语方言研究/中国少数民族语言方言研究丛书

续表

语群	语言	资料出处
侗台语群	壮语扶绥中部话	壮语方言研究/中国少数民族语言方言研究丛书
侗台语群	壮语广南话	壮语方言研究/中国少数民族语言方言研究丛书
侗台语群	壮语贵港话	壮语方言研究/中国少数民族语言方言研究丛书
侗台语群	壮语河池话	壮语方言研究/中国少数民族语言方言研究丛书
侗台语群	壮语横县北话	壮语方言研究/中国少数民族语言方言研究丛书
侗台语群	壮语环江话	壮语方言研究/中国少数民族语言方言研究丛书
侗台语群	壮语靖西话	壮语方言研究/中国少数民族语言方言研究丛书
侗台语群	壮语来宾南部语	壮语方言研究/中国少数民族语言方言研究丛书
侗台语群	壮语连山话	壮语方言研究/中国少数民族语言方言研究丛书
侗台语群	壮语凌乐话	壮语方言研究/中国少数民族语言方言研究丛书
侗台语群	壮语柳江话	壮语方言研究/中国少数民族语言方言研究丛书
侗台语群	壮语龙胜话	壮语方言研究/中国少数民族语言方言研究丛书
侗台语群	壮语龙州话	壮语方言研究/中国少数民族语言方言研究丛书
侗台语群	壮语隆安话	壮语方言研究/中国少数民族语言方言研究丛书
侗台语群	壮语南丹话	壮语方言研究/中国少数民族语言方言研究丛书
侗台语群	壮语宁明话	壮语方言研究/中国少数民族语言方言研究丛书
侗台语群	壮语平果话	壮语方言研究/中国少数民族语言方言研究丛书
侗台语群	壮语钦州话	壮语方言研究/中国少数民族语言方言研究丛书
侗台语群	壮语丘北话	壮语方言研究/中国少数民族语言方言研究丛书
侗台语群	壮语融安话	壮语方言研究/中国少数民族语言方言研究丛书
侗台语群	壮语上林话	壮语方言研究/中国少数民族语言方言研究丛书
侗台语群	壮语上思话	壮语方言研究/中国少数民族语言方言研究丛书
侗台语群	壮语田东话	壮语方言研究/中国少数民族语言方言研究丛书
侗台语群	壮语田林话	壮语方言研究/中国少数民族语言方言研究丛书
侗台语群	壮语文山话	壮语方言研究/中国少数民族语言方言研究丛书
侗台语群	壮语武鸣话	中国的语言
侗台语群	壮语砚山话	壮语方言研究/中国少数民族语言方言研究丛书
侗台语群	壮语宜山话	壮语方言研究/中国少数民族语言方言研究丛书
侗台语群	壮语邕南话	壮语方言研究/中国少数民族语言方言研究丛书
侗台语群	壮语邕宁北部话	壮语方言研究/中国少数民族语言方言研究丛书
苗瑶语群	巴哼语	中国的语言
苗瑶语群	巴那语	中国的语言

续表

语群	语言	资料出处
苗瑶语群	布努语巴马西山努努话	瑶族布努语方言研究/中国少数民族语言方言研究丛书
苗瑶语群	布努语大化弄京东努话	中国的语言
苗瑶语群	布努语都安梅珠东努话	瑶族布努语方言研究/中国少数民族语言方言研究丛书
苗瑶语群	布努语都安三只羊布诺话	瑶族布努语方言研究/中国少数民族语言方言研究丛书
苗瑶语群	布努语富宁龙绍东努话	瑶族布努语方言研究/中国少数民族语言方言研究丛书
苗瑶语群	布努语荔波洞塘冬孟话	瑶族布努语方言研究/中国少数民族语言方言研究丛书
苗瑶语群	布努语荔波瑶麓努茂话	瑶族布努语方言研究/中国少数民族语言方言研究丛书
苗瑶语群	布努语凌云陶化努努话	瑶族布努语方言研究/中国少数民族语言方言研究丛书
苗瑶语群	布努语南丹里湖包瑙话	瑶族布努语方言研究/中国少数民族语言方言研究丛书
苗瑶语群	大山脚苗话	民族语文
苗瑶语群	海南苗族保亭话	民族语文
苗瑶语群	炯奈语	中国的语言
苗瑶语群	勉语长坪话	瑶族勉语方言研究/中国少数民族语言方言研究丛书
苗瑶语群	勉语大江底话	中国的语言
苗瑶语群	勉语大坪话	瑶族勉语方言研究/中国少数民族语言方言研究丛书
苗瑶语群	勉语大小河话	瑶族勉语方言研究/中国少数民族语言方言研究丛书
苗瑶语群	勉语东山话	瑶族勉语方言研究/中国少数民族语言方言研究丛书
苗瑶语群	勉语都龙话	瑶族勉语方言研究/中国少数民族语言方言研究丛书
苗瑶语群	勉语公坑话	瑶族勉语方言研究/中国少数民族语言方言研究丛书
苗瑶语群	勉语甲江话	瑶族勉语方言研究/中国少数民族语言方言研究丛书
苗瑶语群	勉语览金话	瑶族勉语方言研究/中国少数民族语言方言研究丛书
苗瑶语群	勉语梁子话	瑶族勉语方言研究/中国少数民族语言方言研究丛书
苗瑶语群	勉语两岔河话	瑶族勉语方言研究/中国少数民族语言方言研究丛书
苗瑶语群	勉语六定话	瑶族勉语方言研究/中国少数民族语言方言研究丛书
苗瑶语群	勉语罗香话	瑶族勉语方言研究/中国少数民族语言方言研究丛书
苗瑶语群	勉语棉花坪话	瑶族勉语方言研究/中国少数民族语言方言研究丛书
苗瑶语群	勉语庙子源话	瑶族勉语方言研究/中国少数民族语言方言研究丛书
苗瑶语群	勉语牛尾寨话	瑶族勉语方言研究/中国少数民族语言方言研究丛书
苗瑶语群	勉语盘石话	瑶族勉语方言研究/中国少数民族语言方言研究丛书
苗瑶语群	勉语十里香话	瑶族勉语方言研究/中国少数民族语言方言研究丛书
苗瑶语群	勉语石口话	瑶族勉语方言研究/中国少数民族语言方言研究丛书
苗瑶语群	勉语梭山脚话	瑶族勉语方言研究/中国少数民族语言方言研究丛书

语群	语言	资料出处
苗瑶语群	勉语滩散话	瑶族勉语方言研究/中国少数民族语言方言研究丛书
苗瑶语群	勉语新安话	瑶族勉语方言研究/中国少数民族语言方言研究丛书
苗瑶语群	苗语川黔滇方言枧槽话	苗瑶语方言词汇集
苗瑶语群	苗语滇东北次方言石门坎话	苗瑶语方言词汇集
苗瑶语群	苗语黔东方言养蒿话	苗瑶语方言词汇集
苗瑶语群	苗语台江话	民族语文
苗瑶语群	苗语湘西方言吉卫话	苗瑶语方言词汇集
苗瑶语群	三江史门勉语	民族语文
苗瑶语群	畲语	中国的语言
苗瑶语群	铁石苗语	民族语文
苗瑶语群	西家苗语	民族语文
苗瑶语群	咸宁苗语	民族语文
苗瑶语群	小陂流苗语	民族语文
苗瑶语群	瑶语标敏方言东山乡话	苗瑶语方言词汇集
苗瑶语群	瑶族勉语六冲标曼话	民族语文
苗瑶语群	优诺语	《优诺语研究》中国新发现语言研究丛书
苗瑶语群	柘山勉话	民族语文
南亚语群	布芒语	《布芒语研究》中国新发现语言研究丛书
南亚语群	布朗语	中国的语言
南亚语群	布兴语	中国的语言
南亚语群	德昂语	中国的语言
南亚语群	户语	民族语文
南亚语群	京语	中国的语言
南亚语群	克蔑语	中国的语言
南亚语群	克木语	中国的语言
南亚语群	倈语	中国的语言
南亚语群	莽语	中国的语言
南亚语群	佤语阿佤方言阿瓦来话	佤语方言研究/中国少数民族语言方言研究丛书
南亚语群	佤语阿佤方言大芒糯话	佤语方言研究/中国少数民族语言方言研究丛书
南亚语群	佤语阿佤方言马散话	佤语方言研究/中国少数民族语言方言研究丛书
南亚语群	佤语阿佤方言细允话	佤语方言研究/中国少数民族语言方言研究丛书
南亚语群	佤语阿佤方言岩城话	佤语方言研究/中国少数民族语言方言研究丛书

续表

语群	语言	资料出处
南亚语群	佤语阿佤方言岳宋话	佤语方言研究/中国少数民族语言方言研究丛书
南亚语群	佤语巴饶克方言艾帅话	佤语方言研究/中国少数民族语言方言研究丛书
南亚语群	佤语巴饶克方言班洪话	佤语方言研究/中国少数民族语言方言研究丛书
南亚语群	佤语巴饶克方言大寨话	佤语方言研究/中国少数民族语言方言研究丛书
南亚语群	佤语巴饶克方言完冷话	佤语方言研究/中国少数民族语言方言研究丛书
南亚语群	佤语佤方言勐梭话	佤语方言研究/中国少数民族语言方言研究丛书
南亚语群	佤语岩帅话	中国的语言
南岛语群	A'jië	Comparative Austronesian Dictionary
南岛语群	Acehnese	Comparative Austronesian Dictionary
南岛语群	Adzera	Comparative Austronesian Dictionary
南岛语群	Aklanon	Comparative Austronesian Dictionary
南岛语群	Atayal	Comparative Austronesian Dictionary
南岛语群	Balinese	Comparative Austronesian Dictionary
南岛语群	Bāngingi Sama	Comparative Austronesian Dictionary
南岛语群	Bugis	Comparative Austronesian Dictionary
南岛语群	Buru(Masarete)	Comparative Austronesian Dictionary
南岛语群	Cèmuhî	Comparative Austronesian Dictionary
南岛语群	Central Buang	Comparative Austronesian Dictionary
南岛语群	Da'a	Comparative Austronesian Dictionary
南岛语群	Dami	Comparative Austronesian Dictionary
南岛语群	Dobel(Aru Island)	Comparative Austronesian Dictionary
南岛语群	Eastern Fijian(Bauan)	Comparative Austronesian Dictionary
南岛语群	Gorontalo	Comparative Austronesian Dictionary
南岛语群	Indonesian(Malay)	Comparative Austronesian Dictionary
南岛语群	Irarutu	Comparative Austronesian Dictionary
南岛语群	Isnag	Comparative Austronesian Dictionary
南岛语群	Javanese	Comparative Austronesian Dictionary
南岛语群	Kagayanen	Comparative Austronesian Dictionary
南岛语群	Kalinga(Linimos)	Comparative Austronesian Dictionary
南岛语群	Kaulong	Comparative Austronesian Dictionary
南岛语群	Kilivila	Comparative Austronesian Dictionary
南岛语群	Kiribati	Comparative Austronesian Dictionary

语群	语言	资料出处
南岛语群	Konjo	*Comparative Austronesian Dictionary*
南岛语群	Kwaio	*Comparative Austronesian Dictionary*
南岛语群	Kwamera	*Comparative Austronesian Dictionary*
南岛语群	Lau	*Comparative Austronesian Dictionary*
南岛语群	Lewo	*Comparative Austronesian Dictionary*
南岛语群	Madurese	*Comparative Austronesian Dictionary*
南岛语群	Malagasy	*Comparative Austronesian Dictionary*
南岛语群	Manam	*Comparative Austronesian Dictionary*
南岛语群	Manggarai	*Comparative Austronesian Dictionary*
南岛语群	Maringe	*Comparative Austronesian Dictionary*
南岛语群	Marshallese	*Comparative Austronesian Dictionary*
南岛语群	Mbula	*Comparative Austronesian Dictionary*
南岛语群	Mekeo	*Comparative Austronesian Dictionary*
南岛语群	Mele-Fila	*Comparative Austronesian Dictionary*
南岛语群	Minangkabau	*Comparative Austronesian Dictionary*
南岛语群	Molbog	*Comparative Austronesian Dictionary*
南岛语群	Motu	*Comparative Austronesian Dictionary*
南岛语群	Nemi	*Comparative Austronesian Dictionary*
南岛语群	Nengone	*Comparative Austronesian Dictionary*
南岛语群	Ngada	*Comparative Austronesian Dictionary*
南岛语群	North Tanna	*Comparative Austronesian Dictionary*
南岛语群	Nyindrou	*Comparative Austronesian Dictionary*
南岛语群	Paamese	*Comparative Austronesian Dictionary*
南岛语群	Paiwan	*Comparative Austronesian Dictionary*
南岛语群	Palawan	*Comparative Austronesian Dictionary*
南岛语群	Ponapean	*Comparative Austronesian Dictionary*
南岛语群	Port Sandwich	*Comparative Austronesian Dictionary*
南岛语群	Raga	*Comparative Austronesian Dictionary*
南岛语群	Rapa Nui	*Comparative Austronesian Dictionary*
南岛语群	Roti	*Comparative Austronesian Dictionary*
南岛语群	Rotuman	*Comparative Austronesian Dictionary*
南岛语群	Roviana	*Comparative Austronesian Dictionary*

续表

语群	语言	资料出处
南岛语群	Rukai	*Comparative Austronesian Dictionary*
南岛语群	Samoan	*Comparative Austronesian Dictionary*
南岛语群	Sarangani Blaan	*Comparative Austronesian Dictionary*
南岛语群	Sasak	*Comparative Austronesian Dictionary*
南岛语群	Sawai	*Comparative Austronesian Dictionary*
南岛语群	Sika	*Comparative Austronesian Dictionary*
南岛语群	Sundanese	*Comparative Austronesian Dictionary*
南岛语群	Tagalog	*Comparative Austronesian Dictionary*
南岛语群	Tahitian	*Comparative Austronesian Dictionary*
南岛语群	Takia	*Comparative Austronesian Dictionary*
南岛语群	Tawala	*Comparative Austronesian Dictionary*
南岛语群	Timugon Murut	*Comparative Austronesian Dictionary*
南岛语群	Toba Batak	*Comparative Austronesian Dictionary*
南岛语群	Tolai	*Comparative Austronesian Dictionary*
南岛语群	Tongan	*Comparative Austronesian Dictionary*
南岛语群	Tsou	*Comparative Austronesian Dictionary*
南岛语群	Uma	*Comparative Austronesian Dictionary*
南岛语群	Western Fijian	*Comparative Austronesian Dictionary*
南岛语群	Woleaian	*Comparative Austronesian Dictionary*
南岛语群	Wolio	*Comparative Austronesian Dictionary*
南岛语群	Xârâcùù	*Comparative Austronesian Dictionary*
南岛语群	Yabem	*Comparative Austronesian Dictionary*
南岛语群	Yami	*Comparative Austronesian Dictionary*
南岛语群	阿美语	中国的语言
南岛语群	巴则海语	中国的语言
南岛语群	卑南语	中国的语言
南岛语群	布农语	中国的语言
南岛语群	噶玛兰语	中国的语言
南岛语群	回辉语	中国的语言
南岛语群	卡那卡那富语	中国的语言
南岛语群	赛德克语	中国的语言
南岛语群	赛夏语	中国的语言

续表

语群	语言	资料出处
南岛语群	沙阿鲁阿语	中国的语言
南岛语群	邵语	中国的语言
北方官话	莒县方言	方言
北方官话	德州方言	方言
潮汕方言/闽南方言	潮阳方言	方言
潮汕话	广东省饶平黄冈方言	方言
成都市郊龙泉	龙潭寺客家话	方言
胶辽,中原,冀鲁交界	日照方言	方言
东北方言	黑龙江方言虎林话	方言
东北方言	黑龙江方言二屯话	方言
东北方言	黑龙江方言太平屯话	方言
东北方言	哈尔滨方言	方言
赣方言	江西武宁礼溪话	方言
赣方言的怀岳片	安徽宿松方言	方言
赣方言区抚广片	江西乐安县万崇话	方言
赣南客话	石城（龙岗）方言	方言
赣语	南昌方言	方言
赣语	湖南省耒阳方言	方言
赣语	湖南省攸县方言	方言
赣语	南昌县蒋巷方言	方言
赣语	丰城方言	方言
赣语昌靖片	南昌方言	方言
赣语昌靖片	安义方言	方言
赣语大通片	湖北阳新三溪赣语	方言
赣语抚广片	南城方言	方言
赣语怀岳片	安徽宿松方言	方言
赣语吉茶片	赣语泰和方言	方言
赣语耒资片	湖南安仁方言	方言
广发片	湖南嘉禾土话	方言
海语系/客语系/越语系	广东电白旧时正话	方言
徽语	婺源方言	方言
徽语	屯溪方言	方言

续表

语群	语言	资料出处
冀鲁官话	平谷方言	方言
冀鲁官话	山东明水方言	方言
冀鲁官话沧惠片黄于小片	山东临邑方言	方言
江淮方言	连云港市方言	方言
江淮方言	泰兴方言	方言
江淮方言	扬州话	方言
江淮方言	宝应方言	方言
江淮方言泰如片	泰兴方言	方言
江淮官话	盐城方言	方言
江淮官话	湖北安陆方言	方言
江淮官话	团风方言	方言
江淮官话	安徽庐江方言	方言
江淮官话区	巢湖方言	方言
江永城关的土话	湖南江永方言	方言
胶东方言	平度方言	方言
晋语	神木方言	方言
晋语大包片	伊盟方言	方言
景德镇市昌江区旧城乡话	浮梁方言	方言
军话	儋州中和军话	方言
客家方言	广东省惠东客家方言	方言
客家方言	五华方言	方言
客家方言	广西容县客家方言	方言
客家方言于桂片	江西于都方言	方言
客家方言于桂片	于都方言	方言
客家话	广东省惠阳客家话	方言
客家话	惠州话	方言
客家话	广东新丰客家方言	方言
客家话	梅县客家话	方言
客家话	饶平上饶方言	方言
客家话	井冈山客家话	方言
客家话	广西贺县（莲塘）客家话	方言
客家话	南雄（乌径）方言	方言

续表

语群	语言	资料出处
客家话	香港原居民客家话	方言
客家话	乐昌（长来）方言	方言
客家话	广东南塘客家话	方言
客家话	毛里求斯客家话	方言
客家话	粤西廉江石角客家方言	方言
客家话	浙江金华珊瑚客家话	方言
客家话	广东龙川县佗城客家方言	方言
客家话汀州片	连城（新泉）方言	方言
兰银官话北疆片	乌鲁木齐方言	方言
兰银官话北疆片	吉木萨尔方言	方言
浏阳话	浏阳南乡方言	方言
米易县	四川省渡口市方言	方言
闽北方言	福建兴田（城村）方言	方言
闽北话	福建石陂方言	方言
闽南方言	海口方言	方言
闽南方言	漳州方言	方言
闽南方言	赣东北闽南方言	方言
闽南方言	云澳方言	方言
闽语	闽语莆田方言	方言
闽语	龙岩方言	方言
闽语	万安方言	方言
闽语	广东省中山市三乡闽语	方言
闽语	邵武方言	方言
闽语	广东省海康方言	方言
闽语	厦门方言	方言
闽语	福州方言	方言
闽语	建阳方言	方言
闽语	粤西闽语海康雷城话	方言
闽语	粤西闽语电白霞洞话	方言
闽语	海南闽语府城小片	方言
闽语	海南闽语文昌小片	方言
闽语	海南闽语万宁小片	方言

续表

语群	语言	资料出处
闽语	海南闽语崖县小片	方言
闽语	海南闽语昌感小片	方言
闽语	海南省三亚市汉语方言	方言
闽语的邵宁区	福建省顺昌县境内方言	方言
闽语福宁片	福建省宁德方言	方言
闽语闽东区侯官片	福建省福清方言	方言
闽语闽南区泉漳片	安溪话	方言
木格乡土白话	广西昭平方言	方言
南平官话	福建南平方言	方言
泮头片	湖南嘉禾土话	方言
普满片	湖南嘉禾土话	方言
中原/江淮/西南官话	河南商城（南司）方言	方言
畲话/山哈话	浙江泰顺司前畲话	方言
石桥片	湖南嘉禾土话	方言
苏州方言字书	《乡音字类》	方言
塘村片	湖南嘉禾土话	方言
吴语	长乐话	方言
吴语	无锡方言	方言
吴语	宁波方言	方言
吴语	上海方言	方言
吴语	苏州方言	方言
吴语	铜陵方言	方言
吴语	靖江老岸话	方言
吴语	鄞县方言	方言
吴语	江山方言	方言
吴语	宜兴方言	方言
吴语/江淮官话	丹阳方言	方言
吴语处衢片	江西广丰方言	方言
吴语太湖片临绍小片	萧山方言	方言
吴语婺州片	金华方言	方言
吴语宣州片	太平（仙源）方言	方言
西南官话	宜都方言	方言

语群	语言	资料出处
西南官话	湖南安乡方言	方言
西南官话	江津方言	方言
西南官话	成都方言	方言
西南官话	湖南吉首方言	方言
西南官话	江津方言	方言
西南官话	广西恭城直话	方言
西南官话黔北片	遵义方言	方言
西南官话襄渝片	襄樊方言	方言
系属未定的土话	广西八步鹅塘"八都话"	方言
系属未明的汉语方言	湖南泸溪（白沙）乡话	方言
下江官话	安庆方言	方言
下江官话	靖江西沙话	方言
下江官话	镇江方言	方言
湘语	四川达县长沙话	方言
湘语	四川老湘语：温塘话	方言
湘语	四川新湘语：安仁话	方言
湘语	湘潭方言	方言
湘语	长沙话	方言
湘语	湘乡翻江镇方言	方言
湘语长益片	湖南汨罗长乐方言	方言
湘语吉溆片	湖南泸溪方言	方言
湘语娄邵片	湖南邵阳方言	方言
湘语娄邵片	湖南城步话	方言
湘语娄邵片	涟源（蓝田）方言	方言
中原官话南疆片	焉耆音系	方言
古老的海南土语方言	长流土话	方言
永兴话	四川境内的老湖广话	方言
粤东闽语	海丰方言	方言
粤方言	广西廉州方言音系	方言
粤方言	泰国曼谷广府话	方言
粤语	广西平南白话	方言
粤语	香港粤语	方言

续表

语群	语言	资料出处
粤语	广东省吴川白话	方言
粤语	东莞方言	方言
粤语	香港原居民围头话	方言
粤语	广东四邑方言台山话	方言
粤语	《广西瑶歌记音》	方言
粤语	海南蛋家话	方言
粤语方言	博白地佬话	方言
粤语邕浔片	南宁白话	方言
浙江吴语	舟山方言	方言
中川官话	四川乐至县"靖州腔"音系	方言
中原官话	郑州方言	方言
中原官话	赣榆（刘沟）方言	方言
中原官话	甘肃省武都方言	方言
中原官话	宁夏盐池方言	方言
中原官话	襄城方言	方言
中原官话	泌阳方言	方言
中原官话	开封方言	方言
中原官话	山西汾城方言	方言
中原官话/兰银官话	河西走廊的汉语方言	方言
中原官话汾河片	永济方言	方言
中原官话关中片	彬县方言	方言
中原官话/江淮官话	赣榆方言	方言
竹篙话	四川境内的老湖广话	方言
	潮阳方言	方言
	广西龙胜伶话	方言
	宁波方言	方言
	崇明方言	方言
	平遥方言	方言
	南昌方言	方言
	武汉方言	方言
	徐州方言	方言
	广州方言	方言

续表

语群	语言	资料出处
	兰州方言	方言
	西宁方言	方言
	济源方言	方言
	长海方言大长山话	方言
	高安（老屋周家）	方言
	贵阳方言	方言
	老派上海方言	方言
	新派上海方言	方言
	益阳方言	方言
	湖南益阳方言	方言
	苏州方言	方言
	厦门方言	方言
	太原方言	方言
	获嘉方言	方言
	桂林方言	方言
	漳平（永福）方言	方言
	休宁音系	方言
	太平方言	方言
	新干方言	方言
	永定方言	方言
	祁门方言	方言
	都昌方言	方言
	长治方言	方言
	商县方言	方言
	银川方言	方言
	遂宁方言	方言
	平阳蛮话（钱库）闽语	方言
	武义方言	方言
	琼州方言	方言
	洛阳方言	方言
	敦煌关话	方言
	山西闻喜方言	方言

续表

语群	语言	资料出处
	吉林方言	方言
	吕四方言	方言
	天津方言	方言
	景德镇方言	方言
	乐平方言	方言
	海南岛文昌话	方言
	广东省增城方言	方言
	福建省顺昌方言	方言
	兴和方言	方言
	昆明方言	方言
	广西容县方言	方言
	安徽岳西方言	方言
	湖南娄底方言	方言
	福建永春方言	方言
	河北满城方言	方言
	海南省儋州方言	方言
	湖南江永方言	方言
	常州方言	方言
	嘉兴方言	方言
	湖南桃江方言	方言
	山西娄烦方言	方言
	海南省板桥话	方言
	黎川方言	方言
	河南省遂平方言	方言
	安徽绩溪方言	方言
	涟水方言	方言
	淮安方言	方言
	湖州方言	方言
	广东南海（沙头）方言	方言
	海州方言	方言
	鄂州方言	方言
	余干方言	方言

续表

语群	语言	资料出处
	武平县中山镇的军家话	方言
	山东寿光北部方言	方言
	广东增城方言	方言
	阳曲方言	方言
	新加坡潮州话	方言
	吴川方言	方言
	汕头方言	方言
	山东肥城方言	方言
	朔州市朔城区方言	方言
	枣庄方言	方言
	延川方言	方言
	山东阳谷方言	方言
	湖北阳新方言	方言
	黑龙江省站话	方言
	扬州方言	方言
	南昌县（蒋巷）方言	方言
	舟山（定海）方言	方言
	忻州方言	方言
	贵州丹寨方言	方言
	临桂两江平话	方言
	广西横县平话	方言
	南京方言	方言
	丹阳方言	方言
	广东省澄海方言	方言
	湖南道县（小甲）土话	方言
	牟平方言	方言
	藤县方言	方言
	四川宜宾王场方言	方言
	江西省大余方言	方言
	西安方言	方言
	湖南衡山方言	方言
	萍乡方言	方言

续表

语群	语言	资料出处
	济南方言	方言
	福州方言	方言
	安义方言	方言
	孝感方言	方言
	南宁平话	方言
	临桂两江平话	方言
	临桂四塘平话	方言
	乐昌市塔头坝方言	方言
	万荣方言	方言
	桂东方言	方言
	陕西省扶风方言	方言
	浙江庆元方言	方言
	长葛方言	方言
	广东平海军声	方言
	吐鲁番汉语方言	方言
	四川中江话	方言
	浙江云和方言	方言
	浙江乐清方言	方言
	湖南桂阳县燕塘土话	方言
	湖南桂阳县敖泉土话	方言
	曲江县白沙镇大村土话	方言
	广西中山方言	方言
	汤溪方言	方言
	青海乐都方言	方言
	湖南临武（麦市）土话	方言
	湖南宜章大地岭土话	方言
	广东曲江县龙归土话	方言
	湖南永州岚角山土话	方言
	湖南道县寿雁平话	方言
	山西临猗方言	方言
	湖南新田南乡土话	方言
	广东饶平上饶客家话	方言

续表

语群	语言	资料出处
	陕西平利洛河方言	方言
	六甲话	方言
	海南省三亚市迈话	方言
	浙江临海方言	方言
	海口方言（老派）	方言
	绍兴方言	方言
	兰州方言	方言

后　　记

　　对复合元音的研究，始于我在中国社会科学院攻读博士学位的时候。在读博阶段，我的主攻方向是汉藏语历史语言学，跟随导师江荻教授学习历史语言学、语音学、音系学、实验语音学、汉藏语研究等多种语言学的理论和方法。我在中国社会科学院民族学与人类学研究所获得阅读很多汉藏语语言资料的机会，如《语言简志》、"中国新发现语言研究丛书"、"中国少数民族语言方言研究丛书"、《民族语文》、《中国的语言》等，通过阅读这些资料我对民族语言的本体特征有了更加深入的了解，前辈学者多年田野调查积累下来如此丰富的第一手语言资料让我激动不已。恰逢导师江荻教授一直在民族所语音实验室负责开发汉藏语同源词检索软件，我协助导师做基础数据收集工作，这为日后整理复合元音语言资料打下了良好的基础。在博士论文选题的那段时间里，导师江荻教授建议我可以考虑复合元音。我到图书馆和网上找来了大量关于复合元音的研究资料，发现前期研究涉及了语音、音系性质、历史起源和演化等理论问题，但都以讨论单语言复合元音为主，并没有在多语言大数据的平台上进行语言类型和复合元音历史起源和历史演化的综合性研究，所以我萌生了建立复合元音数据库、进行综合性研究的想法，目的是把历史语言学和语音类型学理论和方法相结合，实现历史类型学的理论构想。我决定以"东亚语言复合元音的类型及渊源"为题撰写博士论文，在导师江荻教授的精心指教下，2009 年 6 月顺利通过了论文答辩。

　　2010～2012 年我到中央民族大学中国少数民族语言文学学院、台湾"中央研究院"语言学研究所从事博士后研究，这期间得到了戴庆厦教授、孙天心教授的悉心教导。两位导师又对我的博士论文提出了很多修改意见。我在台湾"中央研究院"语言学研究所学习期间，接触到了南岛语言的资料，孙天心教授又指导我阅读数篇具有国际前沿水平的文章，建议我扩展论文的理论基础。我在各位导师的关心和指导下，努力修改、完善我的博士论文。2012 年我到云南师范大学汉藏语研究院工作,有幸于 2016 年获得云南省哲学社会科学学术著作出版专项经费资助,这本文稿得以付梓,更名为《汉藏语复合元音的类型及渊源》,并按照学术专著的体例要求修改原文体例。

我热爱语言学专业,希望把民族语研究作为终身事业。在我成长的过程中,有幸得到多位导师及前辈的垂青和培育,他们是戴昭铭教授、郑定欧教授、李如龙教授、江荻教授、孙宏开教授、戴庆厦教授、孙天心教授等。正是他们渊博的学识、严格的训练才让我今天取得了点滴成绩。这本书是我的处女作,我谨以此书敬献给诸位导师和前辈,感谢他们多年的鼓励和支持,感谢他们不嫌弃学生资质愚钝,感谢他们的言传身教、谆谆教诲。师恩无限,无以回报,唯有笃定和坚持以取得更多的成绩。

最后,感谢我的家人。多年来,都是家人在无怨无悔地支持我的学习和工作,在我遇到困难的时候,他们的爱是我温暖的港湾,在我取得成绩的时候,他们与我分享喜悦和欢乐。我常年在外,不能在父母身边服侍尽孝,都是妹妹代替我照顾年迈的父母,这让我深感愧疚。如今,多年的付出终于有所收获,我要把这份成绩归功于家人,并深深地感谢他们。

本书能得以顺利出版,还要仰仗科学出版社各位编辑的努力工作,在此,对他们表达衷心的感谢。

田阡子

2016 年 8 月